# 中小企业
# 融资创新与科技创新

SMALL AND MEDIUM-SIZED ENTERPRISE FINANCING AND TECHNOLOGICAL INNOVATION

刘金霞◎著

中国经济出版社
CHINA ECONOMIC PUBLISHING HOUSE
·北京·

**图书在版编目（CIP）数据**

中小企业融资创新与科技创新/刘金霞著. --北京：中国经济出版社，2017.6（2024.1 重印）
ISBN 978-7-5136-4745-8

Ⅰ.①中… Ⅱ.①刘… Ⅲ.①中小企业-企业融资-研究-中国 ②中小企业-技术革新-研究-中国 Ⅳ.①F279.243

**中国版本图书馆 CIP 数据核字（2017）第 136560 号**

策划编辑　崔姜薇
责任编辑　郭书芳　张　博
责任印制　马小宾
封面设计　任燕飞装帧设计工作室

**出版发行**　中国经济出版社
**印 刷 者**　大连图腾彩色印刷有限公司
**经 销 者**　各地新华书店
**开　　本**　710mm×1000mm　1/16
**印　　张**　18
**字　　数**　283 千字
**版　　次**　2017 年 6 月第 1 版
**印　　次**　2024 年 1 月第 2 次
**定　　价**　78.00 元
**广告经营许可证**　京西工商广字第 8179 号

**中国经济出版社** **网址** www.economyph.com **社址** 北京市东城区安定门外大街 58 号 **邮编** 100011
本版图书如存在印装质量问题，请与本社销售中心联系调换（联系电话：010-57512564）

# 序　言

在经济建设、就业和社会协调发展等方面，中小企业的发展所起的作用越来越大，已经是中国市场经济发展中不可或缺的一个重要角色。然而，中小企业的经营环境并不完善，各方面先天条件、生存环境和政策对企业发展都有所限制，尤其是企业的融资问题，已成为制约广大中小企业生存和发展的主要瓶颈。因此，如何解决中小企业的融资难问题，是我国中小型企业发展的关键问题。目前，中小企业虽然在我国国民经济中占据重要经济地位，但是同时也存在资金不足、资本市场准入门槛过高等问题。就此，笔者提出，在现有条件基础上应如何加强中小企业治理、发展融资机构、建立担保体系等方法，以期解决目前中小企业的融资困难。随着世界经济的加速发展，市场竞争的日趋激烈，中小企业科技创新发展问题已成为世界性的长久课题，对中小企业的地位和作用的认识，也在逐步加强。中小企业的大量出现与发展是经济发展的内在要求和必然结果，也是带动国民经济发展的基础，加快中小企业发展，可以为国民经济的持续稳定增长奠定坚实的基础。因此，如何将融资创新与科技创新巧妙融合使得中小企业的发展焕发新的生机便是本书研究的重点。

在经济条件下，其核心就是通过建立旨在催生中小企业成长的融资制度，帮助创新型中小企业从外部获取金融资源的同时，能够相应地得到成长所需要的人力资源、管理资源以及市场资源等。然而，什么样的融资制度才是实现这一目标的最佳选择呢？这就必须首先深入阐明创新型中小企业融资需求的特征及其因素，在此基础上，进一步分析创新型中小企业成长对融资制度的功能要求，并分析何种融资制度能够实现其功能要求。这样，我们对于创新型中小企业融资问题才能有更好的把握。本书共分为十个章节，涉及中小企业发展的现状及面临的机遇和挑战，如何从融资创新和科技创新两方面寻找中小企业发展的新出路，并结合有关政策和现实案例详细描述和研究了中小企业在融资创新和科技创新方面已经走出的探索和需要完善的地方，为中小企业的发展提供指导理论。

目录

# 第一章　中小企业发展的现状与面临的挑战

改革开放近40年来，中国中小企业和民营经济发展迅速，取得了重要的成就，成为中国经济社会发展中的重要力量。中小企业在确保国民经济适度增长、缓解就业压力、优化经济结构等方面的作用越来越重要，对整个国民经济更具有战略性。可以说，中小企业是国家经济的柱石。

## 一、中国中小企业发展的现状和特点

所谓中小企业，是指在中华人民共和国境内依法设立的有利于满足社会需要，增加就业，符合国家产业政策，生产经营规模属于中小型的各种所有制和各种形式的企业。[①] 根据工业和信息化部、国家统计局、国家发展改革委、财政部研究制定了《中小企业划型标准规定》[②]，中小企业划分为中型、小型、微型三种类型，具体标准根据企业从业人员、营业收入、资产总额等指标，结合行业特点制定。不同中小型企业的划分标准也不一样，此处不一一赘述。

改革开放特别是党的十五大以来，中国的中小企业发展迅速，在国民经济和社会发展中的地位和作用日益增强。

### （一）中国中小企业发展的现状

1. 中小企业在国民经济中占有十分重要的地位。全国工商注册登记的中小企业占全部注册企业总数的99%。中小企业工业总产值、销售收入、实现利税分别占全国总量的60%、57%和40%；流通领域中小企业占全国

① 参见2003年《中华人民共和国中小企业促进法》总则第二条。

② 参见《中小企业划型标准规定》（工信部联企业〔2011〕300号）。

零售网点的90%以上。中小企业提供了约75%的城镇就业机会。出口总额中，有60%以上是中小企业提供的。

2. 中小企业已成为拉动经济的新增长点。在20世纪90年代以来的经济快速增长中，工业新增产值的76.7%来自中小企业。1998年，全国工业企业中，小型企业销售额增长率和工商税收增长率分别为10.27%和11.64%，均高于大中型企业。同年，私营中小企业户数同比上升25.10%，注册资本同比增长40.04%，总产值同比增长49.22%，营业收入同比增长71.29%，消费品零售额同比增长64.95%。

3. 中小企业是缓解就业压力、保持社会稳定的基础力量。中小企业创业及管理成本低，市场的应变能力强，就业弹性高，具有大企业无可比拟的优势。1978—1996年，从农村转移出的2.3亿劳动力绝大多数在中小企业特别是乡镇企业中就业。全国工业就业职工1.5亿人中，有1.1亿人分布在中小企业，约占总数的73%。特别是在近年来经济结构调整和国有企业改组力度加大，国有、集体企业下岗职工增加，新增就业人口居高不下，农村富余劳动力继续向城市转移，以及政府机关精减人员就业压力很大的情况下，中小企业尤其是非公有制中小企业吸纳就业再就业的“蓄水池”作用更加明显。据统计，1998年国有企业下岗职工610万人，有418万人在非国有企业中再就业，占国企下岗职工总数的68.5%。由于中小企业是社会就业的主要场所，是地方财政的主要来源，稳定了中小企业就是稳定了社会就业，也就稳定了地方财政基础，从而全社会的稳定就有了物质保障。

4. 科技型中小企业蓬勃发展，是经济增长与社会进步的不竭动力。近年来，科技型中小企业悄然兴起并迅速发展，成为技术进步中最活跃的创新主体。截至1998年底，全国科技型中小企业已逾7万户，占全国中小企业总数的15.22%；全年技工贸总收入超过6000亿元，占同口径销售收入总数的16.57%，1998年与1992年相比，科技型中小企业的技工贸总收入、利润总额、上缴税金、出口创汇等分别增长了20倍、15倍、23倍和50倍。

5. 中小企业是市场经济体制的微观基础，是深化改革的主要推动力量。中小企业大多数从事第三产业，贴近市场，贴近用户，活跃在市场竞争最为激烈的领域，是市场经济的主体和市场体制的微观基础。

相对大企业而言，中小企业改革成本低、操作便利、社会震荡小、新机制引入快。因此，在改革进程中，中小企业往往是试验区，是突破口，是马前卒。中小企业的各项改革成果，为大企业的改革实践提供了有益经验，也为创造多种经济成分共同发展的大好局面做出了贡献。

第三次全国工业普查（1995 年）数据显示，在小型企业的数量上，个体和私营企业占77.7%，集体企业占20.1%，国有企业占1.4%，三资企业占0.6%；而在产值方面，集体企业占51%，个体私营企业占23.3%，国有和三资企业各占13.1%。从总体上讲，公有制的国有和集体企业占数量的1/5，产值则占2/3。①

中小企业的地区分布上，据有关数据，按经济地带划分，中小企业的数量东部和中部各占全国总量的42%，西部占15%，而中小企业的工业总产值东部占66%，中部占26%，西部仅占8%。这表明，在企业规模上，东部中小企业的平均产值规模比较大，大约是中部的2.5 倍、西部的8 倍。中小企业占各地区工业生产总值的比重，东部为66%、中部为67%、西部为55%，西部比重明显偏低。

## （二）中国中小企业的特点

1. 投资主体和所有制结构多元，非国有企业为主体，决定了当前中小企业工作要以发展为重点。中小企业特别是非国有企业在自身快速发展的同时，还积极投身国有企业的改革和调整，使改革前单一所有制结构状况有了根本性改变。以工业企业为例，在独立核算的中小工业企业中，国有企业的户数、资产总额和工业总产值仅占总数的14.85%、38.5%和22.8%，即85%的中小企业均是非国有企业。另据调查，目前国有小企业改制面已近80%，余下20%大都是救不活、卖不掉、破不了的极度困难企业。应当说，中小企业的改革与发展同样重要。但改革对象主要是国有小企业；而发展则要涵盖城乡各类所有制中小企业。因此，无论从中小企业的主体构成还是从改革进程而言，当前，大力扶持中小企业发展应是中小企业工作的重点。

2. 劳动密集度高，两极分化突出，决定了当前中小企业发展重在“二

---

① 卫东．中国中小企业的情况与政策［EB/OL］．清华大学领导力培训项目网，2010－03－13.

次创业”。中小企业生存并发展于劳动密集型企业，就业容量和就业投资弹性均明显高于大企业。据统计，目前中国大、中、小型企业的资金有机构成之比为1.83：1.23：1；资金就业率之比为0.48：0.66：1，即中小企业比大企业单位资金安置劳动人数要高，有的要高出一倍，正因为如此，在中国的工业化进程中之所以没有出现严重的社会就业问题，中小企业功不可没。但是，今天的市场背景变了，“卖方”市场变成了“买方”市场，总量需求不足与结构性供应不足共生，使中小企业遇到了前所未有的困境，即由劳动密集型带来的就业优势将变为竞争劣势。企业两极分化，中小企业将首当其冲。为此，提高中小企业的有机构成和科技含量，实现“二次创业”是当前中小企业发展中的重中之重。

3. 发展不平衡，优势地区集中，决定了当前中小企业推进要区别特点，先易后难，以点带面。中国幅员辽阔，各地区中小企业分布与发展水平极不平衡。实践表明，选择东部中小企业作为重点试区，就为试点的成功率奠定了良好的基础。此外，中小企业还可划分四大区，即东北地区、长江中下游地区、中西部地区和以广东、福建为代表的珠江三角洲地区。东北地区老工业城市众多，中小企业的所有制结构和产业结构都很重，应主要解决国有中小企业规范改制和与大型企业专业化分工及配套问题；长江中下游地区是中小企业的汪洋大海，江苏以乡镇企业为主，浙江以私营个体闻名，工作重点是规范引导、扶持发展；中西部地区资源丰富、中小企业欠发达，推进第三产业和科技环保型中小企业发展是重点；珠江三角洲地区中小企业区位优势明显，可借助“老乡”“老外”发展中小企业。

此外，地方企业为主体，决定了中小企业的支撑层面在地方。中小企业自身基础薄弱，决定了其要么成为大企业的摇篮（即小巨人）；要么成为大企业的伙伴。

综上所述，促进中国中小企业改革与发展要注意调整好五大关系：一是改革与发展的关系；二是吸纳劳动力与科技含量的关系；三是点与面的关系；四是中央与地方的关系；五是中小企业与大企业的关系。处理好上述关系，把握好重点，才能在中小企业的改革与发展上取得事半功倍的效果。

## 二、中小企业在国民经济中的地位和作用

中小企业作为中国社会主义市场经济的重要组成部分，已经逐步成为国民经济发展的生力军。中小企业在产品技术创新、产业结构调整、区域经济发展、解决城镇就业和农村劳动力转移、提高国民生活水平、构建和谐社会等方面发挥着日益重要的作用，成为构造市场经济主体，促进社会稳定发展的一支基础力量。2007 年，中小企业创造的国内生产总值（GDP）占全国的 60%，交纳税金占 50%，在经济上可以说占据半壁江山。中小企业的发明专利占 66%，研发产品占 82%，是中国建设创新型国家的生力军，中小企业不仅吸纳了 75% 的城镇人口就业，同时为 75% 向城市转移的农村劳动力提供就业。

### （一）地位

**1. 中小企业在数量上处于绝对优势**

根据《第二次全国基本单位普查主要数据公报》数据显示，从企业的从业人员规模看，2008 年底，中国中小企业总计 4200 多万户，占企业总数的 99.4% 以上，其中个体工商户 3800 多万户，在工商部门注册成立的中小企业 430 多万户。[①] 仅从数量上可以看到，中国中小企业正在迅速发展，同样也反映了一个国际性规律，在国民经济中如“汪洋小船”般的中小企业存在的客观性。

**2. 中小企业是经济成长的支持力量**

统计数据显示，中国“十五”期间国民经济年均增长 9.5%，而规模以上的工业中小企业的增加值年均增长 28%。这说明中小企业对经济增长的贡献非常大。中小企业创造的产值和服务价值已经占了国内生产总值的 60% 左右，中小企业上缴的税收占了中国税收总额的 50% 左右；65% 的发明专利、80% 以上的新产品开发都是中小企业完成的。[②] 从经济发展较快

---

① 第二次全国基本单位普查主要数据公报［EB/OL］. http：//www.sme.gov.cn/index.htm.

② 欧新黔．中小企业在构建和谐社会中发挥重要作用［EB/OL］. 人民网，2007 - 06 - 07.

地区的中小企业发展情况来看，统计资料显示，2001 年，上海中小企业完成工业总产值分别占整个工业总产值的比例为 48.61%；2002 年，浙江省生产总值的约 45% 来自当地的个体私营经济，而个体私营经济的主体就是中小企业。[①] 由此可见，中小企业在整个经济发展中起到了重要的支持作用。

### 3. 中小企业是今后经济发展的增长点

据国家统计局测算，中国非国有经济创造的增加值占 GDP 比重，1998 年为 53.57%，2007 年增加到 69.37%[②]，可见非国有经济已成为支撑国民经济的重要力量，这当中中小企业功不可没。与此同时，建立社会主义市场经济体制，就必须大力促进中小企业发展，尤其是非公有制经济发展，以此来发挥它们对于经济的拉动作用，形成新的经济增长点。

### 4. 中小企业是出口创汇的主力之一

从引进外资来看，中国外商投资企业和中外合资企业绝大部分是中小企业；从出口创汇来看，一方面，中小企业通过向大企业提供配件等方式实现间接出口；另一方面，通过外贸部门直接出口产品，尤其是中国加入世界贸易组织（WTO）后，中小企业更能发挥其灵活特点，生产适销产品，为国家赚取外汇。

## （二）作用

### 1. 中小企业成为扩大就业的主渠道

中小企业提供了大约 75% 的城镇就业岗位，不仅安置了大量的城市下岗职工，还吸收了大批农村剩余劳动力，有效解决了农村剩余劳动力的转移和就业问题，缓解劳动力供求矛盾，从而保证了社会的稳定和经济的发展。中小企业是社会就业的主要承担者，表现在三个方面：一是从资产净值人均占有份额上来看，据统计，上海大型工业企业人均固定资产净值 10.3 万元，小型工业企业人均固定资产净值 2.1 万元；同样的资金投入，小企业可以比大企业多吸收 4 倍的人员就业。据测算，对于相同的固定资

① 马玉锐．中小企业在我国转轨经济中的地位与作用［J］．国际商务研究，2003（4）．

② 统计分析［EB/OL］．国家统计局网站，http：//www. stats. gov. cn.

产投资，国有中小企业占用国有资产仅17%，吸纳就业量却达74%，吸纳的就业容量为大型企业的14倍，而对于相同的产值，中小企业吸纳的就业容量为大型企业的1.43倍。二是从就业人数的绝对额上来看，目前，中国中小企业就业人员占城镇就业总量的75%以上；在工业领域，中小企业全部就业人员1.1亿人，占全部工业就业人数的83%。[①] 三是从容纳就业人数的空间上来看，随着大企业技术构成和管理水平的不断提高，加上企业的优化重组，大企业已经很难再提供新的就业岗位，富余人员和下岗、失业人员会越来越多，解决这些人员的就业或再就业问题，主要靠中小企业的发展。中小企业稳定发展，就可以稳定一支庞大的产业队伍。这将对整个社会的政治、经济、文化和民族关系等产生很好的影响和作用，对缓解中国经济增长方式的转变与扩大就业的矛盾具有重要意义。

**2. 中小企业正成为中国创新的主力军**

中小企业也是技术创新的重要力量，这不仅体现在中小企业呈现出以知识和技术密集型取代传统的劳动密集型、资本密集型的发展趋势，而且由于中小企业经营灵活、高效的特点，把科学技术转化为现实生产力所耗费的时间和经历的环节也大为缩短。目前，中小企业完成了中国65%的发明专利和80%以上的新产品开发。不少中小企业已经从早期的加工、贸易等领域，向基础设施、高新技术等领域拓展。中小企业在不少地方已形成产业群，是产业链中的重要组成部分，是专业化协作的基础，成为大企业配套的供应商。很多中小企业向“专、能、特、新”方向发展，是创新不可忽视的力量。20世纪80年代以后，大约70%的创新是由小企业实现的，小企业的人均创新发明是大企业的两倍。科技创新大致可分为四个方面：产品创新、服务创新、工艺创新和管理创新。小企业对服务创新的贡献率最高，达到38%；其次是产品创新为32%；对工艺创新和管理创新的贡献率分别为17%和12%。在20世纪，许多新产品是小企业发明创造的，如复印机、胰岛素、真空管、青霉素、直升机、彩色电影、圆珠笔等。事实上，20世纪主要发明中60%是由独立发明人或小企业贡献的。因为高科技产业是高风险产业，大企业一般注重常规生产，不愿意去冒风险。而小企业往往成为科技转化为生产力的“试验田”。中国中小企业中的高新技术

① 陈乃醒．中国中小企业发展与预测［M］．北京：民主与建设出版社，1999.

企业，在科技创新、技术开发等方面意识强、行动快，成为名副其实的技术创新生力军。典型的如山东青岛海尔集团、江苏春兰集团都是由中小民营企业发展起来的，其科技水平现已处于世界领先地位。据悉，深圳市首批认定的 9 家“深圳，国家科技成果产业推广示范企业”竟全是中小企业；深圳考核认定的 94 家技术先进型企业中，中小企业占 76%，124 家高新技术企业中，中小企业占 90%。

**3. 中小企业是地方发展的重要支撑**

农业、农村和农民问题是中国经济和社会发展中的重要问题。支援农业，促进农业和农村的发展的一个重要思路就是要加快走农村工业化道路。这个繁重、艰巨任务的解决还须大力发展农村中的中小企业——乡镇企业，分析其原因有三点：一是中小企业是农村城镇化的先锋队。农村工业化、农村城镇化是任何一个现代化国家在其发展过程中不可逾越的历史阶段。从西方发达国家和中国沿海发达地区城市化进程来看，工业化和城镇化过程都离不开中小企业发展的促进。国有中小企业、城乡集体企业、“三资”企业和私营企业大多分布在中小城市和农村城镇，其发展壮大关系着一个地区农村工业化、农村城镇化的发展进程，所以说中小企业是农村城镇化的先锋队。二是中小企业是农民增收的主渠道。农业部全国农业数据统计显示，2002 年支付职工的工资总额为 8200 亿元，农民人均从乡镇企业得到 850 元工资性收入，占农民人均纯收入的 34.4%。[①] 所以，增加农民收入必须加快乡镇企业的发展。乡镇企业还是减轻农民负担和扶贫开发的一支重要力量和治本措施，凡是乡镇企业比较发达的地方，农民收入增加就快，负担就相对较轻，贫困人口就相对较少。可见，乡镇企业是实现农民小康生活的有力保证。三是中小企业是地方财政收入的主力军。中小企业是地方财政收入的重要来源。中国各级政府 80% 的财政收入来源于中小企业。尤其是在中国的县域经济中，中小企业占有很大的比重，中小企业的发展，直接为地方财政提供税源。事实上，哪个地区的中小企业效益好，那里的财政收入就比较宽松，群众的负担就比较轻，干群关系就比较协调，社会稳定也有了牢固的基础。中小企业是促进农业、农村经济

---

① 黎炳成. 农村劳动力过剩的原因及对策探讨［J］. 中共四川省委省级机关党校学报，2005（1）.

发展和增加地方财政收入的重要财源。支援农业，促进农业和农村的发展，对于中国具有特殊的意义。中小企业是提高农民收入的重要场所。中国的中小企业中相当部分是乡镇企业或私营企业。这些中小企业尤其是乡镇企业把分散的农户集中起来实现大规模、集约化生产，吸纳了大量农村剩余劳动力。1978 年以来，从农村转移出来的 2. 3 亿劳动力主要是由中小企业吸纳的。这不仅有利于社会稳定，而且对中国农村城镇化进程起到了巨大的推动作用。

**4. 中小企业是经济体制改革的基本力量**

经济体制改革的关键在国企改革。首先，中小企业的发展为国有大型企业的下岗人员提供了大量的就业机会。资料显示，“十五”期间，湖北全省有 1. 5 万家国有中小企业改制为民营企业，234 万职工转变身份，实现了体制、机制的转换，释放了巨大的发展活力，为今后的发展奠定了机制基础。其次，中小企业的改革特别是国有中小型企业的改革为国有大企业的改革积累了丰富的经验。目前，国企改革没有太多的经验和先例借鉴，前期可以通过借鉴中小企业改革试点获取的经验，这样国企改革不仅规避了很多风险，而且提高了改革效率。再次，中小企业特别是民营中小企业是市场力量演变与发展的催化剂。广大中小企业为了生存和发展，积极参与市场竞争，给大企业带来了巨大的竞争压力，迫使大企业为适应市场竞争的要求，不断加快改革的步伐，扩大研究和开发支出，促进产品结构升级，从而中小企业起到了一种类似“鲇鱼效应”的作用，使得整个中国经济朝着社会主义市场经济的方向前进。最后，中小企业在产业结构的调整过程中，不断拓展出适应发展需求的新产业，特别是拓展了服务业的发展空间。中国经济发展迅速的一些地区如上海、广东，要把以第二产业占绝对优势的产业格局，逐步调整为以第三产业占绝对优势的产业格局，使第二产业、第一产业在中国经济中的比重分别占第二、第三位，这就是“三二一”产业发展方针，从这个角度来讲，中小企业对于中国经济产业结构的调整起到了不可替代的作用。

**5. 中小企业是加快对外开放的“试验田”**

随着中国经济国际化的进一步发展和国际市场的进一步开放，中小企业对外开放水平也在不断提高。据统计，中小企业在服装、纺织品、玩具、家居用品及轻工制品等劳动密集型产品的出口占相当大比重；在电子通信设备产品、生物技术等高技术领域，中小企业出口比重也在逐步提高。

**6. 中小企业是国民经济的重要增长点，是推动国民经济持续发展的一支重要力量，是中国国民经济的重要组成部分**

中小企业作为市场竞争机制的真正参与者和体现者，在很大程度上可以说是经济发展的基本动力，反映了经济分散化、多样化性质的内在要求，体现出中小企业的先进性、革命性和生命力之所在。同时，中小企业以其灵活而专业化的生产和经营，给配套的大企业带来协作一体化的好处，大大节约了成本，减少了风险，增强了盈利性。新中国成立以来，中小企业始终是多数，担负着经济增长的重要任务。中小企业量大面广，分布在国民经济的各个领域，并且日益成为经济增长的主要因素，对国民经济发展起到了有效的辅助和补充作用。有关资料显示，中小企业对中国经济的贡献率在不断上升。特别是改革开放以来，中小企业得到了迅速发展，对国民经济发展的贡献越来越大，中国经济持续增长，中小企业功不可没。20 世纪 80 年代以来，中小企业的年产值增长率一直保持在 30% 左右，远远高于总的经济增长速度。据第三次全国工业普查资料显示，“八五”期间，国内生产总值净值的 30%、工业净增加值的 50%，来自各种类型的中小企业；1996 年中国中小企业的工业增加值占全部独立核算工业的 56% 以上。20 世纪 90 年代以来，中国工业新增产值的 76.7% 是由中小企业创造的。目前，中国的食品、造纸和印刷行业产值的 70% 以上，服装、皮革、文体用品、塑料制品和金属制品行业产值的 80% 以上，木材、家具行业产值的 90% 以上，都是由中小企业创造的。因而，经济学家吴敬琏曾指出：几十万个国有和乡镇政府所有的中小企业的放开和搞活，将是近期国民经济的主要增长点。

**7. 中小企业对活跃市场具有主导作用**

社会需求的多层次决定了商品市场的多层次。在这方面与大企业比较，中小企业大多分布在纺织、鞋帽、家电等行业，具有贴近市场、经营机制灵活等优势。尤其是在外部环境恶化时，大企业的应变比较慢，中小企业船小易掉头，对经济变化能做出迅速反应。中小企业的存在和发展，还可以保证市场活力，促进市场竞争，避免少数大公司对市场的垄断。中小企业可以利用其经营方式灵活、组织成本低廉、转移进退便捷等优势，更快地接受市场信息，及时研制满足市场需求的新产品，尽快推出，占领市场。中小企业本钱小，风险大，但机制灵活，富于创新，可以利用自己的优势，活跃在竞争十分激烈的领域，参与那些大型企业不愿涉足的“多品种”“小批量”“微利多销”、维修服务以及新兴领域，从而使整个市场活跃起来。改革开放以来的实践表明，哪些地区的中小企业发展较快，那里的市场就相对活跃，哪些地方的中小企业不发展，那里的市场就相对呆滞。之所以如此，其原因就在于中小企业在创新中起了十分关键的作用。只要利用中小企业灵活善变的优势，引导它们放开搞活，对活跃市场就能有事半功倍的效果。同时，中小企业在中国经济改革中起到“试验田”的作用，中小企业改革成本低、运作简便、引发的社会震动小，相对较易进入新体制。诸如承包、租赁、兼并、拍卖、破产等企业改革的经验，往往是先在中小企业试行取得成效后，再逐步向国有大型企业推广。中小企业是市场经济公开、公正、公平原则的最积极的维持者。正因为其弱小，竞争力相对较弱，所以更容易受到强大的外部势力和不公平竞争的损害。市场经济的繁荣是来自竞争的繁荣。现代经济发展中既存在着集中化的趋势，同时也保持着不断分散的制衡过程，主要表现为分布在几乎所有竞争性行业和领域中的大量中小企业不断涌现。中小企业的竞争长期存在，是推动经济繁荣、市场活跃、成长的基本力量。

**8. 中小企业成为产品出口的重要力量**

世界各国的中小企业的产品出口，活跃了国际市场。日本在20世纪50—60年代的经济腾飞时期，中小企业产品出口的比重达40%～60%，为日本成为世界贸易大国奠定了坚实的基础。中国的对外出口产品中，工业制成品的比重逐年增加。其中一些大宗出口产品，如服装、手工业品、五金工具、轻工产品、纺织品、玩具等，主要靠中小企业提供。中国的众多中小企业利用机制灵活优势和低劳动力成本优势，生产出口了大量劳动密集型产品，为中国出口创汇的提高和外贸事业的发展做出了重大贡献。在出口产品增长的同时，引进外资逐年增加，在境外开办企业也有了新发展。这说明，随着中国对外开放的逐步发展，中小企业经营也在逐渐走向世界。

**9. 中小企业能够更有效、更经常地利用地方性的资源**

大企业由于生产规模巨大，采用多层次集中控制的方法对生产实施管理，有利于使用大宗资源。而对量少、分散的资源不易有效利用，或者造成运输或管理成本过高。中国幅员辽阔、国情复杂、发展很不平衡，适合中小企业开发、利用的资源很多。即使在大都市中，贴近居民生活、为都市消费与工商业服务的许多经济事业与项目，都具有浓重的地方化、社区化特色。这些活动很难由少数大企业做好，更不用说包办。这正是广大中小企业的用武之地。

**10. 中小企业在制度创新中发挥重大作用**

在市场经济导向的体制改革中，中小企业因其改革成本较低，可以起到改革“试验田”和“前驱”的角色，率先进行各种改革尝试，为更大规模的改革提供经验。中小企业还可以提供就业机会，吸收在改革过程中从国有大企业中精减出的人员，从而减少改革带来的社会压力。通过大量中小企业的创办与充分的市场竞争，能够培育出大批企业家人才并培养企业家精神。这种宝贵的企业家资源和精神，对中国社会具有极其深远的重大历史意义。而国有大企业，因其与传统体制、政府机构的关系，很难从中培育出足够数量与质量的企业家，更难以形成企业家精神的氛围。

**11. 中小企业能更好地提供个性化的服务**

随着社会经济的进步和人们生活水平的提高，人们越来越追求适合自己个性的生活。中小企业以其机制灵活、贴近市场、规模较小、成本较低等特点，可以直接为顾客提供个性化的服务，满足客户定制需求，提高消费者的生活质量。在中国经济界十分流行的一种观点，认为经济是否强大，主要靠一批大公司、大集团。人们曲解“抓大放小”的方针，认为应把主要精力投入到搞好大企业、大集团，而不怎么重视搞好中小企业。亚洲金融危机的沉重后果使中国经济界受到震惊，国家面临着经济增长率下降、需求难以启动的窘境，促使决策层把更多关注的目光转向中小企业。在中国发展中小企业的问题最初是在1998年4月专家学者讨论国有企业下岗职工分流出路的时候提出来的。党的十五届四中全会《关于国有企业改革和发展若干重大问题的决定》明确提出：要重视发挥各种所有制中小企业在活跃城乡经济、满足社会多方面需求、吸收劳动力就业、开发新产品、促进国民经济发展等方面的作用。在中国的企业改革中，继续贯彻“抓大放小”的方针，在发展大企业、大集团的同时，高度重视发展小企业，采取更加有效的政策措施，为各种所有制小企业特别是高新技术企业的成长创造必要的条件。要进一步放开搞活国有小企业。

## 三、中小企业发展的历史回顾和经验教训

改革开放之前，在选择重工业优先发展的工业化道路的背景下，中国工业化基本上实行大企业发展战略，但这并不排除历史上曾经有过的两次中小企业大发展的经历。加上改革开放以后，以“乡镇企业”异军突起为代表的中小企业的大发展，中国一共经历了三次中小企业大发展时期。①其中虽然也有一些好的经验和做法，但更多的是深刻的教训，特别是前两次，十分值得我们认真总结。

### (一)第一次中小企业大发展的经验和教训

“大跃进”时期，中国出现了第一次中小企业的大发展。这次中小企业的大发展是在激进“赶超”战略的指导下，为进一步加速中国以重工业为主的工业化进程，在大企业发展战略仍然不能满足“赶超”要求的情况下，不顾一切地让不适合重工业发展的中小企业也参与到重工业化进程中而发生的。这给中国的国民经济造成了极大的损失和破坏，是一个彻底失败的中小企业发展的案例，其教训是极为深刻的。首先，重工业一般都是规模效益明显的产业，不易采取中小企业的形式，而“大跃进”时期先后出现的所谓土“五小”、洋“五小”（指小钢铁、小煤矿、小机械、小水泥和小化肥）大都违反了基本的经济和技术发展规律。其次，中小企业在国民经济中的主要功能和作用是稳定经济、活跃市场、保障就业、促进技术进步等，而当时人们完全忽视或根本没有这种认识和概念，中小企业成为实现某种政治目的的工具。最后，这次失败给中小企业造成了所谓“分散化”的坏名声，破坏了中小企业应有的声誉，使人们对中小企业产生了

---

① 中国出口信用保险公司．我国中小企业发展状况［EB/OL］．http：//www.sinosure.com.cn/sinosure/xwzx/rdzt/ckyj/ckdt/12840.html.

误解，影响了其正常的发展。

## （二）第二次中小企业大发展的经验和教训

“文革”期间，在农业机械化和为国防服务的思想指导下，中国再次兴起了大力发展重工业型的地方“五小”工业的浪潮，并在各地经济“自成体系”的要求下，各地方各自为政，重复建设，逐步形成了自给自足、结构雷同、“大而全、小而全”的封闭式的国民经济体系。这次中小企业的大发展造成的影响虽然没有第一次大，但其教训也是十分深刻的。在要求各地建立独立的工业生产体系的前提下，各地中小企业不仅具有重工业的特点，而且还具有重复建设、结构雷同、“小而全”等特征，从而引起了地区间的资源争夺战，造成了资源的极大浪费。重工业型的中小企业的发展，由于其资本有机构成高，吸收的就业数量有限，因此没有起到应有的解决就业的作用，从而在一定程度上导致了中国历史上罕见的奇特的解决就业的方式“上山下乡”。①

## （三）第三次中小企业大发展的经验和教训

改革开放后，中国工业化开始由“重”向“轻”的战略转变，走上了正确的发展道路。在“轻工业六优先”的政策引导下，在农业实行承包制和允许农民经商办企业过程中，中国农民的创造精神迅速以兴办“乡镇企业”的形式迸发出来，城市则出现了大批的个体户，迎来了中国中小企业的大发展。这次中小企业的发展与前两次截然不同，带着全新的面貌，以符合经济发展阶段要求的农副产品加工和第三产业为主的正确的产业选择，给长期处于徘徊中的国民经济带来了活力，人民生活得到大幅度改善，就业问题得到极大缓解，农民进城办工商企业的愿望也得到广泛的满足，为在工业化过程中劳动力从农业部门向非农业部门转移走出了具有中国特色的成功之路。之后，中小企业一直在中国国民经济中发挥着应有的功能和作用。总结这次中小企业的大发展，应该说经验多于教训。

第三次中小企业大发展的经验是：①一改前两次中小企业大发展以重

---

① 中国出口信用保险公司．我国中小企业发展状况［EB/OL］．http：//www. sinosure. com. cn/sinosure/xwzx/rdzt/ckyj/ckdt/12840. html.

工业为主的违反经济规律的做法，使中小企业走上了以轻工业（特别是农副产品加工工业）和第三产业为主的正确的发展道路。由于产业选择正确，中小企业的兴起保持了长久发展的势头，道路越走越宽，避免了前两次的大起大落的现象。②极大地缓解了城镇就业的压力，避免了“上山下乡”的做法，同时还为农村大量的剩余劳动力找到了一条很好的出路，促进了城市化的加速发展。③作为中小企业重要组成部分的“乡镇企业”是中国经济体制“外围优先”改革战略的重大成果，给中国今后的经济体制改革提供了宝贵的经验，对中国国有企业改革起到了重要的推动作用。

第三次中小企业发展的教训主要有：①由于经济体制改革的滞后，各地中小企业的发展不可避免地出现了一定程度的重复建设，这也是资源大战的原因之一，同时也助长了地方保护主义，给国民经济的健康发展带来了一定的消极影响。②在“有水快流”的思想指导下，有些不适合中小企业发展的资源型产业领域出现了过多的中小企业，其过度发展既破坏了环境，又浪费了国家本已十分稀缺的宝贵资源，给今后的可持续发展造成了一定的威胁。

## 四、中小企业面临的挑战

### （一）融资难成中小企业心头之痛

由于长期受传统体制的影响，中小企业融资和获取资金难的问题一直没有得到很好的解决，成为长期制约中小企业发展与生存的瓶颈问题。可以说，融资渠道窄、贷款困难是中小企业亟待突破的瓶颈。这个问题难以突破的根本原因，是中国金融市场不健全，企业融资渠道单一，主要靠银行的间接融资。据江苏、陕西数十家中小企业及金融机构反映，中小企业融资难已存在多年，轻纺、涉农等民生类行业以及软件、互联网等现代服务业，由于利润率较低，或者是缺少资产抵押担保，除了极少数上市公司和地方扶持的骨干企业，大部分企业贷款很难。[①] 据有关机构对珠江三角洲中小企业的调查，有六成的中小企业感到资金紧张，其中民营中小企业

① 李子彬．充分认识中小企业的地位和作用［J］．求是，2009（8）．

接近70%的资金需求来自股东个人积蓄和内部员工集资；从金融机构融资的利率小于5%的企业比重为7%，利率在5%～10%之间的为69%，利率在10%～20%之间的为13%，利率在15%～20%之间的为6%，有5%的企业融资利率大于20%，说明中小企业的整体融资成本是比较高的。分析原因，如下：

**1. 从内在原因分析，是因为中小企业自身质素不高**

中小企业贷款难的内因主要有：产权制度不明晰；财务制度不健全，财务账目透明度不高；财务数据失真；银行与中小企业信息不对称；中小企业整体素质不高；自身实力有限；固定资产数额较少等。中小企业的自身缺陷导致其社会信任度低，融资十分困难。

**2. 从外在原因分析，是法律、金融和政府扶持不足**

首先，银行缺乏利益驱动。主要银行业金融机构中小企业贷款占各项贷款比较少，中小企业被迫高息吸收民间资金。银行业普遍强化了信贷管理，以规避贷款风险为第一原则，相对于大型企业，中小企业贷款风险大；银行对中小企业贷款在同等数额上必须投入更多的人力、物力和财力，贷款成本高使银行缺少对中小企业贷款的利益驱动。

其次，由于我国证券市场发育滞后，广大中小企业很难通过发行股票或债券直接融资；民间借贷既缺乏法律保障，又有很高的融资成本，满足不了大量中小企业的融资需求。

再次，担保机制问题尚在摸索阶段。目前许多地方政府支持成立了多种形式的担保公司，为银行向中小企业贷款进行担保。为对接企业和银行两个商业主体，政府主要通过行政支持手段让官方背景的担保公司做中介桥梁。但可以想象，背负着扶持中小企业的官方使命，担保公司将难以完全按市场化规律选择中小企业给予担保，这对企业、银行和担保公司三方而言都难言是最佳结果，这也是中小企业依然融资难的原因。

最后，政府在中小企业发展过程中发挥着不可替代的作用。近年来，国家已开始意识到中小企业在国家经济中的重要地位，并采取了一定的措施，但中小企业所面临的状况并没有发生根本性的转变。

国家政策对中小企业的扶持力度仍显不足。扶持政策还在一直向大企业倾斜，中小企业基本没有获得平等竞争的机会。虽然提出“抓大放小”，但如何解决“放小”和“扶小”结合的问题仍是一个未知数。即使出台了一些政策也缺乏针对性和具体指导。银行“惜贷”、融资渠道不畅还是“痼疾”。技术创新资金支持不足，又没有相应的激励机制。中小企业复杂的产权背景又因为没有及时进行产权制度的改革，妨碍了企业的长远发展。与大企业相比，乱摊派、乱集资、乱收费、乱罚款现象严重，对法外需索的抵抗能力比其他企业更差。法律法规、管理制度不健全。在许多情况下中小企业的合法利益无法获得保障，特别是在中小企业融资领域。一方面，风险投资面对的是在许多方面与风险投资业存在着严重的冲突和矛盾，国际上通行的规则在中国缺乏法律制度上的安排；规范的公司治理结构没有形成，董事会制度不健全。另一方面，虽然一再鼓励中小企业吸纳民间资本，但由于缺少相配套的法律依据而举步维艰。服务保障体系没有确立。政府没有充分发挥主管部门的服务及管理职能，中介服务机构设置不完备，不规范运作现象比较突出，尤其是涉及政府部门参与的违规操作的影响更是恶劣。

## （二）自身质素不高，技术创新不足

中国中小企业的快速发展主要是以低技术水平和外延扩张为特征，生产技术和装备水平都比较落后。中小企业的技术创新严重不足，技术创新能力与水平不够，技术创新存在的障碍与问题较多，成为中小企业进一步发展的重要瓶颈。综合而言，中国中小企业技术创新主要在以下几方面存在明显的不足：

**1. 中小企业技术创新所需资金严重不足**

资金不足严重制约中小企业的技术创新，造成资金紧张的最重要原因是融资渠道不畅。此外，政府对中小企业的财政支持不足也是造成中小企业技术创新资金紧张的重要原因。中国中小企业面临的首要问题是资金的严重不足。虽然国家为此采取了一系列的措施，然而，目前效果还不理想。

从自身原因看，中小企业成分复杂，存在较大的制度性风险。中国中小企业主要起源于五种渠道：一是计划经济条件下发展起来的国有小企业和集体企业。这部分企业因产权不清，经营机制僵化，经营状况不佳，大部分有长期的银行负债，信用记录不良。二是乡镇企业。这部分企业存在技术水平不高，管理水平低，产品的研究开发能力不足，经营周期短的问题。其资金来源主要是银行借款、内部积累和集资，一般都有较高的资产负债率。三是一些机关和企业开办的“三产企业”。因其难以独立承担民事责任，所以达不到银行贷款的条件。四是私营和个体企业。这些企业缺乏严格的管理制度，大多是家族式经营，财务管理形同虚设，银行难以掌握其真实的经营状况。五是近年发展起来的民营高科技企业。这类企业项目风险较大，启动资金需求大，自身积累难以满足，银行又因担心其项目风险而不敢对其融资。

中小企业经营管理存在不规范现象，银行对其融资面临“市场风险”和“信用风险”。许多中小企业设备工艺落后，与发达国家相比，中国中小企业约有 2/3 的设备属于一般或落后水平，近 60% 的机电设备需要更新。产品的市场竞争力不强，面对市场波动的风险承受力差，经营状况不稳定。而且，大部分中小企业内部管理制度不健全，在经营管理中普遍存在不规范现象。金融机构面对点多、面广、量大的中小企业，难以掌握其真实情况，对其贷款感到“心里没底”。由于中小企业贷款计划性较差，且绝大部分都是流动资金贷款，贷款要得急，贷款频率高。据调查，中小企业贷款频率是大型企业的 5 倍左右。贷款数量少，户均贷款数量为大型企业的千分之五左右；贷款风险大且管理成本高，其管理成本是大型企业的 5 倍左右。同时，中小企业信用观念淡薄，在现实生活中逃避银行债务的现象较普遍，导致银行对中小企业更为“惜贷”。

中小企业难以提供合格的担保、抵押品，严重制约了金融机构对其融资。第一，中小企业自身规模小，资金实力不强，难以提供符合要求的抵押品和有实力的担保单位；第二，抵押担保手续复杂，费用较高，耗时耗力，企业不堪重负；第三，抵押物流通市场窄小，变现能力弱，进一步加大了为中小企业提供融资担保的难度。

从外部环境看，国家政策对中小企业扶持力度不够，缺乏相应的法律保障体系。同时，在提供为中小企业服务的资本市场，有效的融资工具，以及必要的金融中介机构等方面都存在着一定的欠缺。

**2. 中小企业技术创新所需的技术、设备、人才、信息缺乏，技术创新存在明显差距**

大部分中小企业在技术、设备、人才、信息等方面不具备优势，严重制约企业的技术创新。据有关调查，目前珠江三角洲中小企业设备的技术水平处于国际先进水平的不到1%，处于国内先进水平的为41%，处于国内中等水平的为47%，处于国内落后水平的为11%；大部分企业对现有员工的素质和工作状态的评价一般，只有1/3的企业表示满意或比较满意，最缺乏较高素质的综合型人才和专业人才。中小企业在技术、人才方面的缺乏往往同时意味着在信息方面的缺乏，特别是在基础设施建设相对落后的地区，信息方面的劣势表现得更为明显。

虽然经过几十年的不懈努力，中国的科技水平有了长足的发展，但是从总体上讲，中国技术创新能力同发达国家相比还有很大差距。在一些领域我们的科技水平与发达国家相比，至少要落后二三十年。企业在调整产品结构、加快技术进步方面的进展并不尽如人意，开发创新能力仍是要害问题。企业的科技创新活动没有成为多数企业的自觉活动，企业作为技术开发和创新的主体，市场目标不明确，还没有把依靠创新作为市场竞争的取胜之本，缺乏主动从外部获取知识源进行创新的动力和活力。

在中国，技术创新还不完全属于企业行为，现行政府管理方式和各种政策仍然明显有政府代替企业进行技术创新活动。从企业内部看，由于承包制条件下的短期行为模式和企业留利普遍不足，致使企业不想也无力安排新产品开发与技术改造投资经费。由于十分缺乏自我发展的创新机制，不少企业在需求约束环境中还是靠牺牲效益的“价格大战”来保住市场，不能通过创新形成新的市场增长点和效益增长点。特别是中国的民营企业，绝大部分技术自主开发能力不强，主要依靠模仿型技术创新发展起来。“模仿型技术创新”的优点是投资少、周期短、见效快，但也有致命的缺点，即知识产权模糊。加入WTO后，民营经济的这种创新战略遇到难以逾越的障碍，“模仿型技术创新”的路子越走越窄。

随着经济全球化进程的日益加快，国际上跨国集团通过兼并、联合，以追求竞争优势，而中国企业不仅资产规模偏小，而且在技术装备水平和创新能力上都存在着很大差距。中国中小型企业投入技术开发的经费约占全国研究经费的40%，远低于发达国家70%的水平，研发经费总量甚至不及某一个跨国公司的研发经费，而且还有一半以上的企业没有建立研发机构。清华大学经济管理研究所的调查表明，样本企业研发经费占销售收入的比率平均为0.5%，大、中、小企业平均水平分别为0.78%、0.34%、

0.37%。中小企业由于创新投入少，缺乏相应的技术人才，技术创新能力明显不足。科研机构和大专院校也没有真正面向市场，与企业之间的联系不紧密，以企业为主体的产学研结合的创新机制尚未形成。导致目前中国科技成果转化为商品并取得规模效益的比例约为10%~15%，远远低于发达国家60%~80%的水平。

此外，国内还存在着不平等竞争的行业和领域，有的实行地方保护主义，缺少竞争的压力和技术创新的动力，行业的技术水平、服务质量都难以快速提高。

**3. 中小企业技术创新融资环境和服务体系有待完善**

由于中小企业规模小，其技术创新对外部环境和服务体系的依赖性较大。就目前情况来看，中国中小企业技术创新环境和服务体系都有待完善。据有关调查，珠江三角洲中小企业对外部环境的总体评价都不高，其中最不满意的是金融政策，其次是税收政策和行业协会的作用发挥问题，在法律法规和政府行为方面也有不少抱怨；对目前中介服务的评价也普遍不满意，其中最不满意的是资金筹措、税收咨询、市场信息等方面的中介服务。

首先，中小企业特别是高新技术企业获得风险投资，成为风险企业是其发展的一个重要渠道。但目前无论是风险投资的现状，还是风险企业的情况都不容乐观。此外，政府扶持仍然不足。中国虽然对风险投资持支持态度，但既缺乏有效的激励措施和明确的发展计划，又缺乏规范化管理方法。虽然对高新科技企业有税收优惠和出口优惠的政策，但从措施力度上远不如发达国家，对风险投资尚没有具体的鼓励政策。长期以来，国家扶持政策一直实行向大企业倾斜。尽管在近年来已有所改变，但没有发生实质性改变。私营中小企业外部环境仍然受到种种限制，资本积累缓慢，规模和实力不能迅速提高，并且往往因担心政策变化而缺乏长期发展的动力。由于中小企业自身的不足所造成的制度性风险、市场风险以及信用风险，融资环境还不够理想，加大了其融资难度。

其次，中介服务机构运行不规范。在中国的风险投资领域，中介机构的数量和质量都亟待改善。从数量上看，风险投资行业协会和高新技术企业的标准认证机构，以及其他一些为风险投资服务的机构还不是很多。从质量上看，这些中介机构的发起人资格限定、行为准则、中介机构的治理结构、中介市场的准入条件等问题都缺乏详细规定。

在中小企业信用担保机构的建立和运行过程中，政府干预过多、担保机构自主经营较少的问题已经比较严重。有的地方甚至存在比较严重的对政府的依赖思想，存在着要把担保机构变成政府的附属机构或准政府部门的倾向。从国际经验来看，这种现象不利于信用担保机构的可持续发展和担保效益提高。近几年，在各类中介机构还未完全实现规范运作的情况下，又出现了一些新的现象，即一些政府部门趁机构改革之机，将原有干预企业的行政权力转移给了所属事业单位或中介机构，并通过这些机构来间接调控企业从中捞取好处。

中介服务机构设置不健全。涉及各行业、各领域的各类中介服务机构空白点较多。需要加快发展的市场中介组织应该包括资产评估中介机构、投资咨询和融资中介机构、资产重组和改制中介服务机构、信用评价中介机构、信息和信用方面的中介机构等，企业管理诊断和重组为特长的咨询机构设置太少。

### （三）大部分中小企业成长潜能很弱

资料表明，在美国的中小企业中，约有 68% 的企业在第一个 5 年内倒闭，19% 的企业可存活 6 ~ 10 年，只有 13% 的企业寿命超过 10 年。中国的中小企业命运又如何呢？目前，中国中小企业整体发展状况不容乐观。中国仅有 3 成左右的中小企业具有一定的成长潜能，而 7 成左右的企业发展能力是很弱的。存在问题的原因是多方面的，既有体制和政策方面的原因，也有企业自身发展方面的原因。分析表明，中国成长型中小企业存在的问题首先是由其自身存在的劣势决定的。

#### 1. 规模小、实力弱，难以同大企业抗衡

中小企业市场竞争手段偏重价格竞争，以降低产品成本来抢占市场，但其产品质量往往过不了关，经受不住市场检验，小企业市场竞争力普遍较弱。

#### 2. 产销率、设备利用率低，产品品种单一，抗风险能力弱，销售渠道不畅

据调查，产销率在 80% 以下的工业小企业只占全国工业企业总数的 10%，大部分小企业的设备都较落后、陈旧，利用率也很低，煤炭、石

化、机械、冶金、建材行业中小企业比例过大，盲目无序竞争，导致行业产品销售不畅，效益下降。同时，中小企业的技术水平偏低，但中外合资的中小企业技术水平明显高于内资小企业。

**3. 资金困难**

中小企业资信较差，不易获得银行贷款，融资渠道少。

**4. 管理不规范，体制不健全，妨碍企业的长远发展**

产权制度不合理。首先是集体企业产权制度存在一定的不合理性。中国大多数集体企业的产权属于一次性博弈制度，即企业职工同集体企业财产之间的关系是一次性固定下来的，不受企业职工流入和流出的影响。这种封闭性的产权制度，给职工进入或退出企业的行为造成障碍，不利于生产要素的自由流动和资源的合理配置，限制了企业规模的扩大和竞争力的提高。其次，私营企业的产权制度也存在一定的不合理性。中国的私营经济一般实行的是家族企业制度，企业主要领导职务由家族成员担任，经营决策权集中于企业主，但是，家族企业制度不适于企业规模扩大后的经营管理的需要，限制了规模较大企业的生存和发展。此外，企业间相互拖欠现象严重，大多数企业缺乏与国际市场的联系渠道以及离退休、下岗人员比重增加的因素都成为中小企业发展的障碍。

# 第二章　中小企业发展的两个需求：融资和科技创新

科学技术是一个国家经济持续、稳定、协调发展的推动器，对增强综合国力和促进社会进步等起着巨大的推动作用。中小企业是中国国民经济和社会发展的重要力量，促进中小企业发展，是保持国民经济平稳较快发展的重要基础，是关系民生和社会稳定的重大战略任务。

## 一、关于融资

### （一）融资的含义

从狭义上讲，融资即是一个企业的资金筹集的行为与过程，也就是公司根据自身的生产经营状况、资金拥有的状况，以及公司未来经营发展的需要，通过科学的预测和决策，采用一定的方式，从一定的渠道向公司的投资者和债权人筹集资金，组织资金的供应，以保证公司正常生产需要、经营管理活动需要的理财行为。公司筹集资金的动机应该遵循一定的原则，通过一定的渠道和一定的方式去进行。通常来讲，企业筹集资金主要有三大目的：企业要扩张、企业要还债以及混合动机（扩张与还债混合在一起的动机）。

从广义上讲，融资也叫金融，就是货币资金的融通，当事人通过各种方式到金融市场上筹措或贷放资金的行为。从现代经济发展的状况看，作为企业需要比以往任何时候都更加深刻、全面地了解金融知识，了解金融机构，了解金融市场，因为企业的发展离不开金融的支持，企业必须与之打交道。如果不了解金融知识，不学习金融知识，作为搞经济的领导干部是不称职的，作为企业的领导人也是不称职的。

中小企业融资，是指金融机构针对中小企业推出的定制化融资解决方案。

## （二）中小企业融资的方式

目前各地实行和创新出来的中小企业融资方式主要有以下 12 种：①

**1. 综合授信**

即银行对一些经营状况好、信用可靠的企业，授予一定时期内一定金额的信贷额度，企业在有效期与额度范围内可以循环使用。综合授信额度由企业一次性申报有关材料，银行一次性审批。企业可以根据自己的营运情况分期用款，随借随还，企业借款十分方便，同时也节约了融资成本。银行采用这种方式提供贷款，一般是对有工商登记、年检合格、管理有方、信誉可靠、同银行有较长期合作关系的企业。

**2. 信用担保贷款**

全国已有 100 多个城市建立了中小企业信用担保机构。这些机构大多实行会员制管理的形式，属于公共服务性、行业自律性、自身非营利性组织。担保基金的来源，一般是由当地政府财政拨款、会员自愿交纳的会员基金、社会募集的资金、商业银行的资金等几部分组成。会员企业向银行借款时，可以由中小企业担保机构予以担保。另外，中小企业还可以向专门开展中介服务的担保公司寻求担保服务。当企业提供不出银行所能接受的担保措施时，如抵押、质押或第三方信用保证人等，担保公司可以解决这些难题。因为与银行相比，担保公司对抵押品的要求更为灵活。当然，担保公司为了保障自己的利益，往往会要求企业提供反担保措施，有时担保公司还会派员到企业监控资金流动情况。

**3. 买方贷款**

如果企业的产品有可靠的销路，但在自身资本金不足、财务管理基础较差、可以提供的担保品或寻求第三方担保比较困难的情况下，银行可以按照销售合同，对其产品的购买方提供贷款支持。卖方可以向买方收取一定比例的预付款，以解决生产过程中的资金困难。或者由买方签发银行承

① 张凤喜．中小企业融资的 12 种方式［J］．大众商务，2003（5）．

兑汇票，卖方持汇票到银行贴现。

**4. 异地联合协作贷款**

有些中小企业产品销路很广，或者是为某些大企业提供配套零部件，或者是企业集团的松散型子公司。在生产协作产品过程中，需要补充生产资金，可以寻求一家主办银行牵头，对集团公司统一提供贷款，再由集团公司对协作企业提供必要的资金，当地银行配合进行合同监督。也可由牵头银行同异地协作企业的开户银行结合，分头提供贷款。

**5. 项目开发贷款**

一些高科技中小企业如果拥有重大价值的科技成果转化项目，初始投入资金数额比较大，企业自有资本难以承受，可以向银行申请项目开发贷款。商业银行对拥有成熟技术及良好市场前景的高新技术产品或专利项目的中小企业以及利用高新技术成果进行技术改造的中小企业，将会给予积极的信贷支持，以促进企业加快科技成果转化的速度。对与高等院校、科研机构建立稳定项目开发关系或拥有自己研发部门的高科技中小企业，银行除了提供流动资金贷款外，也可办理项目开发贷款。

**6. 出口创汇贷款**

对于生产出口产品的企业，银行可根据出口合同，或进口方提供的信用签证，提供打包贷款。对有现汇账户的企业，可以提供外汇抵押贷款。对有外汇收入来源的企业，可以凭结汇凭证取得人民币贷款。对出口前景看好的企业，还可以申请一定数额的技术改造贷款。

**7. 自然人担保贷款**

2002 年 8 月，中国工商银行率先推出了自然人担保贷款业务，今后工商银行的境内机构，对中小企业办理期限在 3 年以内信贷业务时，可以由自然人提供财产担保并承担代偿责任。自然人担保可采取抵押、权利质押、抵押加保证三种方式。可作抵押的财产包括个人所有的房产、土地使用权和交通运输工具等。可作质押的个人财产包括储蓄存单、凭证式国债和记名式金融债券。抵押加保证则是指在财产抵押的基础上，附加抵押人的连带责任保证。如果借款人未能按期偿还全部贷款本息或发生其他违约事项，银行将会要求担保人履行担保义务。

**8. 个人委托贷款**

中国建设银行、民生银行、中信银行等商业银行相继推出了一项融资业务新品种——个人委托贷款。即由个人委托提供资金，由商业银行根据委托人确定的贷款对象、用途、金额、期限、利率等，代为发放、监督、使用并协助收回的一种贷款。办理个人委托贷款的基本程序是：①由委托人向银行提出放款申请。②银行根据双方的条件和要求进行选择配对，并分别向委托方和借款方推介。③委托人和借款人双方直接见面，就具体事项和细节如借款金额、利率、贷款期限、还款方式等进行洽谈协商并作出决定。④借贷双方谈妥要求条件之后，一起到银行并分别与银行签订委托协议。⑤银行对借贷人的资信状况及还款能力进行调查并出具调查报告，然后借贷双方签订借款合同并经银行审批后发放贷款。

**9. 无形资产担保贷款**

依据《中华人民共和国担保法》的有关规定，依法可以转让的商标专用权、专利权、著作权中的财产权等无形资产都可以作为贷款质押物。

**10. 票据贴现融资**

票据贴现融资，是指票据持有人将商业票据转让给银行，取得扣除贴现利息后的资金。在中国，商业票据主要是指银行承兑汇票和商业承兑汇票。这种融资方式的好处之一是银行不按照企业的资产规模来放款，而是依据市场情况（销售合同）来贷款。企业收到票据至票据到期兑现之日，往往是少则几十天，多则300天，资金在一段时间内处于闲置状态。企业如果能充分利用票据贴现融资，远比申请贷款手续简便，而且融资成本很低。票据贴现只需带上相应的票据到银行办理有关手续即可，一般在3个营业日内就能办妥，对于企业来说，这是“用明天的钱赚后天的钱”，这种融资方式值得中小企业广泛、积极地利用。

**11. 金融租赁**

金融租赁在经济发达国家已经成为设备投资中仅次于银行信贷的第二大融资方式。金融租赁是一种集信贷、贸易、租赁于一体，以租赁物件的所有权与使用权相分离为特征的新型融资方式。设备使用厂家看中某种设备后，即可委托金融租赁公司出资购得，然后再以租赁的形式将设备交付企业使用。当企业在合同期内把租金还清后，最终还将拥有该设备的所有权。通过金融租赁，企业可用少量资金取得所需的先进技术设备，可以边生产边还租金，对于资金缺乏的企业来说，金融租赁不失为加速投资、扩大生产的好办法；就某些产品积压的企业来说，金融租赁不失为促进销售、拓展市场的好手段。

**12. 典当融资**

典当是以实物为抵押，以实物所有权转移的形式取得临时性贷款的一种融资方式。与银行贷款相比，典当贷款成本高、贷款规模小，但典当也有银行贷款所无法比拟的优势。首先，与银行对借款人的资信条件近乎苛刻的要求相比，典当行对客户的信用要求几乎为零，典当行只注重典当物品是否货真价实。而且一般商业银行只做不动产抵押，而典当行则可以动产与不动产质押二者兼为。其次，到典当行典当物品的起点低，千元、百元的物品都可以当。与银行相反，典当行更注重对个人客户和中小企业服务。再次，与银行贷款手续繁杂、审批周期长相比，典当贷款手续十分简便，大多立等可取，即使是不动产抵押，也比银行要便捷许多。最后，客户向银行借款时，贷款的用途不能超越银行指定的范围。而典当行则不问贷款的用途，钱使用起来十分自由。周而复始，大大提高了资金使用率。

## （三）影响中小企业融资的因素

中小企业的融资问题一直以来是中国经济发展中的问题，通过分析其制约因素，可以归结为外部环境因素及中小企业自身因素，对制约因素的分析是解决问题的先决途径。

**1. 外部环境因素**

（1）政府因素

中国的社会性质决定了政府对国有企业的重视程度。长期以来，国家扶持政策一直实行向大企业倾斜，而对中小企业的扶持力度不够，这是造成中小企业融资难的历史原因。大型企业能够容易地在资本市场和货币市场上筹得资金，而针对中小企业的融资门槛却相应被提高了许多，中小企业要取得贷款必须付出更大的成本。

（2）金融机构因素

虽然经过了几十年的发展，中国的金融体系得到了很大的发展，但整个金融体系仍不健全。中国金融机制仍以国有大银行为主，四大国有银行仍占70%以上的市场份额。同时，随着各商业银行及股份制商业银行提出业务向中心城市发展战略的实施，中小企业融资难问题日益加重，缺乏与中小企业相适应的金融机构。在国有商业银行中，中小企业的规模歧视依然存在，大银行从节约成本费用角度出发，不愿向中小企业投放资金。虽然城市商业银行、信用社和地方性商业银行等成了支持中小企业发展的主导行，但是这些金融机构的资金实力不能完全满足中小企业的需求，最终还是制约着当地中小企业的发展。

（3）信用担保体系因素

中国中小企业信用担保体系还不完善，为中小企业提供贷款担保的机构少，并且担保基金的种类和数量远远不能满足需求。民营担保机构受到所有制歧视，只能独自承担担保贷款风险，而无法与协作银行形成共担机制。由于担保的风险分散与损失分担及补偿制度尚未形成，使得担保资金的放大功能和担保机构的信用能力受到较大制约。

另外，企业信用认证及担保体系不健全。由于社会独立资产评估中介机构在对企业的信用认证中严重缺位，造成中小企业无法通过信用认证得到银行贷款，同时银行对企业信用等级评定也不利于中小企业，对中小企业在信用等级评定中存在很多歧视性条款。目前国内担保机构仍以国有担保机构为主，在提供担保过程中，由于受国有资产保值增值的限制，对中小企业进行担保过程手续极为烦琐，条件极为苛刻，费用也较高，造成中小企业寻求贷款担保的成本过高，极大影响了中小企业贷款的积极性。

（4）直接融资因素

企业的直接外源融资主要是通过发行股票的股权融资和发行企业债券的债权融资。从股权融资来说，上市的门槛太高，使得大多数中小企业无法通过这种方式解决急需的资金。虽然创业板的推出，低门槛进入、严要求运作的特点将有助于有潜力的中小企业获得融资机会，但创业板在中国还处于初级阶段，还存在着不足，或许能相对缓解融资问题。从债权融资来说，中国企业债券市场的发展远远落后于股票市场和银行信贷市场的发展，而且中小企业往往达不到债券发行额度的要求，因此，中小企业要通过债权融资几乎没有可能。

(5) 法律体系因素

中小企业的生存与发展一直缺乏比较有效的法律保护，尽管中国的《公司法》《合伙企业法》等少数法律对中小企业有一定的规范，但是对中小企业的贷款、担保、上市等融资方面的保护甚少。2003 年，中国出台的《中小企业促进法》在中国经济法制史上具有里程碑式的意义，是中国真正走向市场经济的标志之一，也是中国实现经济民主化的重要一步。但是，《中小企业促进法》也存在着局限性，中小企业的法律保障体系还有待完善。

**2. 中小企业自身因素**

(1) 中小企业素质较低，企业社会信用偏低

中国中小企业的素质普遍不高，有相当一部分是城乡企业，企业的技术创新能力较弱，缺乏竞争力，市场风险高，这使得银行等金融机构不敢向其发放贷款。中小企业大多为私营企业或合伙企业，管理水平落后，经营风险大，信用观念差，财务制度不健全，信息不透明，使得金融机构不能把握中小企业的贷款风险，增加了放贷风险。

企业信用状况影响银行信贷资金的安全，是企业能否获得贷款的前提条件。中小企业由于其资产及生产经营规模小、产品市场变化快、经营场所不固定、人员流动性大、法人代表变动频繁、知名度较小等特点的影响，信用等级较低，资信相对较差。特别是在经营过程中，一些中小企业对银行债务处置不当，存在相当普遍的逃避债务倾向，造成银行对中小企业存在较重的防范心理，在企业转型对资金需求最迫切时期，往往是企业贷款最困难的时期。

(2) 中小企业缺乏担保物，担保责任无法落实

无论是什么企业要求贷款或者担保，都需要有担保物来提供保证。中小企业仅有的抵押品就是其有限并且价值低廉的土地、房产和机器设备，其规模也就制约了这些抵押品的价值。

中小企业的贷款担保责任往往空缺，要落实抵押、担保责任非常困难。与大企业相比，中小企业组织关系简单，一般没有上级主管部门，也没有具有责任关系的行业组织，也就不可能有上级部门或其他责任单位为其承担担保责任。中小企业资产规模不大，固定资产少且变现率低。一旦中小企业宣告破产，银行即使得到这些抵押担保物，也无法保障银行

债权。

（3）企业竞争力较低

中小企业规模小，实力弱，产业水平低，其占优势地位和主体地位的行业仍是以劳动密集型产业为主，其各种经济效益指标也都与大企业有较大差距。企业形象、社会责任、环保意识、可持续发展能力均有待加强。从中小企业自身竞争能力和对社会责任考虑，银行及政府资金均无法支持那些竞争乏力的中小企业。

（4）企业财务制度不健全

中小企业财务制度不健全，一方面不能充分反映企业资产运营状况，目前社会独立的资产评估中介机构又缺位，因而难以快速准确地评估企业资产价值，使金融机构不能通过资产抵押形式向企业提供抵押贷款；另一方面，金融机构难以通过审核其财务来评价其资信，使银行对企业的信用放款难有较大的作为。

## （四）中小企业融资的现状

中国中小企业在得到不断发展的同时，其所获得的金融资源与其在国民经济和社会发展中的地位作用却是极不相称的。融资困难已成为制约中小企业发展的突出问题，现有的融资状况主要表现为：

### 1. 内部融资为中小企业的主要方式

中国大多数中小企业属于技术和市场相对成熟、发展较稳定的劳动密集型企业，其竞争优势来自于低廉的劳动成本。所以，一般企业的发展主要靠自身积累。但是，企业内部留存收益的积累是有限的，随着企业的不断扩大再生产，内部融资只能极大地制约企业的快速发展和做强做大。有关资料表明，依靠内部留存收益积累资金的企业占中国私营企业资金来源的26%，公司债权和外部股权融资不足1%。

### 2. 外部融资困难

银行贷款是外部融资的重要渠道。虽然中小企业与金融机构之间普遍建立起了较为稳定的合作关系，但由于中小企业规模相对较小、经营变数多、风险大、信用能力较低等一系列原因，使得中小企业外部融资约束强于大企业。

证券市场的门槛较高、上市成本较高、市场风险大使得中小企业通过有价证券方式获得外源性资金的比例下降。创业板将为中小企业创造良好的融资环境，中小企业应该抓住机会争取外源性资金。

**3. 中小企业融资成本较高**

根据中国中小企业金融制度调查报告显示，目前中小企业融资成本一般包括：贷款利息，包括基本利息和浮动部分，浮动幅度一般在20%以上；抵押物登记评估费用，一般占融资成本的20%；担保费用，一般年费率为3%；风险保证金利息，绝大多数金融机构在放款时，以预留利息名义扣除部分贷款本金，中小企业实际得到的贷款只有本金的80%，以1年期贷款为例，中小企业实际支付的利息在9%左右，约高出银行贷款率的40%以上。由此，高融资成本对中小企业融资造成了一定的影响。

**4. 民间资本充足，但民间融资有待规范**

中国的社会体系和人们的消费习惯，导致中国存在高储蓄率。高储蓄率使得中国的民间资本充裕，尤其是经济发达的沿海地区，如浙江、广东，民间借贷市场十分活跃，在相当程度上取代了银行的功能。但是，民间融资活动基本上处于地下或半地下状况，缺少法律和制度的规范，高利贷等违法活动相对普遍。因此，民间融资有待规范，从而真正发展市场化的融资活动。

### （五）促进中小企业融资的关键

切实缓解中小企业融资难问题，关键是拓展融资渠道，健全信用体系。

**1. 努力培育多元化投资主体，拓展多层次融资渠道**

当前，在银行这条主渠道不断转变经营理念、加大对中小企业信贷支持的同时，村镇银行、担保公司、小额贷款公司、风险投资、融资租赁、典当、信用管理等机构蓬勃发展，正在为中小企业解决融资难的问题发挥着越来越重要的作用。因此，可考虑鼓励各地建立中小企业贷款风险补偿基金，对金融机构中小企业贷款按增量给予适度补助；对商业银行开展中小企业信贷业务实行差异化的监管政策；加快创业板市场建设，扩大中小企业直接融资规模；稳步扩大中小企业短期融资券和集合债券的发行规模。①

**2. 必须建立健全中小企业信用担保体系**

要进一步加大对担保机构的支持力度，充分发挥财政资金的引导作用，鼓励中小企业信用担保机构积极围绕中小企业开展贷款担保业务。可考虑利用中小企业发展专项资金，支持中小企业信用担保机构为中小企业提供担保服务，增强中小企业融资能力，带动更多的金融资金支持中小企业，提高中小企业信用担保机构的服务功能和整体水平，把有限的资金用好。要完善融资性担保机构的监管机制，落实中小企业信用担保补助、营业税减免等政策，引导中小企业信用担保机构扩大对中小企业贷款担保功能。要大力推动区域性和省级中小企业信用再担保机构设立，促进中小企业信用担保体系建设。要加大对那些生产有基础、产品有市场、融资需求急的中小企业的信贷担保支持。要推进建立以信用记录征集、调查、评级为主要内容的中小企业信用制度，提升中小企业自身融资能力。②

## 二、关于科技创新

### （一）科技创新的含义

科技创新是原创性科学研究和技术创新的总称，是指创造和应用新知识、新技术和新工艺，采用新的生产方式和经营管理模式，开发新产品，提高产品质量，提供新服务的过程。科技创新可以分成三种类型：知识创新、技术创新和现代科技引领的管理创新。③

原创性的科学研究或知识创新是提出新观点（包括新概念、新思想、新理论、新方法、新发现和新假设）的科学研究活动，并涵盖开辟新的研究领域、以新的视角来重新认识已知事物等。原创性的知识创新与技术创新结合在一起，使人类知识系统不断丰富和完善，认识能力不断提高，产

---

① 张一林．促进中小企业可持续发展［N］．经济日报，2009-09-07.

② 张一林．促进中小企业可持续发展［N］．经济日报，2009-09-07.

③ 宋刚．钱学森开放复杂巨系统理论视角下的科技创新体系——以城市管理科技创新体系构建为例［EB/OL］．移动政务实验室，［2009-11-06］．http：//www.mGov.cn/lab.

品不断更新。信息通信技术发展引领的管理创新作为信息时代和知识社会科技创新的主题，也是当今时代科技创新的重要组成部分。

中小企业技术创新的现实意义：①民营中小企业技术创新是知识经济时代企业发展的必然选择。由于中国的民营企业是在特殊的体制环境下创业和成长起来的，使得多数民营企业尤其是民营中小企业具有一些先天的弱点：初始积累不足，起步水平不高，低水平重复投资，难有后劲；投资者缺乏创业经验，盲目性较大，成功率较低；追求目标短期化，采取不正当竞争手段获取近期利益；尤其是在企业制度方面，民营中小企业仍存在比较明晰的缺陷。随着知识经济时代的到来，市场竞争环境发生了深刻变化，创新能力成为制约企业发展的重要因素，民营中小企业要生存发展并逐渐走向成熟，就必须技术创新，努力提高竞争力。②民营中小企业技术创新是民营中小企业增强自身核心竞争力适应市场竞争的客观要求。进入20世纪90年代中后期以来，民营企业特别是民营中小企业在日益激烈的全球市场竞争中明显表现出一些深层次问题：企业员工素质普遍低下；企业经营管理模式落后，基本上还是家族式甚至是家庭作坊式；企业产品以劳动密集型为主，科技含量低，产业链短，附加值低；企业同质化现象严重，龙头企业少。因此，民营中小企业要适应当今以增强企业核心竞争力为战略目标的国际企业发展的潮流，积极有效地参与国际市场竞争，就必须实施技术创新，增强自身竞争力。

### （二）中小企业科技创新的路径

企业技术创新是一种以企业为主体，以市场为导向，以提高经济效益为目标，运用先进性的科技成果进行技术开发、创新，并且使其能够商品化的一个完整过程。在创新过程中，市场需求是先导、诱因，企业是创新的主体，市场化是最终结果。技术创新活动是一项前瞻性的资金与技术密集型投资活动，中小企业由于自身资金规模小、人才缺乏等特点，最适合的技术创新途径有模仿创新、合作创新、协作创新以及自主创新。[①]

#### 1. 模仿创新

模仿创新是指企业通过购买、引进等手段，吸收和掌握率先创新者的

---

① 阳志梅. 民营中小企业技术创新途径探析［J］. 企业管理，2008（30）.

核心技术，并在此基础上进行改进和完善，进一步开发和生产富有竞争力的产品。该途径具有投入少、风险小、收效快等优点，被许多中小企业采用，但中国中小企业在采用此途径时，普遍存在模仿多而创新少，甚至只有模仿而无创新的问题，有些民营企业甚至就是依靠纯模仿——“仿冒经济”方式起步的，这种情况在短缺经济时代尚可应付得来，但随着整个宏观经济由卖方经济转向买方经济，它将使区域内产业结构趋同性的弊端日益显露，这在传统产业中的建筑、陶瓷、纺织等行业表现得尤为突出，行业内的同构型内耗式竞争日趋激烈。对于市场上的畅销产品，很快就能模仿生产，结果导致产品生命周期大大缩短，中小企业形成恶性竞争，整体经济效益难以提升。因此，中国中小企业在模仿过程中，应该更加注重对被模仿技术、产品的再创新，使创新后的技术或产品既克服缺点、保持原有的优点，又具备新的优点，从而在增强企业自身竞争力的同时，也使生产技术和产品更具多样化，跳出恶性竞争循环，走出一条真正的模仿创新的技术创新途径。

**2. 合作创新**

合作创新即中小企业借助外部力量共同完成创新活动。合作创新主要有两种形式：①企业间合作创新。同一领域内相关联企业相互合作，共同完成技术创新活动。对一些单个中小企业无力或不愿进行的基础性技术、原材料研发等创新活动，中小企业可以共同投资研发，以分担成本和风险，从而最终使合作企业实现共赢。②企业与科研机构合作创新。中小企业与科研机构尤其是高等院校里的科研机构相互合作，共同开展技术创新活动。一方面，资金、技术设备以及人才的缺乏是影响中小企业技术创新的几个重要因素，而当前中国高校、科研机构恰好具备资金、技术设备以及人才优势；另一方面，中国大多数科研机构由于长期偏重于科技研发，在科技成果的转化与应用方面能力比较欠缺，此外在科研方向的选择方面也比较盲目，常常与现实需求脱节，而企业由于与生产和市场直接相连，在这两方面恰好具备优势，因此，中小企业与科研机构相互合作，正好可以优势互补，实现双赢。但由于其他企业尤其是大型企业在生产能力、技术人才方面的优势，科研机构常常更愿意与大企业合作，而忽略了中小企业。中小企业必须积极主动促成和参与合作。由于中小企业在所有权、经营管理机制方面更加灵活等优点，因此争取到科研机构的合作也是完全可能的。

**3. 协作创新**

协作创新主要指依靠政府、行业协会进行协作创新。中小企业借助政府、行业协会的力量，携手共同搭建共性技术服务平台，培育多层次共性技术创新及服务主体，形成完整的产业技术创新联盟，以整合有限资源进行重点技术突破，减少技术研发风险和不确定性，推动整个民营企业技术创新活动的发展。

协作创新主要表现为：支持企业共性技术的研究开发。产业中的共性技术研究对于集群中的单个中小企业而言绝非易事，其通常需要跨行业、跨企业的亲密协作；共性技术相对于企业专有技术而言，具有公共物品属性，因而更适合由政府或者行业协会来提供。支持中小企业的基础技术研究开发，如提供产品标准、产品测试、实验设备、实验室等带有公共品性质的软硬件辅助设施，降低企业研发成本。扶持生产力促进中心、科技服务中心的成立，培育中介服务组织。

**4. 自主创新**

自主创新即企业依靠自身力量独立完成全部技术创新活动。这里将自主创新区分为重大技术创造发明的创新、技术延伸创新、技术综合创新三种土要形式，其中重大技术创造发明的创新方式由于所要求投入的人力、物力、财力较大，一般不适合中小企业，而后两种方式从实践来看比较适合中小企业。

技术延伸是技术向纵深方向发展的创新途径，主要是对现有的某一技术或产品，在不改变技术原理和技术系统主体部分，或保持产品的基本属性和基本特征的前提下，深入研究开发现有技术或产品，挖掘出潜力，延长该项技术或产品的寿命周期，提高它们的级别和档次，使其效用更加完全、充分地发挥出来。

技术综合是技术横向发展的一种创新途径，它不是新技术或新产品的发明，也不必对现有技术进行深入的研究开发，只是把现有成熟的两项或多项技术或产品有机地、系统地综合起来，通过扬长避短、优势联合，进而取得一种新的技术或新的产品。此种技术创新途径资金投入少、风险低、技术要求不高，非常适合中小企业。

技术综合创新又可以分产品综合、技术来源综合与原材料综合三种方式。产品综合即通过零部件的综合、产品功能的综合、产品形态的综合等方式，生产出具有更多功能、优点，而价格又相对低廉的产品。技术来源综合是指企业把从各种渠道获得的不同国家、不同地区、不同部门现成的技术综合起来，使之配套，由此创造出新的技术。原材料综合是指两项或多项现有原材料综合成一种新材料，通常叫作复合材料或合成材料。通过对几种原材料的结构、功能和特点进行分析，找出优缺点，对它们的强项进行技术综合，从而达到制造出新材料的目的。①

## （三）影响中小企业科技创新的因素

### 1. 创新观念和创新意识的因素

不少中小企业认为，科技自主创新的风险太大、投资太大、投资回报率不高。还有一部分企业领导认为企业无须自主创新，"引进"技术同样能使企业发展。虽然技术引进具有投资少、见效快、风险小等优点，是后进企业赶超先进企业的一条捷径，但从市场上转让技术的案例可以看出，一般大公司转让出去的技术都是一些将近淘汰或低利润的技术，处在成长期或成熟期的高新技术是不会轻易地转让给其他企业的，而且很多中小企业只是单纯引进，没有注意引进后的消化、吸收、模仿和创新。这是中国中小企业不能通过模仿创新走上自主创新的主要原因。

### 2. 金融与行政体制制约的因素

企业自主创新需要大量的资金，目前中国中小企业还缺少正常畅通的融资渠道。实践证明，中小企业的科技创新离开政府的引导、支持是难以实现的。在发达国家，中小企业科技创新获得各种资金的支持比较容易，而且很多发达国家都有相应的体制政策支持企业搞自主创新。例如，美国通过了《中小企业创新发展法》，并制订中小企业创新研究计划等，引导和促进中小企业科技创新，硬性规定政府各有关部门必须按一定比例向中小企业创新发展计划提供资金，用于援助中小企业开展科技开发和成果转化，以促进他们的专利发明转化为生产力。近几年中国虽然有政策支持自

① 阳志梅．民营中小企业技术创新途径探析［J］．企业管理，2008（30）．

主创新，但是主要的受惠对象是国有大企业，再加上中小企业实力较弱，使得资信度低，银行对其贷款所面临的风险较大，因而拒绝贷款。而且中国的融资渠道又相对单一，风险投资发展还处于初级阶段，使得中小企业融资困难。融资难已成为制约中国中小企业自主创新的主要原因。

**3. 中小企业自身研发能力的因素**

中小企业规模一般不大，经济效益一般，物质与技术基础比较薄弱。首先，以往中小企业没有注意对科研人员的培养，整个企业文化都不适合科研人员的发展，致使企业科研人员缺乏，科研投入少，科研基础薄弱。其次，中小企业对科技经费投入过少。中国 1996 年 R&D 投入占国内生产总值的比重为 0.6%，而发达国家为 2.3% ~3.0%，发展中国家为 1.5%。中国许多企业的 R&D 支出还不到营业额的 1%，2014 年，R&D 投入占国内生产总值的比重为 2.05%。有关研究表明，企业要生存下去，其 R&D 支出至少应占营业额的 2% ~4%。由于科技研发的经费投入少，严重影响了中小企业的发展。①

**4. 新技术与新产品信息的因素**

中国提供科技信息的中介行业还没有得到发展，信息中介市场还是处于萌芽阶段。如果中小企业自己投入资金建设获取信息的渠道，成本又太高，投入与产出比较低。因此，造成中小企业无法掌握最新的技术和产品信息。

## （四）中小企业科技创新的现状

中小企业历来是经济发展的一支重要力量，是企业家的摇篮，是就业的“蓄水池”。中小企业的迅速发展对中国整体经济水平提高做出了巨大的贡献，而技术创新又是推动中小企业发展的关键因素。中国的中小企业由于起步较晚，一般规模不大、实力不强，是市场竞争的弱者，技术创新能力还很弱并受到多方面因素的制约。

**1. 缺乏技术创新所需资金，融资环境较差**

据有关调查显示，70% 以上的企业认为目前进行技术创新的主要瓶颈

---

① 郭勇．浅谈我国中小企业技术创新的途径［J］．辽宁师专学报，2007（5）．

是资金缺乏，这既包括市场融资困难，也包括政府的支持力度不够。一方面，中国中小企业普遍存在规模较小、抗风险能力低、资信程度不高等弱点，而银行从降低贷款的风险出发，不愿过多经营中小企业贷款业务。另一方面，受传统体制制约，政府资助项目主要作用于大型国有企业，导致中小企业既无力投资于产品的研究开发，又无力聘用优秀的科研人员，更加难以保证新产品的生产和市场推广费用。研究表明：发达国家高新技术企业研究开发费用占销售收入的5%以上，一般企业也在2%以上，而中国中小企业每年的研究开发投入不足销售收入的1%。同时，资本市场对中小企业的开放刚刚起步，仅靠政府拨款和民间融资，对于解决创新资金投入问题是杯水车薪。因此使得中小企业技术创新的投入严重不足，很难进行深入的技术创新和市场开拓。①

**2. 缺乏技术创新人才，创新机制尚未建立**

如果说技术创新是中小企业发展的生命线，那么人才即是中小企业发展的关键。然而目前中国的中小企业人才极为匮乏，成为制约中小企业技术创新能力提高的又一大因素。中国科技人员70%集中在高校、科研院所以及大型企业，中小企业的技术人员所占比重却很小，在技术开发和技术改造方面没能得到足够的重视。此外，中国大部分中小企业多为家族式管理，使得它们难以吸引外部人才和大胆起用外来人才，进而形成了不良的企业文化，严重挫伤了创新人才的积极性。另有一些企业缺乏长远眼光，不能看到技术创新人才所带来的长远利益，不注重人才的长期培养与储备，对现有人才培训重视不够，使得许多创新人才觉得无用武之地。这也是一部分人选择离开的又一主要原因，尤其是核心技术人员的流失，直接给高新技术中小企业造成了重创。

**3. 缺乏技术创新的政策支持，法治环境不健全**

2003年，中国颁布了《中华人民共和国中小企业促进法》，标志着中小企业发展走上了法治化轨道。但是，中小企业的发展在政策导向和制度建设方面还存在缺陷，与国有大中型企业相比，中小企业仍处于劣势，不公平的政策环境严重挫伤了它们技术创新的积极性。而国外中小企业之所

---

① 王鑫宇，傅军．中小企业技术创新现状及对策［J］．中外企业家，2007（1）．

以能在技术创新上取得佳绩，与政府全方位的支持是分不开的。如美国在1982年就用立法手段保障了中小企业的技术创新，确立了中小企业技术创新的主体地位，并以资金扶持、税收优惠等政策激励中小企业的技术开发与创新。和国外政府的全方位支持相比，尽管近年来对我国民营中小企业政策环境有所改变，但长期以来，在人们的头脑中形成的观念是只有大企业才代表工业企业发展的未来，才能在国家工业中作出贡献，因此，政策上对中小企业有歧视现象。另外，中国目前对中小企业技术创新的政策支持主要以“供给推动”方式来促进，而利用“需求拉动”，特别是以政府采购为工具促进中小企业技术创新政策措施出台则较少。从国外经验来看，很多大型企业与当地政府采购支持密切相关。如德国西门子公司在初创期最困难阶段，德国政府与其签订了一项协议，该协议包括10个电报站、18台指针式电报机。正是这项协议使德国西门子渡过了初创期的难关，实现了巨大发展。①

**4. 缺乏技术创新的信息中介，服务体系不完善**

技术创新的关键是信息，信息是创新的源泉。而中国的中小企业技术创新信息有效供给不足，尤其是技术信息和市场信息极度缺乏。市场信息缺乏，对企业创新的不利影响同样也是广泛而深刻的，企业无从寻找创新机会，更无法保证创新成果的市场前景。企业只有及时掌握准确、可靠的科技信息，才能了解和洞察国内外同行业的最新技术动态和方向，做出快速反应。

中国的中小企业缺少完整支持其技术创新的服务体系，在科研与生产的连接、技术成果的转化、风险资本的运营方面缺少中介机构的咨询和帮助，大多还处于自生自灭的状态。这直接导致了中小企业无法专注于产品创新，精力分散，技术创新成功率低。

### （五）促进中小企业科技创新的关键

促进中小企业科技创新的关键是，加快中小企业技术进步和结构调整。主要内容有：①努力营造激励企业开展技术创新的良好环境，从引导企业提高技术创新主体意识、建立创新机制、开展创新活动、实现创新发

---

① 王鑫宇，傅军．中小企业技术创新现状及对策［J］．中外企业家，2007（1）．

展等多个层面入手，不断完善支持中小企业进行技术创新的财政、税收、金融等相关配套政策和措施，形成支持中小企业技术创新的合力。②支持中小企业公共技术服务平台建设，在中小企业相对集中、产业集群和具有产业优势的地区，重点建设一批为中小企业创新提供设计、信息、研发、试验、检测、咨询、培训等服务的公共服务平台。③安排专项资金，支持中小企业技术改造；鼓励大型企业加强与中小企业协作配套，支持中小企业发展科技研发、工业设计等生产性服务业以及软件开发、网络动漫等新兴产业。④促进产学研合作创新，鼓励中小企业通过委托开发、联合开发、共建研发机构、创办经济实体等多种形式，与大学、科研院所、专业技术服务企业建立技术合作联盟，开展联合创新；鼓励大学、科研院所和有条件的大企业开放技术中心、应用研究中心、技术（工程）中心、实验室等，为中小企业技术创新提供科研设施、人力资源等服务。⑤积极引导中小企业继续走“专、精、特、新”的发展道路，支持中小企业发展人力资源型、技术密集型产业，鼓励中小企业提升在现代服务业、装备制造业和高新技术产业等领域的整体实力。⑥鼓励具有专利技术的中小企业参与行业标准的制定。⑦支持金融机构为中小企业技术创新提供贷款支持，鼓励风险投资机构参与科技成果转化工作。与此同时，广大中小企业要密切跟踪经济形势的发展变化，注重市场预测分析，适时调整竞争战略和产品结构，大力推进技术改造，加大技术研发的投入，努力掌握核心技术，开发具有高附加值的产品。①

## 中山市科技型中小企业技术创新资金使用办法

中科发〔2009〕71号　2009-07-13

第一条　为进一步规范我市科技型中小企业技术创新资金（以下简称市创新资金）的管理，提高市创新资金的使用效益，营造有利于科技型中小企业创新和发展的良好环境，加快科技成果转化，推动我市科技型中小

① 张一林．促进中小企业可持续发展［N］．经济日报，2009-09-07.

企业技术创新工作深入开展，根据《国家科技型中小企业技术创新基金管理办法》和《中山市扶持产业发展专项资金管理暂行办法》，制定本办法。

第二条　本办法所称的市创新资金是指经市政府批准设立，市科技发展专项资金财政预算安排的专门用于扶持我市科技型中小企业技术创新的项目资金。

第三条　市创新资金由市科技部门管理，每年资金额度为1000万元，当年未使用完的创新资金纳入市科技发展专项经费安排。

第四条　资金的管理与使用应遵守国家有关法律、法规、规章及《中山市扶持产业发展专项资金管理暂行办法》（中府〔2007〕106号）等规定，遵循公开、透明、择优扶持、专款专用、加强监督的原则。

市创新资金使用范围或用途调整，增加或减少资金数额安排必须经市政府批准，创新资金扶持项目必须经专家评审、验收。

第五条　作为资金主管部门，市科技局遵照《中山市扶持产业发展专项资金管理暂行办法》中的相关规定履行资金管理职责。

第六条　市创新资金的扶持对象：

（一）市创新资金支持的对象是在中山市依法登记注册，具备独立企业法人资格，注册资本30万元以上（含30万元），主要从事高新产品的开发、生产经营和服务活动，并具有自主创新能力的企业。

（二）扶持对象的其他条件：

1. 职工人数不超过500人，具有大专以上学历的科技人员占职工总数的比例不低于30%，直接从事研究开发的科技人员占职工总数的比例不低于10%；

2. 有良好的经营业绩，资产负债率不超过70%，每年用于高新技术产品研究开发的经费不低于销售额的5%（注册不足一年的新办企业不受此款限制）；

3. 领导班子有较强的市场开拓能力和较高的经营管理水平，并有持续创新的意识；

4. 有健全的财务管理制度和合格的财务管理人员。

（三）创新资金优先支持的对象：

1. 国家创新基金项目的配套资助项目；

2. 相关高新技术领域中自主创新性强、技术含量高、市场前景好、能够在经济结构调整中发挥重要作用的项目，具有显著节能降耗效果的节能环保型项目；

3. 科研院所、机构、大学的研究成果和技术向科技型中小企业转移的技术项目和为科技型中小企业提供专业化服务的高技术服务业项目；

4. 科技人员和海外留学人员携带具有良好产业化前景的高新技术项目创办的企业；

5. 拥有自主知识产权关键技术的项目。

第七条　创新资金不支持的对象：

（一）不符合国家科技、经济和社会发展方针及产业政策的项目、无自主创新的项目、低水平重复项目、单纯的基本建设项目和一般加工工业项目；

（二）知识产权不清或有权属纠纷的项目、实施周期超过三年的项目、投资规模过大的项目以及对社会和环境有不良影响的项目；

（三）已经上市的企业以及上市企业占有50%以上股份的企业、资产和财务状况不好的企业、中方拥有股权不足51%的企业、非主要从事高新技术产品的研制、开发、生产和服务业务的企业等。

第八条　市创新资金主要用于科研人员携带科技成果创办企业的启动资金或技术创新产品的研究、开发、中试及产业化阶段的必要补助。

市创新资金资助的项目经费，不得列支除扶持项目以外的任何费用，只用于项目承担单位在实施过程中所发生的直接费用和间接费用，其中包括人员费、仪器设备费、能源材料费、实验外协费、差旅费、会议费和其他相关费用。

第九条　资金使用绩效目标：逐步建立起一套科学、完善的项目管理制度，挖掘和培育一批具有自主知识产权、技术含量较高、产业前景好的科技项目，扶持和鼓励一批科技型中小企业做大做强，提高我市中小企业的竞争力。

第十条　市创新资金项目申请条件：

根据企业的不同特点和项目所处的不同阶段，市创新资金项目分为初创期小企业创新项目和一般创新项目，两类项目均为无偿资助支持方式。

申请市创新资金初创期小企业创新项目的应符合国家创新基金初创期小企业创新项目申报条件。

申请市创新资金一般创新项目的应符合国家创新基金无偿资助的一般创新项目或贷款贴息的一般创新项目的申报条件。

第十一条　市创新资金扶持项目的申请程序

（一）市科技局根据国家科技部发布的年度《科技型中小企业技术创新基金若干重点项目指南》，结合我市经济社会发展需求，制定创新资金项目年度重点支持范围并发布申报指南。

（二）申报单位根据指南要求填写《中山市科技型中小企业创新资金申报书》；申报材料交镇（区）政府科技主管部门，并由镇（区）政府科技主管部门提出初审意见。

（三）市创新资金的申请时间以当年申报指南为准。项目采取“一个窗口”的受理方式，由受理窗口（中山市生产力促进中心）统一受理各类创新基金项目的申报，并对申报项目进行形式审查，对通过形式审查的申报项目汇总后提交市科技局。

第十二条　市创新资金扶持项目的审批程序

（一）项目评审采用专家评审制度，专家评审以委托广东省创新基金管理中心集中评审方式或者由我市自行组织方式组织。专家聘任办法及相关制度遵照国家《科技型中小企业技术创新基金专家评审工作规范》要求的有关规定执行。

凡经广东省创新基金管理中心集中评审，达到省创新基金专项经费立项要求的项目，由省立项支持，市创新资金不再重复支持。省创新基金未立项，但达到国家评审规范规定评审分数的项目，市创新资金将按照省专家评审意见和分数给予立项支持，不再另外组织专家评审。

对国家创新基金已先期立项项目的配套资助审批，按顺从性原则，不再重复评审。

（二）市科技局根据项目申请材料、推荐单位意见和专家评审意见，召开办公会议研究提出市创新资金支持项目的建议，确定市创新资金拟立项项目。

（三）市科技局在中山市科技信息网上发布市创新资金拟立项项目公告，实行公告异议期制度（10天），接受社会监督。

（四）市科技局对经公告无异议的项目提出立项建议，拟定本年度的立项项目、资助额度（包括拟配套资金的项目、资助额度）的初步方案，一并报市政府专项资金评审委员会审批，确定市创新资金立项项目。由市科技局下达年度创新资金项目计划。

（五）市科技局负责将已立项的项目推荐给国家创新基金管理中心，争取国家科技型中小企业创新基金立项和经费支持。

第十三条　市创新资金的分配办法及拨付方式

（一）市创新资金项目实行合同管理。由市科技局与立项项目承担企业、推荐单位签订项目合同书，明确列示项目资助额、支持方式及余款拨付条件，并确定项目各项技术经济指标、阶段考核目标以及完成期限、验收指标等条款。

（二）市创新资金采取无偿资助的方式，根据专家评审打分情况及国家立项情况安排经费。资助资金采取分期拨付方式。

1. 对市创新资金立项的项目，首期按照不同项目类别和立项档次给予5万~15万元资助，并经省创新基金管理中心推荐给国家创新基金。经过推荐并获得国家科技型中小企业技术创新基金立项资助的项目，可再次获得市创新资金资助，在项目验收前按照不低于国家创新基金要求的最低支持额度给予拨付。没有获得国家创新基金立项的项目，创新资金不再给予后续支持。

2. 上年度已获得市科技计划经费支持的项目，如再获得创新资金立项，则按其资助总额减去市科技经费资助额的剩余部分资助。

3. 未经创新资金立项直接推荐而获得国家创新基金立项支持的其他项目，市创新资金将按有关规定给予一定比例的配套支持。

第十四条　资金扶持项目验收及跟踪管理

（一）获得国家创新基金立项的项目验收工作依照国家《科技型中小企业技术创新基金项目监督管理和验收工作规范》进行。

（二）经市创新资金立项的其他项目的验收工作按如下程序办理：

1. 项目承担企业应在合同到期后6个月内，向市科技局提交《中山市科技计划项目验收申请表》、工作总结报告、专项审计报告、最近一个月企业的会计报表等验收材料以及其他相关材料。

2. 市科技局负责组织专家按项目合同书的要求对项目进行验收。项目验收的主要内容包括：合同计划进度执行情况；项目技术、经济指标完成情况；项目研究开发取得的成果情况；资金落实与使用情况；项目实施前后企业的整体发展变化情况。

3. 验收专家组应由熟悉待验收项目的技术、财务和管理专家组成，根据项目验收要求，审阅验收材料，并对项目考查评审，形成专家验收意见。

4. 市科技局依据专家验收意见做出验收结论，验收结论分为合格和不合格。验收不合格的项目承担单位今后五年内不得申请市创新资金。

5. 项目的验收工作原则上应在合同到期后一年内完成。推迟验收的项目，项目承担单位应向市科技局提出申请、说明理由，原则上推迟验收时间不得超过6个月。未经许可，没有按期验收的项目经依据有关规定接受相应的处理。

第十五条　资金的监督检查及绩效评价

（一）创新资金资助经费必须专款专用，主要用于企业的贷款贴息、新产品开发及试制、购置仪器设备及与项目直接有关的其他支出，不得用于金融性融资、股票、期货、房地产、赞助、捐赠等支出。

（二）项目承担单位要严格按照法律、法规、财经规章制度及项目合同的规定，合理、高效地安排和使用经费，并积极配合财政、审计、监察等部门的监督检查，提供有关资料，如实反映情况。

（三）承担企业需对项目的目标、进度和经费等进行调整或承担企业变更的，应向市科技局提出书面申请，经市科技局审批后方可执行。

（四）为保证市创新资金项目规范、有效地实施，市科技局将对已签订市创新资金项目合同书的资金项目进行跟踪和监督管理（以下简称监理）。项目监理的主要内容包括：

1. 项目资金到位与使用情况；

2. 合同计划进度执行情况；

3. 项目达到的技术、经济、质量指标情况；

4. 项目存在的主要问题和解决措施。

（五）项目监理的主要方式：

1. 项目承担企业应自觉接受有关部门对项目实施情况的监理，每一年度定期向市科技局报送《中山市创新资金项目监理信息调查表》，如实反映本年度资金项目的执行情况。

2. 各镇区科技办受市科技局的委托，负责本辖区资金项目的日常监理工作，根据市科技局的要求和项目合同书的有关条款，定期了解和检查项目的执行情况，督促企业认真履行合同，保证项目如期完成。

3. 市科技局在认为必要时，将自行组织专家或委托镇区科技办对部分项目进行实地抽查。

（六）市科技局每年向市财政局提交“项目绩效评价自评报告”，报告市创新资金项目的执行情况和经费使用情况，并接受市财政局监督。

第十六条　责任追究

（一）资金使用单位有下列情况之一，经督促不按期纠正或问题严重的，市科技行政主管部门会同市财政主管部门视情况轻重给予警告、暂停市财政资助，依法追回项目的市财政资助款，并且在五年内不予批准纳入政府资助计划：

1. 上报材料具有虚假内容；

2. 项目不按计划进行研究和开发或无故停止项目研究和开发；

3. 项目经费未能专账管理，违反项目经费使用范围，挪作他用；

4. 不配合专家评审和验收；

5. 不配合审计、科技、财政部门的监督检查；

6. 其他违反有关法律法规的行为。

（二）受委托的社会中介机构在项目和经费的评审、评估和审计过程中，存在弄虚作假、隐瞒事实真相、同项目承担单位串通作弊等行为的，取消其项目和经费的评审、评估和审计资格。社会中介机构提供虚假审计报告，造成市创新资金损失的，依法追究法律责任。

（三）参与评审、评估的咨询专家利用评审、评估的机会以权谋私或弄虚作假的，一经发现，取消咨询专家的资格；应追究责任的，按有关规定执行；构成犯罪的，依法移交司法机关处理。

第十七条　市创新资金扶持对象和条件如有与国家创新基金支持条件不相符的，按照国家的支持条件执行。

第十八条　本办法由市科技局负责解释，自发布之日起实施。原《中山市科技型中小企业技术创新资金使用办法》（中科发〔2008〕19号）作废。

# 江苏省科技型中小企业技术创新资金管理办法

苏科计〔2007〕79号、苏财企〔2007〕26号

## 第一章　总则

第一条　为贯彻落实《中共江苏省委、江苏省人民政府关于增强自主创新能力建设创新型省份的决定》精神，根据《省政府关于鼓励和促进科技创新创业若干政策的通知》的有关规定，设立江苏省科技型中小企业技术创新资金（以下简称省创新资金），并制定本管理办法。

第二条　省创新资金是政府引导性资金，旨在通过对科技型中小企业技术创新项目的支持，增强我省科技型中小企业的创新能力，培育一批具有较强创新活力和市场竞争能力的科技型中小企业，营造有利于科技型中小企业技术创新和科技人员创业的良好环境。

第三条　省创新资金的使用和管理遵守国家有关法律、行政法规和财务规章制度，遵循诚实申请、公正受理、择优支持、科学管理、公开透明、专款专用的原则。

第四条　省创新资金重点支持国家和省认定的高新技术创业服务中心、大学科技园、留学生创业园等科技企业孵化器内科技型中小企业申报的项目。对高新技术新兴产业培育发展具有明显带动和示范作用的科技型中小企业实施的项目可予以支持。

第五条　省创新资金资助经费主要用于项目产品在研究开发及中试阶段的必要补助。

## 第二章　资金来源与管理机构

第六条　省创新资金来源为省级财政拨款年度预算安排，并采取无偿资助方式支持科技型中小企业的技术创新活动。

第七条　省科技厅是省创新资金项目的主管部门，负责审议和发布省创新资金年度支持重点及工作指南、年度计划安排、立项审批、合同签订、项目监理和验收统计等工作，会同省财政厅制订和完善省创新资金管理办法及其实施细则。

第八条　省财政厅是省创新资金的监管部门，负责按年度编制省创新

资金经费预算，参与审议省创新资金年度支出重点和工作指南，对资金运作和使用情况进行监督、检查和绩效评估。

## 第三章 支持对象与方式

第九条 省创新资金资助的企业应当符合以下条件：

1. 具备独立企业法人资格，在国家和省认定的高新技术创业服务中心、大学科技园、留学生创业园等科技企业孵化器内注册并经营的中方控股的科技型中小企业，企业年销售收入原则上在3000万元以内，注册资金不少于30万元；

2. 主要从事高新技术及其产品的研制、开发、生产，并具备应有的项目组织实施能力；

3. 具有大专以上学历科技人员占职工总数的比例不低于30%；

4. 有良好的经营业绩、健全的财务制度，资产负债率合理；

5. 无不良诚信记录。

第十条 申请省创新资金资助的项目应符合以下条件：

1. 符合国家和省产业技术政策，属于我省优先发展的重点技术领域；

2. 技术创新性强，技术水平达到省内领先水平；

3. 重点支持拥有自主知识产权的项目，且项目知识产权明晰、无纠纷；

4. 项目产品有明确的市场需求和较强的市场竞争力，可以产生较好的经济效益和社会效益；

5. 项目处于研究开发、中试阶段或项目产品有小批量试销；

6. 项目新增投资一般在1000万元以下，资金来源基本确定，投资结构合理，项目实施周期不超过2年（生物、医药类项目可放宽至3年）。

第十一条 省创新资金项目资助经费一般不超过30万元，重点项目不超过50万元。

第十二条 申请省创新资金支持的项目，地方必须先期立项支持，单项资助经费不低于申请省拨资金的1/3。优先支持拥有种子资金或孵化资金的科技企业孵化器资助并推荐申报的项目，以及创业投资机构支持的项目。

## 第四章 申请与受理

第十三条 省科技厅、省财政厅原则上在每年二月底前发布年度省创新资金项目的申报通知。符合省创新资金资助条件的项目，由企业按申报通知要求提供相应申报材料；申报材料须经所在科技企业孵化器管理机构审核汇总后，上报省辖市科技局、财政局。

第十四条 省辖市科技局、财政局对企业的申报材料进行认真审核，符合条件的项目应填写《江苏省科技型中小企业技术创新资金项目推荐表》，对申报项目的真实性、可靠性、地方是否给予先期立项支持等进行说明，并附计划立项批准文件，加盖公章后推荐上报省科技厅、省财政厅。

第十五条 省创新资金项目申报材料主要包括：

1.《江苏省科技型中小企业技术创新资金项目申报书》；

2. 企业法人营业执照复印件；

3. 上年度企业会计报表；

4. 能说明项目情况的佐证材料（如国家、省科技计划批准文件、技术报告、检测报告、用户意见等）；

5. 能说明项目知识产权归属或授权使用的证明文件（如专利证书、技术转让合同、软件著作权登记证书等）；

6. 与申报项目和企业有关的其他参考材料（国家专卖、专控及特殊行业的产品，需提供主管机关出具的批准文书复印件）。

第十六条 申报省创新资金的同一企业的同一项目，不得在同一年度内申报其他省级专项资金的支持。

第十七条 省创新资金项目申报单位如有弄虚作假行为，省科技厅、省财政厅将不再受理该企业的项目申请，并将保留进一步追究其法律责任的权力。

## 第五章 立项管理

第十八条 省科技厅依据省创新资金项目申报的条件与要求，对项目申报材料进行形式审查。

第十九条 省科技厅会同省财政厅对通过形式审查的省创新资金申报项目组织专家进行立项评审。

第二十条 省创新资金立项评审工作规范及标准由省科技厅、省财政厅共同制订。

第二十一条 省科技厅根据专家立项评审意见，提出省创新资金建议资助项目，并会同省财政厅联合下达立项计划。

第二十二条　经批准立项的省创新资金项目，由省科技厅与项目承担单位、项目推荐单位签订《江苏省科技型中小企业技术创新资金项目合同》(一式七份)，并将合同报送省财政厅。省财政厅依据合同下达项目资金预算。

## 第六章　项目管理

第二十三条　省科技厅、省财政厅委托省辖市科技局和财政局负责辖区内省创新资金项目的日常跟踪管理与服务工作。

第二十四条　省创新资金项目承担单位按合同规定完成目标任务后，向省辖市科技局提出验收申请，同时提供项目验收材料，具体按《江苏省科技计划项目验收管理办法》［苏科计〔2005〕377 号］执行。省辖市科技局、财政局负责审查全部验收材料，签署初审意见后，将项目验收申请及验收材料报送省科技厅、省财政厅审核。省科技厅、省财政厅负责或委托省辖市科技局、财政局组织项目验收。

省创新资金项目验收工作原则上应在项目合同到期后一年内完成。

第二十五条　因客观原因，项目承担单位需对省创新资金项目合同确定的目标、进度等进行调整或项目终止，须按项目原申报程序报经省科技厅、省财政厅批准后，方可执行，具体按照《江苏省科技计划项目实施管理办法》［苏科计〔2005〕393 号］执行。经批准撤销或终止的项目，省科技厅、省财政厅进行项目经费财务清算，企业须将剩余经费按原渠道归还。

第二十六条　各省辖市科技局、财政局应定期向省科技厅、省财政厅报告本地省创新资金项目的组织实施情况。

## 第七章　附则

第二十七条　本办法由省科技厅、省财政厅负责解释和修订。

第二十八条　本办法自发布之日起施行。

## 浙江省科技型中小企业技术创新资金管理办法（试行）

浙科技发〔1999〕338号、浙财行〔1999〕138号　1999-10-21

### 第一章　总则

第一条　为了贯彻执行中共中央国务院《关于加强技术创新，发展高科技，实现产业化的决定》和浙江省人民政府《关于大力推进高新技术产业化的决定》（浙政〔1999〕1号）及国务院办公厅转发的科技部、财政部《关于科技型中小企业技术创新基金的暂行规定》（国办发〔1999〕47号）的文件精神，鼓励与支持我省科技型中小企业技术创新活动，增强中小企业技术创新能力，我省设立了省科技型中小企业技术创新资金（以下简称省创新资金）。为规范省创新资金的使用与管理，特制定本管理办法（试行）。

### 第二章　省创新资金用途

第二条　省创新资金为省财政专项资金，主要用于配套支持科技部、财政部科技型中小企业技术创新基金资助的项目（以下简称“国家创新基金项目”）和符合浙江省科技型中小企业技术创新资金支持条件的项目（以下称“省创新资金项日”）。

### 第三章　省创新资金支持对象

第三条　申请省创新资金支持的项目需符合下列条件：

1. 符合国家和省产业、技术政策，技术含量较高，创新性较强，技术水平至少处于省内领先或国内先进水平。产品有较大的市场容量和较强的市场竞争力，有较好的经济效益和社会效益，并有望形成新兴产业。

2. 国家规定的特殊行业（如医药、医疗器械、邮电、通信、电力、农作物新品种及生物制品、公安及安全等），要有行业主管机构出具的相关批准证明。

3. 无知识产权纠纷。

第四条　承担省创新资金支持项目的企业应具备下列条件：

1. 在本省登记注册，具有独立企业法人资格。

2. 主要从事高新技术产品的研制、开发、生产和服务业务。

3. 领导班子有较强的市场开拓能力和较高的经营管理水平，并有持续创新的意识。

4. 职工总人数不超过500人；具有大专以上学历的科技人员占职工总数的比例不低于25%，直接从事研究开发的科技人员占职工总数的比例不低于10%。

5. 有良好的经营业绩，资产负债率不超过70%；每年用于高新技术产品研究开发的经费不低于销售额的3%，开业不足一年的新办企业不受此款限制。

6. 有严格的财务管理制度、健全的财务管理机构和合格的财务管理人员。

第五条　省创新资金鼓励并优先支持科研机构、高等院校与企业合作进行的技术创新活动。择优支持具有中国自主知识产权、高技术、高附加值、产业关联度大、节能降耗、有利于环境保护和出口创汇的项目。重点支持电子信息、生物与医药、机电一体化、新材料等我省高新技术产业化和用高新技术改造传统产业的技术创新活动。

第六条　省创新资金不支持以下各类项目和企业：

1. 不符合国家和省科技、经济和社会发展方针及产业政策的项目、技术引进项目、低水平重复项目、单纯的基本建设项目、一般加工工业项目以及对社会和环境有不良影响的项目。

2. 已经上市的企业、中方拥有股权不足51%的企业、资产和财务状况不良的企业、非技术性的服务企业以及纯贸易企业等。

## 第四章　省创新资金支持方式

第七条　省创新资金以贷款贴息、无偿资助的方式支持科技型中小企业的技术创新活动。

第八条　贷款贴息

1. 主要用于支持产品具有一定水平、规模和效益，银行已经有贷款或有意向的项目。

2. 项目总投资在2000万元以下，资金来源基本确定，投资结构合理，项目实施周期不超过三年。

3. 贷款贴息按贷款额年利息的50%至100%给予补贴。

第九条　无偿资助

1. 主要用于科技型中小企业技术创新中产品研究开发及中试阶段的必要补助、科研人员携带科技成果创办企业进行成果转化的补助。

2. 项目总投资一般在1000万元以下，资金来源基本确定，投资结构合理，企业有与申请省创新资金数等额以上的自有资金匹配，项目实施周期一般不超过两年。对于市、地、县（市）等财政给予匹配资助的项目，同等条件下予以优先支持。

3. 对由省科技行政主管部门推荐申报的国家创新基金项目进行必要的资金匹配，匹配金额原则上每项不超过国家创新基金资助总额的50%。

## 第五章　申请与受理

第十条　省创新资金项目的申报实行全年受理，定期审批的办法。

第十一条　符合省创新资金支持条件的项目，由企业按申请要求提供省科技行政主管部门印制的《浙江省科技型中小企业技术创新资金项目申请书》和《浙江省科技型中小企业技术创新资金项目承担人员基本情况表》及《浙江省科技型中小企业技术创新资金项目推荐意见表》。经企业所在地的市（地）、县（市）科技行政主管部门、省级行业主管部门、杭州国家高新技术产业开发区推荐，向省科技行政主管部门提出申请。要求将上述材料一式三份邮寄给省科技行政主管部门。

省科技行政主管部门不接受企业来人报送的申请材料。

第十二条　省科技行政主管部门对企业提交的申请内容原则上每两个月初审一次，初审内容包括企业基本概况、项目是否符合推荐或资助条件、创新程度、企业法人与项目主要承担人、推荐意见等基本情况。初审不合格的项目，自收到申请之日起两个月内，省科技行政主管部门向申请企业书面发出《不受理通知书》，同时抄送给推荐单位。初审合格的项目，由省科技行政主管部门书面通知企业并抄送推荐单位。

第十三条　初审合格的项目，申请企业需提供如下材料：

（1）《浙江省科技型中小企业技术创新资金项目申请书》。

（2）申请科技型中小企业技术创新资金项目可行性研究报告，以及有关机构和专家对该报告的论证意见（须附论证专家名单）。

（3）企业法人营业执照（复印件）。

（4）经会计师事务所审计的企业上两年度以及最近一个月的会计报表（复印件），包括资产负债表、损益表、现金流量表以及报表附注等。开业不足一年的新创办企业须报送工商行政部门出具的企业注册资金证明（复印件）和最近一个月的会计报表。

(5) 可以说明项目技术情况的证明文件（如科技主管机构或行业主管部门出具的技术报告、检测报告、专利证明、用户使用报告等）。

(6) 高新技术企业需附高新技术企业认定证书（复印件）。

(7) 国家专卖、专控及特殊行业产品，须附相关主管机构出具的批准证明（复印件）。

(8) 申请贷款贴息，须分别由开户所在地银行信贷部门和贷款审批银行在《浙江省科技型中小企业技术创新资金项目申请书》的相应栏目中，签署承贷意见或附贷款合同（复印件）。

(9) 地方财政部门匹配资金的项目，须在《浙江省科技型中小企业技术创新资金项目推荐意见表》的相应栏目中签署意见。

(10) 与项目有关的其他参考材料（如列入国家、省科技计划的有关批准文件、环保证明、奖励证明等）。

申请企业须将书面申请材料（附材料目录）按 A4 纸张大小装订成册，一式六份上报。由县（市）科技行政主管部门直接推荐给省科技行政主管部门的申请项目，同时必须抄送一份给市（地）科技行政主管部门备案。所有申请材料一律不予退还。

第十四条　一个企业在同一年度内，原则上只能申请一个项目和一种方式支持。

第十五条　申请企业提供的材料必须真实可靠，如发现弄虚作假，将不再受理该企业的申请。

第十六条　推荐单位必须严肃、认真、科学、公正地履行其职责，对企业提交材料的真实性、可靠性做出评价，并填写《浙江省科技型中小企业技术创新资金项目推荐意见表》，如发现有重大失误或虚假行为，今后将不再受理其推荐的项目。

第十七条　由省科技行政主管部门推荐到国家科技部而暂未被列入国家创新基金的项目，凡符合省创新资金支持条件的，经与推荐单位和申请企业协商后，申请企业愿意作为省创新资金项目申请的，则与直接申请创新资金的项目同等对待。

## 第六章　立项

第十八条　省科技行政主管部门负责审议和发布省创新资金年度支持重点，审议创新资金运作中的重大事项，会同省财政主管部门一起以联席会议形式审定省创新资金项目和国家创新基金的配套资金，项目审定同意后由省科技行政主管部门直接与承担企业签订省创新资金项目合同；将合同签订后的项目清单抄送省财政主管部门，省财政主管部门根据省科技三项费用管理办法下达资金。

第十九条　省创新资金资助金额分两批下达，首批按批准总额的70%拨付，待项目完成并经验收后再拨付30%。

## 第七章　项目验收

第二十条　省创新资金项目合同到期后一个月内，承担企业向省科技行政主管部门提出项目验收报告。省科技行政主管部门根据项目情况分别采用书面审查、实地审查、委托地方科技行政、财政主管部门审查等方式进行验收。

第二十一条　通过验收，对基本完成省创新资金项目进行结题，并拨付余下的30%的经费；对没有完成合同目标、差距较大的项目不予通过验收，停拨经费，限期完成。

## 第八章　监督管理

第二十二条　省创新资金的使用必须遵守国家的有关法律、行政法规和财务规章制度，坚持科学评估、择优支持、公正透明、专款专用。省创新资金的申请和使用应本着节约的原则，充分利用现有工作条件，使有限的资金发挥最大的效益。

第二十三条　省创新资金的主要开支范围包括新产品开发及试制、购买仪器设备及与项目有关的其他开支。

第二十四条　各级科技行政主管部门、财政主管部门和有关主管部门根据本办法对创新资金项目的实施过程进行监督管理。省财政主管部门对创新运作情况进行监督与检查。监督管理的主要内容包括资金到位和使用情况、合同计划进度执行情况及项目完成的质量。

第二十五条　承担省创新资金项目的企业应按照本办法和省创新资金项目合同书的有关条款，自觉接收有关部门的监督管理，并在规定时间内向省科技行政主管部门报送半年和年度省创新资金项目监理信息调查表以及所要求的相关附件三份。

第二十六条 如发现有关部门或企业、有关人员在项目申请、立项、实施、管理中弄虚作假、玩忽职守、以权谋私、挪用经费等违反规定和财经纪律的行为，将采取通报批评、暂停拨款、中止或撤销项目合同等措施；对撤销或中止合同的省创新资金项目，承担企业应进行项目财务清算，并将省创新资金支持的剩余经费如数上交财政部门。对违纪、违法情节严重者，提交有关部门追究企业和有关人员的责任，并不再受理该企业的创新资金项目申请。

## 第九章 附则

第二十七条 本办法自发布之日起试行。

第二十八条 本办法由省科技行政主管部门、省财政主管部门负责解释和修改。

# 第三章　中小企业融资需求与获得资金的路径

## 一、中小企业融资难问题

### (一)企业本身管理因素

首先，中小企业尤其是小企业寿命短，银行不敢贷款。中国中小企业寿命期限一般只有5~7年，有些科技企业寿命只有3~5年。中小企业寿命短，并非中国特有的现象，美国中小企业存活5年的占80%，存活8年的只有19%。如此短的生命周期，企业贷款自然难。其次，中小企业过于依赖银行贷款。中小企业主要盯着银行贷款，而忽略了其他资金来源，如战略投资者投资、各种参股控股资金、私募基金等，忽略了融资租赁、经营性租赁等融资方式。最后，企业经营业绩差、管理水平低。但凡得不到贷款的，企业业绩往往很差，管理水平低，企业业绩不稳定。如果业绩好，可持续，基本可以获得贷款。

### (二)中小企业缺乏信用

中小企业缺乏信用具体表现为：一是很多中小企业没有进入全国征信体系，没有交易信用记录，银行难以给予信用评级，也无法给予授信和贷款。二是中小企业是基层银行不良信贷资产的主体，尤其是经济落后地区，这一问题更为突出，这使得银行在内控制度上限制对某些区域的中小企业贷款，乃至控制贷款权限。三是中小企业普遍存在延期付款和赊购甚至长期欠债不还现象，影响着企业信誉和信用。四是缺乏连续3年以上的可信服的规范的财务报表。中小企业出于避税、成本等原因，往往没有连续多年规范的经过审计的财务报表，而银行贷款要求企业必须有连续3年且盈利的规范的财务报表。五是财务不透明。中小企业现金交易多，财务管理不规范。典型调查表明，80%的中小企业报表不真实或没有会计报表。

### （三）中小企业主管人员缺乏现代融资意识

主要体现在：一是大多数中小企业缺乏负债经营的现代意识与相应的管理手段，对企业债务与企业经营盈利之间的关系认识有限，不能从发展的角度看待企业债务融资的作用。二是绝大多数中小企业主管的经营观念未转变，没有从利润和现金流的角度把现代企业看成是一个资本价值增值和现金流最大化的过程，因而不能全面看待资金在生产中的地位，忽略了资本与负债、资本与管理能力、资本与经营风险等因素之间的相互关系。三是很多中小企业主管对现代融资工具缺乏认识，简单地认为融资就是向银行贷款，拘泥于单一的融资方式，当传统融资途径被切断时，企业便陷入绝境。大部分中小不仅缺乏利用其他融资方式的思维观念，而且缺乏融资的操作能力，更谈不上进行现代融资的创新。

### （四）财务信息失真，银行不敢放贷

许多中小企业管理欠规范，没有健全的管理制度和财务控制制度，财务信息失真，可信度低。有的企业提供虚假的甚至伪造的财务信息，使会计报表失去可靠性和真实性。银行发放贷款的主要依据是企业的资产负债表和财务收支状况，一个资产负债状况和财务收支状况良好的企业很容易得到银行的信贷支持；反之亦然。虚假的会计报表使银行的信贷资产难以得到保障，易形成不良资产，出于资金安全和自身利益的考虑，银行不会轻易地发放贷款。

### （五）抵押或质押物范围狭窄，不利于中小企业融资

银行一般不给企业纯信用贷款，往往需要抵押物或质押物，而中小企业普遍缺乏足够的抵押物或质押物。目前，《担保法》规定的质押物或抵押物为存款、债券、股票等金融资产和企业的土地、房屋等不动产，很多中小企业想以产成品、库存原材料等动产抵押，以专利、商标、广告等无形资产抵押，以排污权、海域权和股权等各种权益质押，或者以在建工程、集体土地厂房等某些固定资产抵押，农民想以土地经营使用权、流转

收益权和宅基地、未来收益等抵（质）押，但银行不接受，法律也不允许。

## （六）中小企业贷款融资存在制度缺陷

### 1. 缺乏满足中小企业贷款需求的金融机构和贷款机制

在我国，中小企业占企业总数的90%，而国有商业银行和股份制银行以及城市商业银行主要服务于10%的大中企业和城市企业。村镇银行、农村合作银行、小额贷款公司主要服务于农村效益好的企业，绝大多数中小企业无法获得贷款。中小金融机构往往采取和大银行一样的贷款审查机制，监管上也采取与大银行同样的监管方式，这使得中小企业难以通过贷款审查。

商业银行以对待大公司的贷款流程对待小企业。中小企业贷款一般是流动性贷款，时间短，频率高，要求急，错过了短期的机遇，则不再需要资金。而目前银行对中小企业和对大企业一样，审贷程序复杂，层层上报，一笔限额以上的贷款，需要4~6个月的审查时间。

### 2. 贷款责任终身追究制度制约着对中小企业放贷

为控制信贷风险，各商业银行一方面上收信贷权，另一方面实行贷款责任终身追究制度。目前，商业银行总行或分行对不同地区层层划分信用等级和贷款权限。等级低的区域，单笔贷款限额也低，超过限额必须上报。因此区域内即使有好企业，因贷款权限控制，也无法及时得到贷款；银行为控制风险，实行了贷款责任终身追究制度。中小企业贷款风险相对比较大，稍有风险，贷款人员就不愿意放贷。

### 3. 银行信用评级方法和审贷成本不利于对中小企业贷款

银行对企业信用评级中，经营规模占据重要地位，中小企业即使效益好，规模达不到标准，仍然不能获得贷款。中小企业贷款金额小，笔数多，市场调查成本和审贷成本相对高，收益小，银行缺乏放贷积极性。

## （七）担保公司的作用有限

2000年以来，各地由财政出资，纷纷成立担保公司，为中小企业融资提供担保。但是，担保公司的作用有限。一是担保的放大效应不明显。从实际调查情况看，担保公司的担保金额只有其注册资本金的2~3倍，不少担保公司的资本金很少，无法产生放大效应。如河南平顶山市有29家担保公司，合计注册资金4.1亿元，平均每家资本金1400万元人民币，全部担保贷款只有7亿元人民币左右。二是银行对担保公司不信任。有些县级担保机构，只有几百万元的注册资金，银行对担保公司的担保能力不信任，同时，由于担保公司的行政色彩浓厚，银行不愿意与资金规模小的担保公司合作。三是担保公司的担保费用高，企业不愿意接受担保。所有担保公司只提供流动资金贷款担保，而且要求企业提供反担保，收取1.5%~2.5%的担保费用。有些担保机构，还要求会员交纳金额不小的会费。①

## （八）管理、服务不到位

主要表现在：一是政策对中小企业的债务清偿缺乏规定。中小企业往往是民营或私营企业，个人收入与公司收入不分。盈利归个人，亏损归公司，从而出现企业亏损、长期欠债不还而个人仍然高消费的现象，银行也因此不敢贷款。二是对租赁和抵押过程缺乏良好服务。如政府土地出租，一般要求企业租赁50年，但企业往往只需要租赁10年左右。租赁期限不足，企业则拿不到土地证，因此无法抵押；有些抵押，企业想进行转办，但手续复杂。三是对中介机构的行为缺乏统一管理。如企业抵押资产评估收费为资产价值的0.5%~1%，而评估结果的有效期限只有1年，使企业不愿意进行资产评估。有些资产评估机构出于利益需要，高估资产价格，资产评估结果不可信。四是地方政府对中小企业贷款缺乏有效服务。目前，各地积累了一些好的担保方法，如成立行业组织或协会，为会员提供担保，采取互助担保、联保等，但缺乏组织推广这些成功做法。一些银行也探索了解决中小企业贷款难的好经验，但没有得到推广。所有这些，都影响着企业和银行的贷款。

---

① 陈炳才．中小企业融资难的原因与政策建议［N］．金融时报，2010-01-04.

## 二、中小企业融资需求特点分析

### （一）不同企业类型中小企业融资需求特点

从企业法律类型来看，中小企业可分为无限责任制和有限责任制企业。无限责任制企业多为单人业主制企业和合伙制企业，这些企业税负相对较轻，但无权以债券和股票的形式向社会直接融资；这类企业一般规模较小，主要是微型企业或初创企业。它们资金主要来源于业主，来自金融机构的借贷和政府的资助量极少。

有限责任制企业基本上是公司制中小企业，这类企业税负相对较重，但有权以债券和股票的形式向社会直接融资。可是因无法满足公开上市的苛刻条件，绝大多数难以实现公开上市。因此，虽然公司制中小企业同其他公司制企业一样拥有直接融资的权利，但是，实际上它们在直接的金融市场上，仍然处于极为不利的地位。

### （二）不同行业类型中小企业融资需求特点

从行业类型的角度看，可将中小企业分为制造业型、服务业型、高科技型以及社区型等，各类中小企业的融资特点和要求如下：

**1. 制造业型中小企业**

资金需求比较多样和复杂，企业资金需求量较大，资金周转相对较慢，经营活动和资金使用涉及面较宽，相对经营风险较大，但由于有实物资产作为担保，相对较易得到银行信贷支持。

**2. 服务业型中小企业**

资金需求主要是存货的流动资金贷款和促销活动上的经营性开支借款。量小、频率高、贷款周期短、贷款随机性大。一般而言，风险相对其他中小企业较小，因此是一般中小型商业银行比较愿意给予贷款的对象。

**3. 高科技型中小企业**

由于这类中小企业实物资产少，风险大，较难得到银行支持，主要的外部资金来源是风险基金。

**4. 社区型中小企业（包括街道手工工业）**

通常具有一定的社会公益性，因此，比较容易获得政府的扶持性资金。另外，社区共同集资也是这类企业的一个重要的资金来源。

### （三）不同发展阶段的中小企业对融资的要求

不同企业生命周期的中小企业对融资有不同要求：①初始阶段。需要自有资金，一般来自个人投资者和风险资金；也需要商业银行以举债方式筹措少量资金。②成长阶段。外部融资是关键，主要从商业银行及各种小企业投资公司、社区开发公司获得债务资金。③成熟阶段。主要以公司参股、雇员认股、股票公开上市以及从投资公司、商业银行筹集发展改造所需产权资金。①

从上述情况来看，不同中小企业融资差异很大，与企业生命周期、行业特性、外部市场环境都有较大关系，需要采取多种方式予以解决。

## 三、中小企业融资过程中的内部建设

### （一）规范企业公司治理结构

公司的运行绩效如何，在很大程度上取决于企业治理结构的有效性。公司治理结构是否规范，不仅影响投资决策和资金筹措，也会影响企业的经营效率和管理成效。因此，必须规范企业公司治理结构。

**1. 建立崭新的产权制度**

产权制度是制度集合中最基本、最重要的制度。马克思和恩格斯以及现实理论研究都将产权定义为：产权不是指人与物的关系，而是指由物的存在以及关于它们的使用所引起的人们之间相互认可的责权利关系。产权安排确定了每个人相对于物的行为规范，每个人都必须遵守他与其他人之间的关系。从产权经济学的角度来看，商品交换实际是产权的交换，“权

---

① 中外中小企业融资问题比较研究［EB/OL］. 厦门中小在线.

力束”是附着在有形的商品和劳务上的，它是一个总量的概念，是包括所有权、经营权、管理权、收益权、转让权等权力在内的一组权力。因此，产权又具有独立性、排他性、流动性和可分割性等特点。建立现代产权制度可使企业法人权利明确，这对激励企业发展、约束企业行为、提高企业经营效率具有重要意义。通过建立崭新的产权制度，增强中小企业活力，可使中小企业真正成为自主经营、自负盈亏、自担风险、自我约束的充满活力的微观经济主体。

第一，进一步解放思想，充分认识企业改制的重要意义。十五大确定的国有经济调整战略，是“有所为，有所不为”的战略，有所不为，就是国有经济要从中小型企业及竞争性、风险性企业全面撤退。在这种情况下，改制已迫在眉睫、刻不容缓，只有改制成功，企业才能以强大的内在动力去占有市场，求生存和发展。公司制是现代企业制度一种较科学的企业组织形式，要针对企业人员特别是企业领导层存在的疑惑和不解，积极开展学习、宣传和培训活动，在明了其重要意义的基础上，认真做好改制中职工的思想政治工作，为改制工作的开展打下坚实的思想基础。

第二，做好企业产权制度改革中的市场定位和组织形式的选择工作。企业改制时的市场定位与组织形式密切相关，需要统筹设计，根据企业当前的实际状况和未来的发展方向自主进行选择。根据公司具有一定实力、资产层次较为简单的实际，在较难吸引外部投资的情况下，采用职工出资，选择二元股东的有限责任公司形式较为适宜。今后视其发展并积极利用国家政策的支持，争取成为有较强市场竞争力、有较强融资能力的上市公司。同时，还要完善企业各层次的资产经营负责制，并使这种责任制形式与企业的组织形式相协调一致，实现产权制度改革企业较为规范的运作。

第三，认真解决企业职工持股问题。对职工持股会的形式及其在公司中的作用，按相应的法规和“章程”办理。为保证职工持股会在企业中有发言权，对职工持股会的组成、注册登记、组织结构、代表的产生以及持股会议的形成，都应做出较为详细的规定，以便充分发挥股东的作用。

第四，认真对待企业的股权设置问题。股权设置应根据企业的实际情况、选择的组织形式和市场定位进行。根据企业的现实情况，选取不同比例的股权设置方案，可绝对控股，也可相对控股，还可完全退出。在现阶段，为适应市场的需要，避免由于资本过小而带来的副作用。

第五，统筹考虑非经营性资产剥离问题。若剥离工作能得到政府的支持，则以能在剥离后交由当地政府管理为最好。在外部条件不具备时，可针对非经营性资产性质采取不同形式的分离方式：可在与生产经营性资产分离后，先独立核算，实行经费递减包干，尽快使其走向社会；也可在改制时一步到位，直接将其改组为与企业有业务依托关系的独立法人实体，通过与企业的业务往来和面向社会服务，实现自主经营，自负盈亏。

第六，切实解决企业高负债率和资金短缺问题。对于经确认并符合核销条件的不良资产应在净资产中核销。对于虽经确认但暂不符合核销条件的不良资产，今后如何处置应予明确。除争取尽量吸引外部资金外，可采取以存量换资金的办法，尤其是以土地存量换资金，以房产存量换资金，盘活现有的存量资产。

第七，在改制中强化科学管理。要围绕市场和效益，把推进项目管理作为企业经营管理方式转变的基点。根据企业的实际，按项目管理的要求，积极调整企业的管理体制、经营机制，深化劳动人事分配制度改革，重组优化企业生产要素，使企业的经营管理方式发生根本性变化。企业在组织机构调整中，应更多地关注经营的综合性，关注企业的资本运营、资金的使用与管理、人才的培训与开发、科学技术的推广与应用等方面，以保证企业的可持续发展。

第八，实施精简机构，分流安置富余人员，减轻企业负担，完善企业内部保障体系。

**2. 构建最佳的企业组织形式**

产权主体多元化的企业组织形式，是由最高权力机构——股东大会、决策机构——董事会、经营机构——经理层、监督机构——监事会和企业职工共同组成。市场经济本质上就是一种产权经济，市场经济下的股份制即多元投资主体制取代业主制后，资本集聚和联合使单个资本难以完成的事业得以实现。这种组织形式的特点是具有投资主体多元性与直接融资功能；债务的有限责任与投资风险的锁定功能；股票的流通机制和风险的转换功能；层级式的公司治理结构与专业化的经营管理功能。显然，这种企业组织形式具有现代企业制度的优势，能够提高决策的科学性。

从中小企业组织形式创新的意义入手，我国中小企业可以通过增加新的替代组织形式、增设美国式有限责任公司形式及完善现有的股份合作制形式加以创新，使中国的中小企业的组织形式多样化，以促进其健康快速的发展。

首先，中小企业组织形式创新的意义。尽管《中华人民共和国公司法》所规定的有限责任公司和股份公司以大中型企业为目标，对中小企业采取这两种形式并没有利，但人们仍然愿意采用公司形态，工商登记的公司中有99%为中小企业。公司尤其是中小型公司无限膨胀，必然导致有限责任的滥用，对社会经济生活有害无益。一是草率注册和不实注册，即有的投资者在第一个公司破产后，又立刻设立一家与前者十分类似的公司，甚至是故意让其公司破产，逃避所有债务，然后另行注册一家公司从事诈骗活动，或者是通过虚假出资，骗取注册登记，设立“皮包公司”。二是中小型公司破产倒闭率高。中国破产制度不发达，名义破产率不高，但歇业率和注销率很高，据北京大学中小企业中心2003年对国内某地区的中小企业状况进行统计，其中连续存在3年以上的中小企业不超过企业总数的20%。另据宁波工商局统计，在2008年上半年，企业注销数量达到4992家。三是增加交易风险，危害交易安全。与既没有资金又不守信用的中小型公司进行交易活动，如果该公司一旦破产，就会损害到所有债权人的利益。可见有限责任的滥用，对社会经济生活来说就是巨大的灾难，严重危害交易安全，增加交易成本。为什么有限责任的滥用会如此严重？究其原因有很多，如公司登记部门办事程序不够规范，有一些地方政府为了追求政绩，盲目追究公司注册的数量，让不合格甚至是不合法的公司进入公司行列等，但最主要的原因还是中国企业组织立法自身的局限性造成的。20世纪90年代以来，先后于1993年、1997年和1999年颁布了《公司法》《合伙企业法》和《个人独资企业法》，这三部法律提供的企业组织形式只有4种，即股份公司、有限责任公司、合伙企业和独资企业。实际上只有两类：一类承担有限责任的公司；另一类承担无限责任的合伙企业和独资企业。也就是说，中小企业可以选择的组织形式要么为公司，要么为独资或合伙企业，别无选择，有限责任的滥用也难以避免。所以，要从根本上治理有限责任的滥用，需要从企业组织立法上设计出更多更具有灵活性组织形式，把并不符合有限责任公司和股份公司条件，却需要利用公司外壳从事商事活动的中小企业引导过来。既可以避免所有中小企业大都采用有限责任公司的形式，也能有效防止有限责任的滥用，保证有限公司和股份公司的质量，有利于激励中小企业家的创业及其初期发展，为成千上万的中小企业提供有效灵活的组织形式。

其次，在现有企业组织形式的基础上增加新的替代组织形式。从普遍意义上看，公司制毫无疑问是适应社会化大生产的现代企业制度的基本企业形态，但公司制并不是适合一切行业和各种规模企业的治理结构形式。西方国家为鼓励中小企业的创立和发展，一方面强化对大型上市公司的规制，另一方面，在传统的企业形式之外，各国不断尝试新的中小企业替代组织形式，最典型的有：一是美国的有限责任公司（LLG）；二是南非的封闭式公司；三是西方各国的两合公司或有限合伙。这些替代组织形式对合伙和公司的优势兼而有之，既不是典型的合伙，也不是典型的公司，是介于合伙与公司之间的企业形式。美国的有限责任公司具有独立法人地位，自然人、实体或社团均可以设立这类公司，但在纳税时，则作为合伙看待。虽然名义上是公司，但不强求由董事代表公司执行业务，原则上由所有股东直接参与公司的经营管理，也允许公司用合同约定由经理执行业务，并界定其职责范围。南非的封闭型公司，其主要特色为：具有法人地位；所有权与经营权不分离，不设立董事会，所有股东都可以参与公司的经营管理，享有同等权利；没有最低注册资本的要求，也没有资本维持制度；允许设立一人公司，股东人数在 1 ~ 10 人之间；公司虽然需要提交年度财务报告，但不需要经过审计员进行审计。有限合伙，大陆法系国家赋予两合公司法人地位、英国拟赋予有限合伙法人地位，但是，在纳税方面，英美两国将其作为合伙对待，不存在双重纳税问题。不论是两合公司，还是有限合伙，都只有部分投资者承担有限责任，部分承担无限责任。承担有限责任的投资者不参与公司的业务执行，承担无限责任的投资者负责公司业务的执行。这种组织形式尤其适合所有权与经营者部分分离的中小企业，或者是部分人有资金却没有经营管理特长，另一部分人有经营管理特长却缺乏资金的情况。

在中国，除了现有的独资企业、合伙企业、有限责任公司和股份公司之外，亟待在企业组织立法上确立新型的无限公司和两合公司，将所有者与经营者完全合一的部分中小企业疏导过来，避免中小企业都挤进有限责任公司和股份公司的门槛，致使有限责任泛滥成灾。这并不是说反对中小企业尤其是中型企业采用有限责任公司、股份公司的形式，只是想从立法上给中小企业提供更多的选择。中国中小企业数量巨大，情况也特别复杂，在组织形式上多一些选择，无疑有利于支持其创业与发展。同时，也有利于强化对适合大中型企业的有限责任公司和股份公司的规制，从源头上制止有限责任的滥用。我们需要的无限公司和两合公司应该是适合中国中小企业情况的新型无限公司和两合公司，绝不是西方传统无限公司和两合公司的简单移植。同承担有限责任的公司相比，无限公司和两合公司的优势在于其简单性和具有弹性，所有股东或承担无限责任的股东都可以直接参与公司的经营管理，无须设置法定的组织机构，无须履行对其没有实际意义的法定程序和强制规范，如股东会、董事会制度、资本维持制度和财务报表的审计和公示制度等，可以大大减少规制成本，特别有利于中小企业的创业和发展。这两种公司除了具有法人资格外，还拥有合伙的优势。所以，应在立法中明确规定无限公司、两合公司是中国企业的组织形式。

第三，增设美国式有限责任公司形式。美国式有限责任公司（Limited Liability Company），是相对于传统的大陆法系有限责任公司而言的。在英美法系中，其封闭式公司（Close Corporation）不对外公开发行股份，股东承担有限责任，从法律特征看类似于大陆法系的有限责任公司。而美国的有限责任公司与大陆法系的有限责任公司不同，故称之为美国式有限责任公司。该制度是由于美国的封闭式公司存在突出的制度缺陷。作为中小企业在享受有限责任保护的同时也承受了公开（股份公司）公司复杂关系的制度负担，对崇尚简单自由的美国投资者来说，这些缺陷难以容忍。现实呼唤一种既能享受有限责任，又能灵活经营的中小企业形态。美国式有限责任公司应运而生。1994 年，美国统一州法全国委员会制定了《统一有限责任公司法》示范法，有限责任公司作为新型的企业组织形式在美国得以确立。该形式最突出的优势就是突破了传统有限公司的束缚，兼有合伙制度灵活的管理优势和单一税收优势，以宽松的条件完整的享有有限责任，是公司与合伙企业最佳的组合，几乎满足了中小投资者所有投资需求，实现了一百年前《德国有限责任公司法》未能完全实现的价值目标，堪称中小企业的完美形式。中国《公司法》同样存在着对股份有限公司尤其是上市公司过分关注的现象，其中许多制度都是为股份有限公司量身定做的。

2005年《公司法》虽然对有限责任公司予以重视，但在有限责任公司的制度改革上还较保守，与发达国家的立法理念差距很大，不利于占中国公司数量99%以上的中小公司的发展。一些大陆法系国家也增设了美国式有限责任公司，日本在2005年的《新会社法》中就废止了有限公司，新设了合同公司（Limited Liability Company），并指出这一新的企业形式，适合于需要重视人力资本的研究开发型企业，大学和企业的合作研发、事业和法人企业之间的合作事业等。所以，中国应借鉴美国及其他发达国家的立法理念及有益经验，确立大小公司区分立法原则，结合中国企业发展的实际，通过改造创新，在中国制定专门的法律引进美国式有限责任公司，必将极大地促进中国中小企业的发展。

第四，股份合作制的完善。股份合作制是国有中小型企业改革中应用较广且最成功的一种模式。股份合作企业是两个以上劳动者或投资者，按照章程或协议，以资金、实物、土地、技术使用权作为股份，自愿组织起来，依法从事各种生产经营服务活动，以按劳分配和按股分配相结合，并留有公共积累的企业法人或经济实体，兼有股份制和合作制的特点、集劳动合作与资本合作为一体的新型企业形式。这种形式有利于国有中小企业和城乡集体企业筹集到足够的发展资金，增强自身的竞争实力，明晰产权关系，形成独立的法人财产权，最大限度地调动企业经营管理者和职工的积极性。根据中国国有中小企业及城乡集体企业的改革情况，完善这一制度，主要是从立法上进行，股份合作企业作为一种特殊的企业组织形式，通过对现有法律制度的修订加以完善是不可行的，只能通过单行立法，制定专门的法律《股份合作企业法》，该法应在中国的《关于发展城市股份合作制企业的指导意见》的基础上制定，具体规定立法宗旨、适用范围、企业的设立条件及方式、股权设置及比例、企业破产、解散、清算等内容，从根本上保证股份合作企业的规范运行。

在中小企业准入制度中，对中小企业组织形式的立法具有开放性要求。而中小企业组织形式的构造是以企业形态法定化为基础的，企业形态法定化又是国家干预经济的方式之一。在中小企业准入制度中确定中小企业法律形态，使中小企业的组织形式的创新也有法可依，得到法律的全面保护。

### 3. 创新法人治理结构

法人治理结构，又译为公司治理（Corporate Governance），是现代企业制度中最重要的组织架构。狭义的公司治理主要是指公司内部股东、董事、监事及经理层之间的关系。广义的公司治理还包括与利益相关者（如员工、客户、存款人和社会公众等）之间的关系。公司作为法人，也就是作为由法律赋予了人格的团体人、实体人，需要有相适应的组织体制和管理机构，使之具有决策能力、管理能力，行使权利，承担责任，从而使公司法人能有效地活动起来，因而法人治理结构很重要，是公司制度的核心。法人治理结构的核心是在法律、法规、惯例和条例下，保证以股东为主体的利益相关者利益为前提的一整套公司权力制度的安排和责任分工的约束。[①] 创新法人治理结构，一是要建立行之有效的法律体系，如《公司法》《证券法》等；二是建立健全股票市场和竞争性职业经理人市场；三是建立有效的激励和约束机制，使经营者收益真正与股东利益相联系；四是健全严格的财务及相关信息披露系统和有效的监督制度，防止暗箱操作，侵吞股东利益。

目前，中国大多数公司都按照《公司法》的规定，构建了自己的治理结构，但是种种问题又确实存在。鉴于治理结构在企业管理中的重要性，我们必须不断完善它，使它成为有效的、符合企业实际的，并能够与企业管理互动的治理结构系统。因此，提出完善治理结构的建议和对策。

设计和完善公司法人治理结构，应当遵循一定的原则。这些原则包括：①法定原则：这是首要原则。公司法人治理结构关系到公司投资者、决策者、经营者、监督者的基本权利和义务，凡是法律规定的，应当遵守法律，主要是《公司法》的规定。②职责明确原则：公司法人治理结构的各组成部分应当有明确的分工，在这个基础上各行其职，各负其责，避免职责不清、分工不明而导致的混乱，影响各部分正常职责的行使，以致整个功能的发挥。③协调运转原则：公司法人治理结构的各组成部分是密切地结合在一起运行的，只有相互协调、相互配合，才能有效率地运转，有成效地治理公司。④有效制衡原则：公司法人治理结构的各部分之间不仅要协调配合，而且还要有效地实现制衡，包括不同层级机构之间的制衡，

---

① 温敬钟．公司治理结构改革在中小企业融资中的作用浅析［J］．世界经济情况，2006（11）．

不同利益主体之间的制衡。⑤资源整合原则：公司治理结构的设置应能充分发挥公司各方面的资源优势，以达到资源整合、资源有效运用的目的。

公司治理结构是现代企业制度最重要的组织框架，所以要从根本上提升公司的质量和管理水平，提高企业的市场竞争优势，就必须依靠公司治理结构的完善，而完善公司的治理结构，就必须结合中国的实际情况，从目前存在的问题出发，找到切实解决问题的对策。

第一，实行股权多元化和投资主体多元化。股权结构的合理性，能有效地对董事、监事和高级经理人员实行监督约束。针对目前中国企业股权结构集中的现象，应实行股权多元化，广泛吸收非国有资本入股，这样，企业的老板就由一个变成两个或多个，那么国有股东就变成多个中的一个，因此，不可能再搞“一言堂”并负无限责任了。同时，各家股东出于维护各自利益的需要，都会极力排斥任一股东因追求自己的特殊利益，而使其他股东利益受损的行为。即便是股东份额较大的国有股东，当他违背《公司法》和《公司章程》规定，图谋自己的不当利益时，也会受到其他股东的有力制约。总之，股权多元化后，包括国有股东在内的所有股东都只能根据股权平等的原则，依据《公司法》和《公司章程》，按其出资份额行使职权，使各家股东的利益在公司的总体利益中得到实现。而且，凡是公司股东，就可名正言顺地进入股东会依法行使职权，确保经股东大会选举出来的董事会和监事会成员能维护公司的整体利益。

第二，规范和完善董事会的运作。在法人治理结构中，董事会是核心。因为对于股东而言，董事会是受托者，接受股东的委托实现股东对资产保值增值的要求，对于经理层而言，董事会又是委托者，授权经理层开展公司经营活动并对其实施监督和控制，以实现其经营目标。董事会的治理水平是整个公司法人治理结构水平的缩影，如果公司的董事会治理出现问题，轻则影响公司经营效益，重则将会遭受灭顶之灾。例如安然事件，很多人将其主要责任推给内部审计委员会和外部审计机构失职，其实从法人治理结构上看，董事会失职以及对董事会考核力度不够才是最直接的原因。因此，董事会如何定位、如何考核及如何对经理层进行有效的激励和约束，是完善法人治理结构的核心问题。

董事会决定公司的管理层，决定高层管理的水平和结构，监督公司的内部控制和财务管理系统，决定公司的主要战略和决策。因此，健全董事会制度，优化董事会的决策程序，保持董事会的独立性，建立起一种责权利相互制衡的机制势在必行。①严格按照《公司法》规定的程序召开股东大会，选举董事，组成董事会，彻底消除董事会产生的随意性、董事长兼任总经理以及董事会成员与经理层高度重合的现象，真正建立和完善董事会和经理层之间的委托代理关系。②优化董事会的结构和功能，提高董事的经营管理水平和业务素质。实行独立董事制度，同时强化董事会的决策支持系统；确保董事会集体决策，防止内部合谋行为，保护中小股东的利益。③建立和完善董事的信息披露制度，以确保公司法人治理结构更加透明。基于股东会和董事会之间的信托法律关系，公司股东有权利获悉关于董事活动、薪酬以及商业利益的相关信息。④完善董事对公司的义务和责任制度。董事对公司的义务因董事和公司的信托关系而产生，主要义务和责任有：善管义务和忠实义务；竞业禁止义务；借贷和担保的限制。董事要制定公司的战略和政策，确定公司的发展方向，确保经营与制定的政策计划相一致，达到所要求的经营标准，并在公司危急时刻起到安全阀的作用，防止事态进一步恶化，挽救局势。

除此之外，要对股东大会和董事会要进行合理、适当的分权，明确各自的权利和义务，同时对股东大会、股东的授权经营范畴及董事会的职责等要有明确的界定。

第三，强化监事会的作用。监事会如果能起到真正的监督作用，对于保障企业的健康发展，规范公司的日常运作，将具有深远的意义。因此，国有企业都应按照《国有企业监事会暂行条例》的规定健全企业监事会制度，完善监督机制。①要在制度上保证监事要知事。股东大会应制定和完善有关的监督制度或条例，具体规定监事会的职责、职权，及其监督的程序和规范。例如，监事（长）参加董事长或总经理召集的工作会议进行旁听的制度；财务部门定期向监事会报送有关财务报表等。②要优化监事会的成员结构。要控制监事会成员中内部成员的数量，适当增加外部监事，使监事会更具有独立性。还要减少兼职监事，增加专职监事。③要加强对监事会成员的业务培训工作。力求全面提高全体监事会成员的素质，使监事会成员精通公司业务、财务、法律，变为真正的内行，保证监事会的监督治理机能正常运转。

第四，规范经理层的运作机制。“59 岁现象”，一方面反映了中国公司法人治理结构中对经理层激励机制的空缺；另一方面也表明法人治理结构中对经理层约束机制的空缺。要调动经理人员的积极性，使其既享有充分的经营管理权，又尽职尽责地履行义务，最大限度地落实董事会决议，实现股东利益，建立起有效的激励和约束机制。①要切实保证经理行使法定的权利。经理依据《公司法》《公司章程》和董事会决议行使公司日常经营管理的职权，任何组织和个人不得干涉。要落实经理的日常经营管理权，最重要的是落实其人事任免权。②要使经理人员的利益同企业的经营效果挂起钩来。一方面要建立一套根据企业经营效果决定经理人员报酬的激励制度，包括实行基本工资、年度奖金、长期奖励（如股票期权）相结合的薪金制度；另一方面要建立对经理人员实行以聘任制为主的市场约束制度，其中最基本的是商品市场、资本市场和经理人才市场的约束，使经理人员既有动力和机遇，又有压力和危机，并能恪尽职守，兢兢业业，勤奋工作。③要完善经理聘任制，确立竞争机制，防止经营者频繁流动，以防止短期行为，保障公司长期稳定增长与可持续发展。

第五，实行职工参与公司治理的制度。近年来，公司职工在公司治理结构中的作用日益重要。职工参与公司治理，既是人的经济价值的提高，也是缓和劳资冲突以及提高公司组织效率的需要。为了充分发挥职工的主人翁意识，更应当创造条件让职工参与公司法人治理。①要发挥好职代会及工会在公司中的作用。公司企业职工整体利益与国家的根本利益是一致的，但在具体利益上，由于牵扯到职工自己切身利益，企业内部可能会产生一些矛盾，这些矛盾是正常的，也是企业必须加以解决的。因此，需要有职代会、工会代表全体职工与企业领导人进行协调。②应大力推行董事会、监事会的职工代表制。职工董事、职工监事是职工委派自己的代表，通过股东大会进入公司领导机构，是职工参与企业管理和监督的重要形式，也是职工维护和保护自身合法权益的体现。③要建立保障职工参与制度的相关配套制度，使职工真正起到参与公司管理的作用。中国未来的公司治理结构模式应向德日两国学习，建立工人董事会制度，把公司员工放到一个重要的位置，力争实现民主管理，从而充分调动员工参与公司生产经营管理的积极性。

第六，允许银行等金融机构介入公司法人治理结构。鉴于目前中国企业大多通过外部融资渠道又以银行贷款等间接融资为主的情况下，银行等金融机构应该介入公司法人治理结构中去。商业银行在对公司进行评估的基础上，介入公司的内部治理机构，进行权力渗透和干预公司的经营活动，促使其朝着正确的方向发展，若在经济状况不好时，还可以采取一定的措施进一步投资或接管，促使企业扭转局面，达到偿债的目的。日本的主办银行制度、德国的主持银行制度，都体现了金融机构在公司治理结构中扮演着重要角色。

通过以上各方面的措施，可以使企业的法人治理结构更加完善，并促进其管理水平的提高。当然，完善和改进公司治理结构是一项复杂的工程，不是一朝一夕就能做到的。我们应学习西方国家公司治理的成功经验，吸取其惨痛教训，结合中国当前实际，探索出具有中国特色的、行之有效的公司运作机制。

一个没有完善治理结构的企业在激烈的市场竞争中将难以生存，一个管理水平很差的企业，也不可能走得很远。从本质上讲，企业竞争优势来自企业内部持续不断的核心竞争力的提升，而核心竞争力的培养、管理水平的提升又来自于企业治理结构的持续改进和有效执行。因此，优化和完善治理结构和治理机制，建立现代企业制度，提升企业管理水平，促进企业持续健康发展，是企业发展中一项重要的系统工程，是企业提升管理水平的根本所在。

**4. 强化内部管理**

①建立健全各项规章制度并抓好执行力度。良好的规章制度是各项流程能否贯彻执行的有力保障，流程就好像水，制度就好像水管，只有让水按着水管的方向流才能更好地得到利用。因此，建立健全各项规章制度就显得非常重要，让良好的制度为各项服务流程的贯彻执行保驾护航。目前，许多企业业务流程不健全，而现有流程由于没有良好的制度进行监督，使得在出现问题时不能够得到及时纠正。从管理学角度讲，执行就是落实服务流程环节所要求的内容和任务，执行流程的目标就是让客户满意。执行力度是左右企业成败的重要力量，也是企业区分平庸与卓越的重要标记。通过许多企业的管理实践证明，客户服务满意度与各项服务流程的执行特别是核心流程的执行情况息息相关。所以，建立健全各项规章制度并抓好执行力度是非常重要的。有制度不执行或者曲解执行都会造成管理资源的浪费，甚至会对企业的后续发展影响较大。②做出良好的品质仅

仅依靠制造能力是绝对不可能的。品质是公司的综合能力。在未来的企业竞争中，更大程度地达成客户满意是每一个企业或组织存在的意义，所以品质不仅仅是产品是否符合规格，更包括了客户是否满意这个大的方向，而客户满意又更广义地包括了交期、服务、价格等多方面。如果科学技术是第一生产力，那么品质就是一个公司最直接的实力体现。③加强执行力和凝聚力。执行力和部门沟通不畅首先是公司的管理团队和执行团队（即各部门主管）的问题，要使员工有凝聚力需要先从部门主管开始。如果各个部门主管以及公司管理层都无法凝聚成一支有战斗力的队伍，整个公司的执行力只能是空谈。④整顿各部门的工作范围、工作制度以及各部门之间的工作流程。对主管责任、权利清晰定义，对各岗位工作职责明确定位，对各部门之间的分工协作清晰界定。如果工作流程及规章制度不清晰流畅、不严谨，便会出现各自推诿责任的弊病，任务布置下去没有效果，也没有执行力和凝聚力。当然工作制度及工作流程理顺了以后，需要管理者大力推动，奖罚分明。⑤建设有效的绩效考核制度及薪酬制度。要由过去的“用人管人”向“用制度管人”进行转变；从“以人为本”向“以执行为本”转变；从“以岗位为本”向“以目标为本”转变；从“以职能导向”向“以流程导向”转变，两者兼容。实行统一的制度和纪律来约束全体成员的行为，才能形成客观公正的管理机制和良好的组织秩序。⑥企业领导要广开言路。俗话说：偏听则暗，兼听则明。让员工参与对公司的建设、管理，让员工有主人翁的意识。这一举措一旦实行，就不能流于形式，一定要落到实处。对于员工意见，公司一定要予以处理，对于好的意见及开创性的建议，予以奖励；对于投诉和抱怨予以回复，以安抚民心。⑦设立晋升制度、竞争机制。优胜劣汰，让员工看得到成长、上升的空间。⑧评选优秀员工，树立榜样。榜样的力量是无穷的。评选考核的标准从业绩、效率、责任心、特殊贡献等多方面进行。这也是激励机制的一种。⑨公司要培养、储备管理人才、骨干人才、技术人才，避免因人才流动给公司带来影响，构建有层次的人才团队，使公司有序、健康、高效地发展。⑩进一步加强企业文化建设。它的管理作用主要是通过精神引导弥补管理制度的不足，是一种柔性的因素。培养企业的共同价值观，逐渐通过价值观形成对员工的行为规范，形成企业较强的凝聚力，最终对企业绩效发挥作用，如设立图书屋、创办内刊等，在整个公司内部，营造学习的氛围，运用这种文化参与、文化熏陶的形式，让每一个员工融入企业文化当中，让他们能够因为身为企业员工而自豪，为企业可持续发展提供原动力。

## （二）健全企业财务管理制度

企业财务管理是企业经营管理中最重要的内容之一，而资金管理是企业财务管理的核心内容，健全的财务管理制度是提高融资能力的重要前提。

中小企业应该强化内部管理，提高自身经营管理和财务管理水平，充分利用现有的金融工具，提高资金使用效率。强化财务制度管理，提供合理、全面、准确的企业财务报告和财务分析，合理评估项目，以确保中小企业在发展壮大的过程中有源源不断的资金支持。① 中小企业应加强财务制度建设，提高财务管理水平。因为，内部财务管理制度是企业不可缺少和不可忽视的一项管理制度，是衡量企业经营管理的一项重要指标。加强企业内部财务管理制度建设对于合理筹集资金，有效营运资产，控制成本费用，加强财务监督，为企业决策提供真实、有效、及时的数据，发挥财务在公司经营管理和提高经济效益中的作用具有积极意义。②

**1. 加强制度建设，严格财务控制**

①中小企业各职能部门应充分认识到资金的重要性，努力提高资金的运用效率。首先，有效配合资金的来源和运用。其次，准确预测资金收回和支付的时间。比如，进货时间和应收账款的收回时间的有效组合。《中小企业促进法》规定："中央财政预算应当设立中小企业科目，安排扶持中小企业发展专项资金。地方人民政府应当根据实际情况为中小企业提供财政支持。"②建立健全内部控制制度。中小企业应增大财产管理和财产记录方面的透明度，财务的管理、记录、检查、稽核应职责分明。这样，可以保证企业内部的牵制性，提高企业信息的安全性，促进企业的健康发展。③加强存货和应收账款的管理。尽可能压缩过时的库存物资，避免资

---

① 刘福梅．建立健全内部控制制度　提高企业财务管理水平［J］．中小企业管理与科技（中旬版），2008（11）．

② 张庆考．中小企业如何加强内部财务管理制度建设［J］．河北企业，2009（12）．

金呆滞，确保存货资金的最佳结构。比如，戴尔、海尔等大型公司几乎做到了零库存的标准。企业应及时调研评定赊销客户的信用，定期核对应收账款数额，严格控制账龄。对死账、呆账要在取得确凿证据后，进行妥善的会计处理。

**2. 建立企业财务管理体系**

中小企业不同于大型国有企业，在制定财务会计制度时，应当遵循针对性、操作性和强制性原则，制定一套符合企业实际的财务管理制度。①设立专门的财务管理机构，统一负责企业的资金融通、现金出纳、财会管理、工资核算、固定资产以及预算编制、决算实施工作。②制定相应的财务管理制度，如现金、采购、报销、稽核等制度，实行财务管理的规范化和制度化。③制定相应的考核制度，强化监督机制。根据各岗位的权利和责任，强化财务人员的责任，规范财务工作程序，提高会计工作质量，坚决杜绝不规范、不合法的会计业务和财务行为的发生。通过这些制度的实施，将财务管理工作与企业的经济业务紧密结合起来，促进财务管理职能的充分发挥，保证企业生产经营的正常运行。

**3. 强化财务管理意识，提高财务工作人员素质**

长期以来，中小企业的“财务”与“会计”不分，财务管理从属于会计工作，财务管理的内容也往往仅限于营运资金管理，这种现象普遍存在。在财务管理已取代生产管理成为企业管理核心的今天，这种现象必须改变。为此，中小企业应重视财务预算和营运资金管理、财务控制等工作，从大局把握企业经营，提升企业财务管理层次，在思想上提高对新形势下财务管理重要性和必要性的再认识，确立财务管理在企业管理中的中心地位。同时，要提高财务管理水平，中小企业还应聘请和培养具有较高素质的财务管理人员。这些财务人员的责任不仅限于对企业资金、资产的记录，其工作重点应放在对已有资金的控制、对各项资产的管理、对企业的投资、筹资进行合理的管理上，能从较高的理论角度进行经济活动分析，从数字变化的表面分析人与人之间的经济关系和活动，为改善经营管理提出合理化的意见和建议。

### （三）强化信用观念，建立良好的银企关系

中小企业必须充分认识到企业信用对于企业而言就像生命一样重要。

强化信用观念，提高信用等级，拓宽融资渠道。资金作为现代经济运行的“血液”，成为企业生存和发展的必备要素。若不尽快解决融资难问题，中小企业就缺乏发展的后劲和活力，很容易被市场淘汰出局。中小企业要想摆脱目前融资难的困境，一方面必须强化信用观念，主动提高自身信用等级，做到诚实守信，规范经营；另一方面要积极拓宽融资渠道，可以加强与大企业的联系，借助大企业的信用为其担保，获得银行贷款。还可以加强与金融机构的联系，不断向银行通报企业经营情况，让银行能够把握住企业资金的流向，取得金融机构的信任，并按银行信用等级评定标准规范企业的各项制度，积极争取银行的信用等级评定，增强抵御风险的能力。

中小企业要加强与金融机构的合作，建立新型银企关系，树立良好的商业信誉和信用，使银行信贷支持和金融服务在促进中小企业发展方面发挥更加积极的作用。在与银行往来过程中，一定要强化信用意识，按时还本付息，确实保全银行债权。有困难时应及时和银行协商，取得银行的理解和支持。通过建立良好的银企关系，为企业融资创造有利条件。

## 中小企业资金的筹集来源

**1. 中小企业与银行等金融机构**

通过银行贷款，这也是一般小企业最期望得到的结果。除此之外，小企业还可以借助金融机构发行债券，向社会直接筹资。当然，这种活动必须具备一定的前提，符合国家的相关法律法规，对大多数小企业而言是可望而不可即的事情。

**2. 中小企业与个人**

小企业如何从个人手中筹资呢？方法是多样化的。比如，对于小企业而言，从新伙伴那里筹集资金，使其入股是一个好办法。有的小企业老板在资金短缺时向亲戚朋友借钱，所谓“一个好汉三个帮”，亲戚朋友们也会拉上一把。有的小企业鼓励职工入股，或向职工集资，这些方法很多公司都曾采用过。其优点是手续简便，资金到位及时；缺点是资金数量往往很少，并且会受到较多干涉。

**3. 中小企业与其他企业之间**

中国法律一般不允许企业之间直接发生借贷关系，小企业与其他企业之间的筹资关系主要表现为商业信用。甲企业购买乙企业的商品120万元，30日内付款，对甲企业而言，相当于获得120万元，30天的无息贷款，如果乙企业为了督促甲企业早日付款而给出2/10、1/20、n/30的条件，对甲企业而言，将是一种更高层次的优惠。这笔优惠对乙企业而言则相当于间接地贷出一笔款。

企业与企业之间还有一种更为微妙的筹资行为——融资租赁。如果甲企业从融资租赁企业租入一台设备，租期10年，每年支付120万元的租赁费，期满后设备归甲企业所有。对甲企业而言相当于分期付款购买设备。如果甲企业现在就将设备购入，可能要一次支付1000万元资金，直接影响企业的现金流，而每年支付120万元对资金的占用是很小的，企业获得了发展所需的资金，同时也获得了设备。

**4. 中小企业与政府**

中国政府直接对小企业进行补贴的情况是很少的。但政府对于一些行业提供了一定的优惠政策，如对农业的优惠，在这一领域的小企业可以提出申请，如果因此获得一笔低息贷款，在某种程度上也减轻了小企业的利息的负担。

**5. 中小企业与社会组织**

有时小企业也从一些社会组织那里获得资金，这种情况在中国较少，社会组织的资金一般存入银行或购买国债，但在外国还是很多的。有些社会公益性组织获得一定资金但又产生闲置，于是会委托资产管理公司代为理财，使小企业从中获取资金成为可能。

**6. 中小企业与国外机构**

小企业可以利用外资来发展自己的公司。如在海外市场融资、出口信贷、合资等，形式是多种多样的。

小企业筹资还可以与几个部门同时发生联系。如杠杆融资租赁，甲向乙融资租赁公司租入设备，而乙公司本身购买设备资金不够，会联合丙银行一块完成该项目，这时甲、乙、丙同时发生联系。丙出70%，乙出30%购买设备，甲支付的租金按合同规定由乙、丙进行分配。再比如，甲接受一笔风险投资资金，甲在证券市场上市，等等，这些行为都同时要与多个部门发生联系。

# 第四章　中小企业科技创新需求和科技创新的出路与方法

截至2007年6月底，中国的中小企业数已达4200多万，占全国企业总数的99.8%，中小企业创造的最终产品与服务价值、出口总额和上缴税收，分别占全国的58%、68.3%、50.2%，中小企业的发明专利占全国的66%以上，而且还提供了城镇就业人口75%以上的就业机会。目前，在信息技术、工业设计、生物技术等高新技术产业和现代物流、社区服务等新兴服务业的发展中，中小企业是中国市场经济中最具活力的部分。在提升产业技术水平，加快传统产业技术进步等方面，中小企业也发挥了积极作用。

实践证明，提升中小企业自主创新能力，有助于促进经济增长方式转变。目前，中国经济的快速增长在很大程度上是依靠资金、劳动力和能源、资源等生产要素的投入实现的，高投入、高消耗、高排放、高污染、资源利用效率低下，成为影响中国经济可持续发展和国际竞争力的最大问题。中小企业普遍存在低水平盲目投资、重复建设、浪费资源、污染环境、生产不安全等现象。提升中小企业自主创新能力，加快中小企业的技术进步，运用科技手段解决经济发展中的突出矛盾，实现经济增长从要素驱动型向创新驱动型的转变，是中小企业生存与发展的需要，也是保证国家安全、增强中国国际竞争力的迫切要求。

## 一、中小企业科技创新的特点

社会经济的发展离不开企业，企业的发展离不开科技，科技的发展离不开创新。综观当今世界，中小企业已经是社会经济的主要组成部分。据欧盟统计局公布的最新资料显示，在欧盟的1800万户企业中，雇员在250

人以下的中小企业有1792.4万户，占企业总数的99%以上。中国在20世纪90年代以来，工业新增产值的76.6%是由中小企业创造的，中小企业还提供了约75%的城镇就业机会。随着中小企业的不断发展，资金短缺、人才缺乏、创新能力不足的问题也逐步显现。提高中小企业的科技创新能力，增强企业的发展潜力，已是非常紧迫的问题。

由于中小企业和大企业在生存与发展环境以及在国民经济和国家创新体系中所处的地位和所起的作用不同，其技术创新活动表现出一些独具的特点：①

**1. 中小企业人员少、机制活，贴近市场、应变能力强**

大量的实践表明，众多的新发明、新技术、新产品最初都是来自中小企业。中小企业的发展与科技创新有着必然的密切联系。由于中小企业有着人员少、机制活的优势，在技术创新和市场化经营中，思想束缚少于大企业，其科技创新具有明显地贴近市场、应变能力强的特点。在中国，通过技术创新发展成为行业巨人的成功范例已屡见不鲜。如北大方正的汉字激光照排系统，已占到国内汉字印刷排版系统市场的80%以上。此外，在中国53个科技工业园区中，众多的民营高新科技中小企业活跃在“0孵化器”中，提供着高新科技产品和实用新型产品。

**2. 中小企业的技术转移是其科技创新活动的重要形式**

大量的资料表明，小企业比大企业更适于进行技术转移活动，更容易与外界高校和科研机构密切合作。在美国，在没有大学参与的R&D活动中，大、小企业R&D支出的回报率均只有14%，而在有大学参与的R&D活动中，大企业R&D支出的回报率为30%，中小企业为44%，表明中小企业能够更好地利用大学或研究机构提供的条件与合作。

**3. 中小企业技术创新的效率比大企业更高**

中国中小企业通过制度创新、技术创新始终扮演着加快中国国民经济增长力量的角色，成为推动中国科研事业的发展和国家科技创新的生力军。据统计，中国65%的发明专利是由中小企业获得的，80%的新产品是由中小企业创造的。在市场经济发达的国家也同样如此。美国约50%～

---

① 中小企业科技创新的特点与不足［EB/OL］. 中国出口信用保险公司网站.

60%的科技进步发生在小企业身上，80%以上新开发的技术是中小企业来付诸生产。日本是世界上最大的应用型产品出口国，其中，出口额的60%是由中小企业取得的，而且这些中小企业都具有自己独特的技术和产品。

**4. 中小企业的技术创新在很多行业占有重要地位**

美国学者阿科（Acs，Z. J.）专门对1982年创新最多的34个行业进行了分析，结果显示，在其中14个行业中小企业占优，尤其在一些新兴产业（如计算机等），中小企业的优势更明显。以美国工程科学院凯瑞塞（Kressel，H.）博士为首的一个研究小组曾对先进显示和可视系统、可植入器具和外科医疗器械、软件、环境测试服务、网络服务和进网设备、室外运动用品6个产业进行的调研表明，其中3个产业，小型高技术公司（包括小实验室）几乎处于垄断地位，余下的3个产业，小型高技术企业也占据着重要位置，尤其值得注意的是，在小的消费市场（如室外运动用品）里，中小企业往往是唯一的产品和技术的提供者。①

## 二、中小企业科技创新的出路与方法

### （一）不断加强企业自身的创新能力

**1. 中小企业应建立一套完整的科技创新机制**

包括：决策机制，即根据市场需求和企业的发展战略，制定相关科技创新目标；投入机制，中小企业每年都应从销售收入中提取适当比例的研究开发经费，以保证企业科技创新的顺利进行。

**2. 加强企业自主研发队伍建设是企业自主创新的根本条件**

中小企业应培养和提升不断创新的意识和科技人才第一的思想观念。高素质人才是自主创新、科技开发的最重要资源。企业应着力培养和吸纳研发人才，特别要重视牵头人、领军人才的发掘与培养。通过国家、企业、个人等多种投资方式培养科研人员，尤其是通过企业各种形式的在职培训等再教育形式培养，建立一支熟练的技术人才队伍从而为企业自主创

---

① 中小企业科技创新的特点与不足［EB/OL］. 中国出口信用保险公司网站.

新奠定广泛的群众基础，不断提高企业创新的能力。还可以通过国内外选拔、招聘、再培养或者企业与教育、科研机构重点培养等方式，建立一支专业研究人才队伍，逐步形成企业自主创新的中坚力量。此外，还应建立灵活的物质、精神和情感激励机制，将待遇留人、事业留人和感情留人三者有机结合起来，增强企业的凝聚力和人才归属感。

**3. 在科技创新模式的选择上，建立完善的产学研创新体系**

企业只有掌握产业技术的制高点，才能在竞争中处于优势地位，这也是企业自身生存的需要。缺乏自主创新的知识产权，就推不出有竞争力的产品，就不能适应国际、国内市场上的激烈竞争，节约资源，降低成本，开拓新的市场需求等环节都将长期处于劣势。此外，企业是国家经济实力的基础，科技创新体系都以企业为主导力量，而企业自主创新关键在人才。高校和企业联动，对企业来说，可缩短创新的流程，降低创新的成本，让创新产品更快地推向市场。对高校来说，这也是学生实验的基地，其形成的知识产权受到保护，人尽其才，防止创新成果流失。因此，以企业为平台，加强与国内外各种科研机构和大专院校的交流合作，建立产学研相结合的技术创新体制，可以优化配置国际、国内优秀的科研资源，为企业创新创造更加广阔的发展空间。

在科技创新模式的选择上，中小企业应采用合作型技术创新模式，通过“产、学、研”相联合，吸引高校、科研机构等多方科技力量进驻企业，与之建立多种形式、长期稳定的合作关系。这将有助于高校等机构的科研成果顺利转向企业，促进企业的科技创新活动，增强企业科技创新能力，提高企业科技创新效率，增强企业核心竞争力。这些措施不仅能在很大程度上改变中小企业科技实力不足的状况，也能扭转科技人才过度集中在高校和科研院所的不良格局。

**4. 企业要“走出去”，开拓国际市场**

目前，国家许多部门都有一些支持的政策与措施。比如，每年财政专门有一项资金是支持和鼓励企业“走出去”，许多行业协会每年都组织会员参加各种国外博览会，为中小企业“走出去”搭建公共服务平台，企业可以开阔眼界，转变观念，增强自己的创新意识，提高自己开拓国际市场的能力。中国中小企业对外合作中心，在这个公共服务平台里就有许多咨询项目，包括法律、国情、产业方面的一些咨询服务。另外，还提供对外经贸的促进往来和技术交流方面的服务，目的就是促进中国的中小企业“走出去”开拓国际市场。

## （二）根据时宜选择模仿创新的方式

创新是企业持续发展的根本所在，而中小企业因其经营环境及自身能力的制约，常常陷入需要创新以推进企业发展却又难以承担创新风险与投入的两难困境。而模仿创新则是中小企业创新模式的一种理性选择。

**1. 内部开发型方式**

内部开发是指没有其他企业的参与和介入，仅依靠企业内部的人员进行模仿创新项目的开发。这种模仿创新方式不仅可以防止技术专长的泄露，也可以杜绝合作伙伴有意的机会主义行为。更重要的是，技术开发通常都伴随着知识和信息的交流、开发，工作效率和自身的创新能力的提高，但这种模仿创新方式也存在一定的局限性，它要求中小企业具有较强的科研力量和足够的资金，这也是多数中小企业所缺乏的条件。

**2. 联合开发型方式**

联合开发是指中小企业在平等互利的基础上，结成较为紧密的联系，互相取长补短，共同开发市场，从而有利于自己的创新和发展。采用联合开发战略的中小企业可以更有效地利用有限的资金和技术力量，弱弱联合，优势互补，克服单个企业无法克服的困难和危机，取得模仿创新成果。

中国中小企业可采取以下措施：一是行业协作性模仿创新联合方式，即产业相关度较高的若干小企业组成联盟，利用本行业的资源、人才、技术等优势，组成技术开发小组，以合同形式明确规定各方的权利和义务，进行项目开发；二是区域联合创新方式，即由地方科委、企业、大专院校、科研院所等单位本着互惠互利的原则自愿参加，地方科委根据国家的产业政策和经济政策，协调企业、科研院所、金融部门为某一项目成立专门的技术开发小组，以合同形式明确规定各方的权利、义务以及要实现的目标，推动区域科技进步和经济发展。

**3. 依托型方式**

所谓依托，即中小企业选择大企业配套的技术项目，作为大型企业的零部件供应商，积极与大型企业保持技术协作，实现企业间的优势互补、协同发展。

这种方式一方面可尽量减少与大企业的竞争，另一方面还可以利用大企业以求得自身生存。由于大企业的经营规模庞大、市场销售稳定，能够给中小企业带来稳定的市场，因而减少了中小企业的经营风险。而且中小企业通过为大企业配套生产，在资金、技术、市场、管理、信息等诸多方面会得到大企业的支持，技术提升速度会大大加快，可以获得高水平的经营管理经验尤其是创新能力。这些因素都有利于中小企业缩短研究开发周期，降低创新成本。如日本的松下电器公司，与它协作的中小企业约有1200 多家，所需零部件的 70% ~80% 都是由中小企业提供的。

**4. 开放型方式**

所谓开放，指的是中小企业自身模仿创新的能力很低，不能做到自主开发或联合开发，最后依托社会力量来实现技术创新项目的开发，企业所需的技术、资金、人才、市场、管理等，都可靠社会力量来提供。中小企业依据自身某一项或几项特长，如有资金、有设备、有市场、有组织协调能力等，处于模仿创新的主体地位，吸引社会开发力量向企业聚集。

这种方式要求企业有较强的协调能力和宽容性，因为企业不可能独占技术创新成果，技术创新成果会由多位开发者共享，但是对自身技术创新能力较弱的小企业来说，这是一种合适的选择。这种选择的主要方式是企业与地方科委、科研院所、高等院校等之间的合作。地方科委、高校与科研院所是中国智力最密集的地带，聚集着各研究领域的人才。

由于中小企业技术力量较为薄弱，无法推动模仿创新活动或难以提高模仿创新的层次水平，只有充分利用社会力量，发挥各自优势，实行技术和资源的互补，才能达到缩短模仿创新周期，提高模仿创新质量，降低创新风险，实现成果共享和共同发展的目标。

**5. 虚拟 R&D 机构方式**

随着社会由工业社会步入知识经济社会，企业 R&D 活动创新的来源无处不在。中小企业可以与高校、科研机构建立长期稳定密切的关系，把它们作为企业的 R&D 机构，但在行政上不存在隶属关系，即作为企业虚拟 R&D 机构。虚拟 R&D 机构的虚拟性不在于职能上，而在于组织方式和体制上。对于虚拟 R&D 机构技术研究成果可以作为一种投入要素，折价入股，也可以采用技术买断方式，一次性收购，这种方式对缺乏技术力量的中小企业进行模仿创新是极大的补充和加强。

以上这些模仿创新方式的划分是相对的，对于具体的中小企业模仿创新行为而言，其状况是复杂的，中小企业可根据企业的情况选择单一的模仿创新方式，也可以综合地选择模仿创新方式。

## 国家创新体系

国家创新体系一般包括三个方面：一是知识创新体系，主要由大学和研究机构完成，由科学家主导；二是技术创新体系，实际上是以企业为主体，市场为导向，促进产学研的结合；三是技术转移体系。

## 技术创新的类型（一）

**1. 产品创新**

产品创新是指中小企业在产品的生产和经营过程中，对其自身生产或经营的产品所从事的改进、提高或发明的创新活动。它可分为重要创新和渐进创新两类。一般说来，重要创新对企业的发展影响较大，渐进创新对企业的影响有小有大，但前者往往比较难以实现，投入也大；后者较易做到。

**2. 服务创新**

服务创新是近些年服务业，尤其是知识密集型服务业兴起的结果，它既包括新构思、新设想转变成新的或者改进的服务，又包括改变现有的组织机构推出新的服务，目前兴起的网络服务是服务创新的成功例证。由于服务创新投入较小，而且市场需求变化快，因而是最适合中小企业特点的技术创新类型之一。

### 3. 工艺创新

工艺创新是指研究和采用新的或有重大改进的生产方法，从而改进现有产品的生产或提高产品的生产效率。由于工艺创新对开发新产品、改进原有产品以及提高原有产品的质量和产量都具有重要作用，因此其重要性并不亚于产品创新，一般情况下大多数工艺创新是渐进的，投入大小和难度都比较适合中小企业的特点，因而也是中小企业技术创新的重要途径之一。

产品（服务）创新和工艺创新之间常常互相影响、相互交融、相互促进，并与中小企业的直接经营活动密切相关，因而具有较大的普遍性，在中小企业的技术创新活动中占有重要位置。

## 技术创新的类型（二）

### 1. 希克斯（Hicks）分类

依据创新对生产力基本要素（劳动和资本）的影响进行的分类：节省劳动的创新、节省资本的创新、中性的创新。

### 2. 英国苏塞克斯大学科技政策研究所（SPRU 分类）的分类

依据创新对技术发展的影响进行的分类：

(1) 渐进的创新（渐进连续的小创新，新产品）；

(2) 根本的创新（例如：尼龙，单项技术）；

(3) 技术系统的创新（例如：石化创新群，化纤材料创新群，新产业）；

(4) 技术—经济范式的创新（例如：微电子，多个产业）。

### 3. 基于技术创新对象的分类

(1) 产品创新（以产品为对象的创新活动，一般制造业企业最重要的创新活动，许多服务业的创新也是开发新服务为主要的形式）；

(2) 过程创新（以生产工艺为对象的创新活动，例如：石油、煤炭、建筑、交通等以工艺创新为主，所有企业都不同程度开展工艺创新，烟、酒、成熟的中药和西药等对工艺创新的依赖度也很高）。

(3) 用户创新、制造商创新、供应商创新。例如：昆明船舶公司的烟草机械产品创新。

**4. 其他分类**

(1) 模仿创新(引进技术的消化吸收再创新，跟随首创者，迅速跟进，以较小的资金成本和时间成本获得创新的效益);

(2) 合作创新(产学研联合，企业间的技术同盟，发挥各自的优势，减少创新的成本，缩短创新的周期);

(3) 自主创新(掌握关键核心技术，形成技术壁垒和垄断，获取领先者的创新收益)。

**5. 技术创新的过程模型**

(1) 技术推动的创新过程模型(线性模型);

(2) 需求拉动的创新过程模型(线性模型);

(3) 技术与需求交互作用的创新模型(交互模型);

(4) 一体化创新过程模型(并行模型)。

# 第五章 政府如何引导中小企业融资创新

## 一、加强健全中小企业融资体系的建设

### （一）建立中小企业融资体系

中外经济发展实践表明，中小企业不仅是现代经济条件下技术创新的重要力量，而且是培育新经济增长点、吸纳社会就业的主要载体。然而，受自身条件的限制，中小企业在创立和发展过程中都面临融资难问题。这是一个世界性的课题，也是中国促进中小企业发展中亟待解决的重要课题。

建立与中小企业相适应的金融机构体系，大力发展中小银行和非银行信贷机构。加快发展城市中小银行，明确定位其为中小企业服务，为社区企业服务；加快发展农村商业银行、合作银行、村镇银行和小额贷款公司，明确其服务范围；尽快出台放贷人条例，把各种贷款性金融机构纳入银行监管体系，使其在金融法规政策内以及规定的利率区间内从事金融活动；对中小银行和贷款性金融机构采取特殊监管要求，允许其进行灵活的信贷评审和贷款，允许其相互拆借资金。

完善中小金融机构的监管法规、制度和监督体系建设，加强对中小金融机构监管，消除政府在经营上的直接干预，促使中小金融机构实现真正商业化经营。

另外，改变国有商业银行专门为大企业服务的现状，实施金融优惠政策，即国有商业银行对中小企业贷款提供政策优惠。同时在政策上规定国有商业银行对中小企业的贷款份额，确保中小企业有充分的融资来源。

### （二）加强中小企业融资担保体系和中介服务体系建设

建立包括以政府为主出资设立的独立担保机构，按照市场规则运行。规范由民间出资、为中小企业提供担保的营利性商业机构的经营。加快建立政府主导下的各种咨询服务机构，为解决中小企业融资提供健全有效的中介服务。协助企业完善经营、财务、融资等方面的管理，提高中小企业在管理特别是财务管理方面的能力，帮助企业获得银行的信任和支持。建立具有独立性、按市场化和企业化运作的资信评估及项目评估机构，为中小企业的财务、信用、业绩、发展前景做出公正、合理的评估，解决中小企业和银行间信息不对称的障碍，使银行降低贷款成本和风险，使中小企业能更多地获得银行贷款。

### （三）发展风险投资体系

中小企业特别是高新技术企业因其风险大、回报高的特点，一直是国内外风险投资追逐的目标。因此，建立符合中国国情的风险投资体系，对发展中国中小企业特别是高新技术企业具有重要的意义。要建立和健全风险投资体系的资本市场，确实落实多层次资本市场的建设，为风险投资提供一个良好的退出机制，保证投资体系的正常运转。

### （四）设立专门为中小企业融资服务的银行

根据中小企业的特点从而建立专门的金融机构，或在金融机构中设立专门的融资服务部门。发展适合中小企业的金融机构，加快非公有制金融机构的发展，可削弱国有商业银行的垄断地位，有利于银行间的公平竞争。同时，允许民间企业进入金融部门，创建民间银行。

## 二、加快建立中小企业信用担保体系

信用保证是解决中小企业贷款担保抵押难的有效方式。近年来，中国的一些地方已建立了中小企业担保基金，有些是政府出资办的，有些是政府参与出资办的，这在一定程度上缓解了中小企业间接融资难的问题。

### （一）建立信用担保制度

信用担保主要解决企业间接融资的问题。根据国外的成功经验，建立专门服务于中小企业的贷款信用担保体系，必须依赖于政府职能的发挥。在中国应由各级政府有关部门主持建立以中小企业为主要服务对象的中央、省、地（市）各级信用担保体系，为中小企业融资创造条件。信用担保体系包括建立和完善担保机构的准入制度、资金资助制度、信用评估和风险控制制度、行业协调和自律制度等。此外，地方政府应建立中小企业信用再担保机构和“中小企业信用担保基金”，为中小企业向银行贷款提供有效担保。该基金应主要用于支持中小企业的新产品开发、新技术应用和不可抗拒的自然灾害等方面。

### （二）扩大担保标的物范围

修改《担保法》《物权法》，允许动产抵押，允许知识产权、专利等无形资产抵押，允许各种权益质押，允许在建工程和项目抵押。实际上，企业库存和原材料、产成品、应收账款、林权等各种有形和无形资产都具有价值，都可以抵押。对于已经解决了养老和医疗保障制度的农村居民，已经实行企业化经营的农村，应该允许其宅基地和土地承包经营权、林权、蔬菜大棚等进行抵（质）押，允许以未来的收益质押。这样，农民的资产盘活以后，可以获得巨大的融资。为规范担保标的物的抵押行为，对动产、知识产权、经营权、宅基地、各种权益、未来收益等进行属地化的统一登记管理。

### （三）加强对中小企业的信用制度建设

一是将企业网上业务交易纳入征信记录，使广大中小企业可以有信用记录通道。二是政府有关部门应要求所有小企业都建立规范的财务报表，并将中小企业纳入中国人民银行的征信记录系统，不在信用记录系统的资金申请，非中小银行可以不予理睬。三是出台《个人破产法》，区分个人收入与企业经营收入，对拖欠债务和到期未完全偿还的企业主乃至管理人员，限制高消费。对有能力而不偿还的，债权人可以申请法院强制执行。

### （四）发展信用评级制度

信用评级是对企业信用状况的一种反应，由于评定机构的目的不同，在评定的方法、内容就有所不同。对中介机构而言，评定的客观性和公正性是其首要因素，其对企业的信用评级是商业银行自身选择客户的重要依据。

信用评级有狭义和广义两种定义。狭义的信用评级是指独立的第三方信用评级中介机构对债务人如期足额偿还债务本息的能力和意愿进行评价，并用简单的评级符号表示其违约风险和损失的严重程度。广义的信用评级则是对评级对象履行相关合同和经济承诺的能力和意愿的总体评价。

关于信用评级的概念，至目前为止没有统一说法，但内涵大致相同，安博尔·中诚信认为，主要包括三方面：①信用评级的根本目的在于揭示受评对象违约风险的大小，而不是其他类型的投资风险，如利率风险、通货膨胀风险、再投资风险及外汇风险等。②信用评级所评价的目标是经济主体按合同约定如期履行债务或其他义务的能力和意愿，而不是企业本身的价值或业绩。③信用评级是独立的第三方利用其自身的技术优势和专业经验，就各经济主体和金融工具的信用风险大小所发表的一种专家意见，它不能代替资本市场投资者本身做出投资选择。

信用评级是由专业机构给出企业的信用资历和信用状况证明，对企业的资信给予一个客观公正的评价，便于投资者及时掌握企业的状况，增强投资信心。同时，应进一步营造公平的市场竞争环境。除了那些极少数关系到国计民生的行业外，要使国有企业与民营企业、大型企业与中小型企业在市场竞争中处于同等的融资环境并享受同等的融资待遇。

## 三、完善中小企业金融支持的法律法规建设

要解决中国中小企业融资难的问题，要从法律、法规的层面上明确中小企业融资在整个社会金融体系中的定位。中国企业的所有制构成比较复杂，中小企业大部分属于非国有性质，而且中国的企业立法和有关政策是按照所有制性质来制定的，尤其在与融资有关的立法和政策上，一直是严重向国有大企业倾斜。因而使得中小企业在融资问题上与大企业处在不同

的竞争起跑线上，这很不利于中小企业的健康发展。因此，建议中国应当与市场经济发达国家一样，摈弃所有制歧视，在法律、法规上将中小企业与大企业一视同仁。

另外，要完善税收法律制度。中国颁布的《中华人民共和国中小企业促进法》，为中国中小企业发展提供了法律依据。该法明确提出，国家对中小企业实行积极扶持、加强领导、完善服务、依法规范、保障权益的方针，对中小企业发展有极大的保障作用。但有关中小企业税收的法律政策还很不健全，没有形成较为完善的税收体系，现有的税收政策相对零散且存在一定局限性，惠及中小企业的具体政策不多，因此，应从法律角度解决对中小企业的优惠税收政策问题。目前，世界上许多国家和地区都有专门的扶持鼓励中小企业发展的税收优惠政策。例如，日本的《中小企业创造活动促进法》规定，对试验研究费用超出销售额3%的中小企业和创业未满5年的中小企业（指制造业、印刷业、软件业、信息处理服务业）实施设备投资减税。中国可借鉴国外经验构建适合中国国情的中小企业税收方面的法律法规。包括建立规范使用的税收制度、构筑税收优惠政策体系、优化税收征管环境、提高税收服务水平等，从而促使中小企业在提高管理水平和经济效益的基础上，提高经济效益和税收贡献率。

## 四、拓宽中小企业直接融资的渠道

### （一）建立中小企业风险投资基金

所谓风险投资，是指主要以权益资本（或特别债权）的形式，把资金投向极具有发展潜力的创业企业和创业项目，以期企业成长到相对成熟后退出，取得高额资本回报的一种资金运作形式。根据国外发展高科技中小企业的经验，中小企业的发展主要依靠风险投资。风险投资的功能在于将社会闲散资金聚集起来，形成一定规模的风险投资。许多国家通过风险投资基金来促进中小企业自主发展。例如，微软、英特尔、康柏等著名企业都是风险投资基金“催生”的结果。建立风险投资基金，有助于加快高新技术的产业化。中国从1985年起就陆续成立了一些风险投资基金，如北京市高新技术产业投资股份有限公司、西安高新技术产业风险投资股份有限公司等。但这些公司大多数属于政府或准政府投资机构，与西方发达国家的风险投资机构相比，仍存在许多问题。因此，在探索建立和健全中国的风险投资管理机制时，应注意引进国外的风险投资基金及其运作经验。

### （二）鼓励中小企业间开展金融互助合作

许多国家政府通过规定协会的组织职能，鼓励中小企业进行自助和自律活动。建议成立中小企业金融互助协会，实行会员制，企业交纳一定会费，可申请得到数倍于入会费的贷款，按地区形成小企业内部的资金市场。

### （三）在间接融资方面改革银行制度

银行制度的改革是金融体制改革的重要组成部分。中国实行的是分支银行制，银行规模大、管理集中、市场占有率高、关注大企业的情况多。美国实行的是单一银行制，规模小、业务分散、经营灵活、具有很强的稳定性，这种体制下的美国商业银行可达 15000 家之多，覆盖全美各州。这些中小金融机构能较充分地利用地方的信息存量，以低成本了解地方中小企业的经营状况、项目前景和信用水平，最容易克服“信息不对称”和因信息不完全而导致的交易成本较高这一金融服务的障碍。因此，大力发展中小型民间金融机构有益于推动中国金融体制改革，促进金融体系的进一步完善。中国各级地方政府应积极采取措施，创造条件，大力发展中小型民间金融机构，使之与地方性的中小型民营企业同生存共发展。

另外，在银行内部改善信贷流程，完善责任追究和免责制度。各商业银行内部应区分大企业与中小企业，采取不同的审贷制度；有条件的银行，可以考虑将小企业贷款业务归类到零售业务。目前，商业银行公司业务权限上收而零售业务权限下放，可以考虑将中小企业贷款或贷款不足 300 万元人民币的业务，从商业银行内部的公司法人部划拨到零售业务部，按照零售业务对待，具体金额标准由各银行根据地区差别设计。交通银行已经试点，效果良好；建立免除责任制度。对于逾期没有收回的贷款，要分析具体因素，确因不可抗拒因素所导致，免除责任。因市场变化导致的损失，在控制的坏账额范围内，可以部分或全部免除责任；对小额贷款免除信用评级，根据实际情况发放贷款。①

### （四）在直接融资方面完善金融市场制度

中小企业直接融资渠道有：债权融资、股权融资、风险投资与资产证券化。应尽快建立一个多元化的完善的资本市场，适应不同规模企业融资的需要。从成熟市场模式来看，一个完善的资本市场体系应该包括主板市场、二板市场（创业板市场）的多层次的资本市场体系。世界上多数国家的二板市场多是为创新型中小企业提供融资的场所，满足中小规模的企业在不同成长阶段对融资的要求。美国的纳斯达克（NASDAQ）就属于此类市场，通过该市场的努力，每年可以为中小型企业融资数千万美元，并培育和成就了微软、IBM、朗讯等一大批高科技企业，使美国的工业发展领先世界。

加强金融知识的普及和宣传，让企业了解各种融资渠道和成本，了解融资的程序和手续。同时，银行和政府要发挥各自的优势，加快推广各种解决中小企业融资难的经验和方法，使成功的经验尽快得到推广和运用。

## 发挥政府资金的引导作用　优化中小企业资金供应链

（科技部　马颂德）

中小企业作为一个高效率的经济群体，在技术创新、就业、经济增长贡献等诸多方面正在显现着越来越重要的作用。来自欧盟的统计表明，中小企业人均创新成果是大企业的两倍，单位 R&D 投入产生的新成果是大企业的 3～5 倍；而美国中小企业在 1953—1973 年的创新成果几乎占同期全国创新成果的 50%。作为最具成长性的中国浙江中小企业，2003 年在占全国 1.06% 的土地上，创造了全国 7.9% 的 GDP，GDP 总量超过 9200 亿元。

中小企业作为一个市场竞争的弱势群体，在资金供给、技术创新能力

① 陈炳才. 中小企业融资难的原因与政策建议［N］. 金融时报，2010－01－04.

提升等方面的问题也越来越突出。有数据表明，约有50%的中小企业在创立的3年内死亡了，在剩下的50%企业中又有50%的企业在5年内消失，即使剩下的这1/4企业也只有少数能够熬过经济萧条的严冬。中小企业大量夭折，既是中小企业尤其是科技创新型中小企业的发展特点，但也造成了技术创新资源的浪费和对创业精神的打击。

为有效地解决中小企业发展中的问题，很多发达国家都先后推出了中小企业技术创新资助计划、中小企业技术转移计划、中小企业融资支持计划、中小企业管理辅导计划，发展创业投资基金，建立创业板市场等，试图从系统抚育的角度解决中小企业发展所遇到的系统性难题。从20多年的实验结果看，发达国家政府对中小企业的这种系统性抚育，的确收到了很大成效。如美国不仅先后培育出了IBM、英特尔、微软这样的大公司，也极大地激发了美国公民的创业、创新精神，2000多万家中小企业构成了美国经济金字塔的最牢固的基础。

与此相对比，我们不难看出中国在发展中小企业战略上，特别是在有效地解决其发展过程中“市场失灵”问题时，还缺乏系统性的解决方案。作为一个拥有13亿人口的大国，中小企业只有360万家，科技型中小企业还不到15万家，且多数还处在自生自灭的状态。

中小企业发展面临的问题很多，如资金短缺、技术升级困难、市场拓展缓慢、管理粗放等，但根本原因在于资金供应链的衔接和有效性。

众所周知，企业的生命周期分为种子阶段（Seed）、起步阶段（Start-up）、成长阶段（Development）、扩张阶段（Shipping）和成熟阶段（Profitable）。与此相应的企业资金需求是种子资金、起步资金、成长资金、扩张资金和规模化资金。可见，优化创业企业、创新企业的资金需求链条，就是为企业在不同成长阶段提供相匹配的资金供给。

中国科技部联合有关部门从促进高技术产业化的工作出发，近年来推出一些措施：

**1. 建立国家科技型中小企业技术创新基金，建立政府引导的种子基金**

从一项技术转化为一种产品，是中小企业创立的第一步，其资金来源基本上是创业者个人、亲友等，商业资金几乎不会介入。所以，很多中小企业在用完这些自有资金后，就陷入了“无米之炊”的境地，国际上也把这个阶段称为中小企业的“死亡谷”。

1999年科技部与财政部联合设立了科技型中小企业技术创新基金，是第一个政府种子资金。该资金设立以来，通过无偿资助等方式，对优化种子阶段企业资金供给起到了积极作用，特别是对企业研发活动的支持作用非常显著，在已经资助的5000多个项目中，获得专利2489项，其中发明专利占35%。

不过，由于该项政府种子资金规模有限，且更多地着眼于对企业技术研发活动的资助，所以大量的种子期企业还无法得到这种资助。为此，科技部正在与相关部门协商，准备在创新基金内部设立创业辅导资金、创业风险补偿资金等，真正把创业活动和创新活动纳入政府种子资金支持系统中来。

**2. 建立以创业投资引导基金为基础的创业投资资金支持体系，解决创业企业起步期的资金供给问题**

创业投资作为一种非常具有耐心和冒险精神的资金，通常在这个阶段会成为创业企业的资金供应者。但如何让创业投资成为具有耐心和冒险精神的资金呢？

从以色列、澳大利亚、印度等这些缺乏创业投资土壤的国家看，其发展创业投资的成功经验是建立政府创业投资引导基金，吸引境内外创业投资资本共同组建创业投资公司或基金。通过政府资本供给弥补创业投资资本不足已经是国际上的通行做法，但为了避免政府直接从事创业投资所带来的诸多不足，并最大限度地发挥财政资金的引导作用，政府资本通常是设立政策性创业投资引导基金。

这种引导基金的基本模式是政府资金以参股的方式投入市场化创业投资基金中，优先承担风险，不分享或很少分享利润。

**3. 建立以开发性金融为平台的政策性资金支持体系，重点解决成长期企业的资金供给问题**

进入成长期的企业，技术已经比较完善，产品或服务进入开发阶段，并有数量有限的顾客试用，费用在增加，但仍没有销售收入。由于看到了光明的市场前景，企业通常都不愿意再进行股权融资，创业投资等资本介入的成本也会变得很高。同时，企业缺乏抵押物和相应担保的条件并未改变，商业银行等商业金融机构的资金仍然不敢介入。于是，就出现了很多非常有前景的企业纷纷倒在自己的“前景”中的现象。

从国际经验和中国的实践看，开发性金融是这个阶段最好的资金供给者。一是开发性金融兼具政策性和金融性双重特征，可以为企业分担一部分风险；二是开发性金融承担着开发新产品、新产业的政府责任，对有前景的产品或产业应该给予资金支持；三是开发性金融可以通过管理输出、资金供给，完善企业法人治理结构，防范和控制风险。

**4. 通过政府贴息、担保、采购、税收减免等方式，提升企业信用等级，吸引商业金融资本为企业提供资金支持，满足企业迅速扩张的需要**

商业金融资本是社会上最大量、最追逐利润最大化的资金，政府只能引导而不能强制其支持中小企业。所以，政府资金的作用，最主要是释放中小企业风险，弥补商业金融资本的成本。

在目前的政策体系中，国家创新基金对扩张期的企业给予的财政贴息贷款，国家税务机关对高新技术产品出口给予的退税优惠，对高新技术产业给予的税收减免优惠，对高新技术园区内企业融资给予的政府担保代偿机制，对提高企业信用等级，引导商业金融资金支持中小企业规模扩张的资金需要起了重要作用。不过，从以前的这些政策工具效果看，还有很多值得改进的地方。如把政府贴息资金转为担保代偿资金，既可以解决担保代偿资金来源问题，又可以放大政府资金的使用效果。再如，确定政府采购产品中的中小企业产品比例，可以为中小企业的市场扩张和技术升级起到重要作用。

**5. 通过“绿色通道”工程，满足成熟阶段中小企业的规模化融资需要**

中小企业是大企业的摇篮，经过前几个阶段的资金供给后，企业具备了规模化融资的条件。通常，这个阶段的企业融资多数会选择上市融资的方式，完成资本的迅速积聚。一个国家能否在较短时间内，培育出比较多的大企业，多层次的资本市场是重要条件。

我们的调研结果显示，随着股权分置改革的全面展开，在深圳中小企业板市场基础上设立科技型中小企业上市融资“绿色通道”的条件已经成熟。

该项政策出台的重要理由是中国已经积累了比较丰富的优质科技型中小企业资源。我们和深圳证券交易所合作，通过筛查科技部火炬中心和科技部创新基金管理中心的数据库，惊喜地发现：

（1）按照“最近一年净资产和总收入均超过3000万元，连续两年以上盈利”的标准，5万家企业中有4015家企业达到了这个标准。

（2）在4015家企业中，有2197家企业基本符合现有的发行上市条件。

（3）从资产规模、收益水平及盈利能力三个方面，有722家重点高科技企业，可以直接作为重点追踪和扶植的对象。

我们考虑的绿色通道将主要包括：适当缩短或取消中小企业上市之前为期一年的辅导期；适当放宽保荐家数限制，加快中小企业批量上市的步伐；企业在通过证监会发行部初审以后，必要时可以组织专场发审会；企业股票发行和上市适当分开。

中小企业的培育和发展是一项系统工程，政府除在资金供应链上要发挥积极作用外，还要在企业成长的法律环境、人文环境、生态环境上加强引导和协调，既积极促成个体企业的成长和创新，又要努力促成产业集群，特别是高新技术产业集群的升级和发展，尽快地使中国的中小企业进入国际价值链分工的高端，形成比较优势和竞争优势，我们愿意和社会各界广泛合作，也愿意学习与借鉴东亚各国的成功经验，进一步提高中小企业的创新能力和竞争力。

（作者在“第一届东亚促进中小企业发展与投资高层研讨会”上的讲话，有删减）

# 第六章　政府如何引导中小企业科技创新

随着中国社会主义市场经济的不断完善，中国中小企业的活力和作用进一步发挥出来，促进了国民经济的快速发展。但是中国中小企业在技术创新方面同国外发达国家相比还存在着一定的差距，并在发展过程中出现了许多问题和困难，阻碍了中国中小企业的发展。因此，对中国中小企业技术创新战略进行研究既必要又紧迫。

## 一、中国支持中小企业技术创新的主要政策和实施效果

自20世纪70年代末实行改革开放政策后，特别是90年代以来，中国先后制定了一系列加速发展中小企业的政策，包括：为中小企业营造公平竞争环境的政策、鼓励创业和促进科技成果转化的政策、优惠的财政税收政策、金融支持政策、土地优惠使用和转让政策、科技人才引进及激励政策、出口和对外投资政策、知识产权保护方面的政策等。中国的中小企业发展从政策支持轨道逐步纳入到法治轨道上来。此外，各地还根据自身的特点，进一步制定了一系列鼓励科技型中小企业技术创新政策措施。

2003年1月1日实施的《中华人民共和国中小企业促进法》的出台，标志着中国支持中小企业的发展全面进入了法治化阶段。该法包括中小企业的资金支持、创业扶持、技术创新、市场开拓、社会服务等五部分。突出了中小企业开业登记简化手续、降低条件，扩展中小企业融资渠道，资金援助，税收优惠，完善中小企业社会化服务体系，资助咨询与培训，设立微型企业“孵化器”，鼓励中小企业技术升级和产业换代，促进联合与开展专业化协作，鼓励中小企业产品出口和开展中外合作等十个方面的内容。该法的实施，将起到促进中国经济发展、促进市场经济逐步完善、促进产业结构调整、更多地安排劳动力就业等作用。由于该法属基本法，其

能否发挥实效作用，还有赖于相关的系列配套政策的出台和严格的实施。

20 世纪 80 年代以来，中国政府制定的具有明确指向的扶持中小企业技术创新的政策措施，主要有七项，其中计划类为两项，即星火计划和火炬计划；基础设施或基地类有三项，即生产力促进中心、技术市场和中小企业孵化器；投资基金有一项，即科技型中小企业技术创新基金；中介机构类有一项，即中小企业信用担保机构。①

**1. 星火计划**

星火计划旨在通过扩散先进技术、提供先进的技术装备、培训人员等方式促进乡镇企业的技术创新。这一计划从 1986 年开始实施，一直持续到现在，取得了不少成绩。2002 年，星火计划全年立项总数为 4325 项，其中国家级项目 467 项，省部级项目 965 项，地市级项目 2893 项，实现产值 40216. 6 亿元，利税 800. 4 亿元，创节汇 122. 2 亿美元，同比 1998 年产值 2895 亿元增加了 13. 9 倍，利税涨幅达 120%，创节汇增长了 11. 9 倍。

**2. 火炬计划**

火炬计划是国家科技部在 1988 年推出的另一项旨在促进高新技术产品的开发及商品化、产业化的政策。1998 年火炬计划实现产值 1445 亿元，利税 266 亿元，出口创汇 24 亿元美元。火炬计划的实施如同星火计划一样除了具有显著的经济效益以外，还为经济结构的调整及高新技术产业开发区的创建奠定了基础。

**3. 生产力促进中心**

生产力促进中心又称中小企业技术创新中心，是国家科技部在 1993 年出台《关于建立生产力促进中心的若干意见》之后在各地组建的基础设施，旨在组织科技力量向广大中小企业提供技术咨询、技术诊断、技术转让和技术培训等服务。据科技部的不完全统计，截至 2001 年 12 月 31 日，全国共有生产力促进中心 701 家，其中地方中心 631 家，行业中心 70 家，从业人员达 9564 人，具有学士学位的占 45. 9%，总资产 31. 2 亿元，各级政府投资 3. 9 亿元，中心服务收入 11. 3 亿元，服务企业 4. 96 万家，提供

① 张思源，赵志强，张敏. 支持科技型中小企业技术创新的政策分析［EB/OL］. http：//chongwen. tax861. gov. cn. 2005.

共性技术开发、推广及产品检测等技术服务 9293 项，增加销售额 407 亿元，利税 68.9 亿元，为社会增加就业 34.5 万人，为企业和社会培训 33.9 万人次。①

**4. 技术市场**

自 1985 年开始，中国政府以及国家科委等部门相继出台了多项关于技术市场的有关政策。多年来，进入技术市场进行交易的以中小企业为主。1999 年，中国的技术市场成交额达 523.4 亿元，比 1998 年增加了 20.10%，签订技术合同 26.45 万多项，同比上年下降了 6.12%。实践证明，技术市场已成为广大中小企业技术创新不可缺少的重要技术设施之一。

**5. 中小企业孵化器（高新技术创新服务中心）**

自 1994 年国家科委发布了《关于中国高新技术创新服务中心工作的原则意见》以来，截至 2001 年 10 月，中国各种类型的中小企业孵化器已超过 465 家，总面积达 768 万平方米，孵化企业 15449 家，累计毕业企业 3887 家，孵化企业和毕业企业的年销售收入达 422.6 亿元。

**6. 科技型中小企业技术创新基金**

1999 年 6 月 25 日，经国务院批准设立的科技型中小企业技术创新基金正式启动，它是一项专门用于促进中小企业技术创新活动的专项基金，首期经费总额 10 亿元人民币。根据中小企业和项目的不同特点，创新基金分别以贷款贴息、无偿资助和资本金（股本金）投入等不同方式支持科技型中小企业的技术创新活动。

创新基金的设立主要体现了政府的政策导向，通过这一举措引导投入来促进中小企业的技术创新和发展。

**7. 中小企业信用担保体系**

中小企业信用担保体系的建立可以缓解中小企业创新资金短缺的矛盾。1999 年 6 月，原国家经贸委发布了《关于建立中小企业信用担保体系试点的指导意见》以来，各地已组建 300 多家为中小企业服务的信用担保

---

① 张思源，赵志强，张敏．支持科技型中小企业技术创新的政策分析［EB/OL］．http：//chengwen.tax861.gov.cn.2005.

机构，至今已筹集资金100多亿元。中小企业信用担保体系的建立为非科技型中小企业技术创新提供了一种可供选择的融资渠道。

**8. 鼓励科技创业**

支持创办科技型中小企业。鼓励科研院所、高等学校科研人员和企业科技人员创办科技型中小企业，建立健全股权、期权、分红权等有利于激励技术创业的收益分配机制。支持高校毕业生以创业的方式实现就业，对入驻科技企业孵化器或大学生创业基地的创业者给予房租优惠、创业辅导等支持。

加快推进创业投资机构发展。鼓励各类社会资本设立天使投资、创业投资等股权投资基金，支持科技型中小企业创业活动。探索建立早期创投风险补偿机制，在投资损失确认后可按损失额的一定比例，对创业投资企业进行风险补偿。

加强创新创业孵化生态体系建设。推动建立支持科技创业企业成长的持续推进机制和全程孵化体系，促进大学科技园、科技企业孵化器等创业载体功能提升和创新发展。加大中小企业专项资金等对创业载体建设的支持力度。

**9. 支持技术创新**

支持科技型中小企业建立研发机构。支持科技型中小企业建立企业实验室、企业技术中心、工程技术研究中心等研发机构，提升对技术创新的支撑与服务能力。对拥有自主知识产权并形成良好经济社会效益的科技型中小企业研发机构给予重点扶持。

支持科技型中小企业开展技术改造。鼓励和引导中小企业加强技术改造与升级，支持其采用新技术、新工艺、新设备调整优化产业和产品结构，将技术改造项目纳入贷款贴息等优惠政策的支持范围。

通过政府采购支持科技型中小企业技术创新。进一步完善和落实国家政府采购扶持中小企业发展的相关法规政策。各级机关、事业单位和社团组织的政府采购活动，在同等条件下，鼓励优先采购科技型中小企业的产品和服务。鼓励科技型中小企业组成联合体共同参加政府采购与首台（套）示范项目。

**10. 强化协同创新**

推动科技型中小企业开展协同创新。推动科技型中小企业与大型企业、高等学校、科研院所开展战略合作，探索产学研深度结合的有效模式和长效机制。鼓励高等学校、科研院所等形成的科技成果向科技型中小企业转移转化。深入开展科技人员服务企业行动，通过科技特派员等方式组织科技人员帮助科技型中小企业解决技术难题。

鼓励高校院所和大型企业开放科技资源。引导和鼓励有条件的高等学校、科研院所、大型企业的重点实验室、国家工程（技术）研究中心、大型科学仪器中心、分析测试中心等科研基础设施和设备进一步向科技型中小企业开放，提供检验检测、标准制定、研发设计等科技服务。

吸纳科技型中小企业参与构建产业技术创新战略联盟。以产业技术创新关键问题为导向，形成产业核心竞争力为目标，引导行业骨干企业牵头，广泛吸纳科技型中小企业参与，按市场机制积极构建产业技术创新战略联盟。

**11. 推动集聚化发展**

充分发挥国家高新区、产业化基地的集聚作用。以国家高新区、高新技术产业化基地、现代服务业产业化基地、火炬计划特色产业基地、创新型产业集群等为载体，引导科技型中小企业走布局集中、产业集聚、土地集约的发展模式，促进科技型中小企业集群式发展。

引导科技型中小企业走专业化发展道路，提升产品质量、塑造品牌。支持科技型中小企业聚焦“新技术、新业态、新模式”，走专业化、精细化发展道路。鼓励科技型中小企业做强核心业务，推进精益制造，打造具有竞争力和影响力的精品和品牌。

**12. 完善服务体系**

完善科技型中小企业技术创新服务体系。充分发挥地方在区域创新中的主导作用，通过政策引导和试点带动，整合资源，加快建设各具特色的科技型中小企业技术创新公共服务体系。鼓励通过政府购买服务的方式，为科技型中小企业提供管理指导、技能培训、市场开拓、标准咨询、检验检测认证等服务。

充分发挥专业中介机构和科技服务机构作用。开放并扩大中小企业中介服务机构的服务领域，规范中介服务市场，促进各类专业机构为科技型中小企业提供优质服务。充分发挥科技服务机构作用，推动各类科技服务机构面向科技型中小企业开展服务。

**13. 拓宽融资渠道**

完善多层次资本市场，支持科技型中小企业做大做强。支持科技型中小企业通过多层次资本市场体系实现改制、挂牌、上市融资。支持利用各类产权交易市场开展科技型中小企业股权流转和融资服务，完善非上市科技公司股份转让途径。鼓励科技型中小企业利用债券市场融资，探索对发行企业债券、信托计划、中期票据、短期融资券等直接融资产品的科技型中小企业给予社会筹资利息补贴。

引导金融机构面向科技型中小企业开展服务创新，拓宽融资渠道。引导商业银行积极向科技型中小企业提供系统化金融服务。支持发展多种形式的抵质押类信贷业务及产品。鼓励融资租赁企业创新融资租赁经营模式，开展融资租赁与创业投资相结合、租赁债权与投资股权相结合的创投租赁业务。鼓励互联网金融发展和模式创新，支持网络小额贷款、第三方支付、网络金融超市、大数据金融等新兴业态发展。

完善科技型中小企业融资担保和科技保险体系。引导设立多层次、专业化的科技担保公司和再担保机构，逐步建立和完善科技型中小企业融资担保体系，鼓励为中小企业提供贷款担保的担保机构实行快捷担保审批程序，简化反担保措施。鼓励保险机构大力发展知识产权保险、首台（套）产品保险、产品研发责任险、关键研发设备险、成果转化险等科技保险产品。

**14. 优化政策环境**

进一步加大对科技型中小企业的财政支持力度。充分发挥中央财政资金的引导作用，逐步提高中小企业发展专项资金和国家科技成果转化引导基金支持科技创新的力度，凝聚带动社会资源支持科技型中小企业发展。加大各类科技计划对科技型中小企业技术创新活动的支持力度。鼓励地方财政加大对科技型中小企业技术创新的支持，对于研发投入占企业总收入达到一定比例的科技型中小企业给予补贴。鼓励地方政府在科技型中小企业中筛选一批创新能力强、发展潜力大的企业进行重点扶持，培育形成一批具有竞争优势的创新型企业和上市后备企业。

进一步完善落实税收支持政策。进一步完善和落实小型微利企业、高新技术企业、技术先进型服务企业、技术转让、研究开发费用加计扣除、研究开发仪器设备折旧、科技企业孵化器、大学科技园等税收优惠政策，加强对科技型中小企业的政策培训和宣传。结合深化税收制度改革，加快推动营业税改征增值税试点，完善结构性减税政策。

实施有利于科技型中小企业吸引人才的政策。结合创新人才推进计划、海外高层次人才引进计划、青年英才开发计划和国家高技能人才振兴计划等各项国家人才重大工程的实施，支持科技型中小企业引进和培养创新创业人才，鼓励在财政补助、落户、社保、税收等方面给予政策扶持。鼓励科技型中小企业与高等学校、职业院校建立定向、订单式的人才培养机制，支持高校毕业生到科技型中小企业就业，并给予档案免费保管等扶持政策。鼓励科技型中小企业加大对员工的培训力度。

加强统计监测与信用评价体系建设。建立公平开放透明的市场规则，加大对市场中侵害科技型中小企业合法利益行为的打击力度。研究发布科技型中小企业标准，建立科技型中小企业资源库，健全科技型中小企业统计调查、监测分析和定期发布制度。加快科技型中小企业信用体系建设，开展对科技型中小企业的信用评价。

推动科技型中小企业创新发展既是一项事关创新型国家建设的长期战略任务，也是加快转变经济发展方式的迫切需求，更是进一步落实创新驱动发展战略的关键路径之一。各地方科技管理部门要高度重视科技型中小企业工作，加强与有关部门的沟通协调，结合各地情况，制定意见的贯彻落实办法，采取有效政策措施，切实推动科技型中小企业创新发展。

应该说，中国支持科技型中小企业的扶植政策正在逐步地完善，并不断地显示出其巨大的成效。但不可否认的是，其中的问题也是非常明显的，其中主要表现为：一是少，包括各级政府资助科技型中小企业的发展计划项目少、直接支持的基金计划少、社会性的风险性投资基金少、切实能够为中小企业提供技术咨询的中介机构少；二是难，包括中小企业争取政府的计划项目难、争取金融机构的贷款难、争取社会化的投资难；三是弱，包括政府的服务职能弱、中介机构的服务功能弱、成果转化的合作机制弱。

## 二、把握当下中小企业科技创新的政策环境

自20世纪80年代以来，中国政府实施了一系列专门的政策措施，用于扶持中小企业技术创新，包括星火计划和火炬计划，建立生产力促进中心、技术市场和中小企业孵化器；建立科技型中小企业技术基金以及建立中小企业信用担保机构等。这些政策措施从提出到付诸实施，体现了中国政府对中小企业科技创新的政策导向，也在很大程度上推动了中小企业技术创新的进程。[①] 但从实践的角度来看，当前中国中小企业科技创新的政策环境仍然存在着一些共性的问题。

### （一）中小企业自主创新的支持和引导政策仍显不足

由于与发达国家的科技创新能力存在客观差距，中国企业的科技发展基本采取“追赶型”策略，即科技的主流侧重于对发达国家先进技术的学习、模仿和引进，长期被动地适应世界制造产业加工环节的快速转移需求，而没有能力占据世界产业和科技创新的战略前沿。这种客观事实成为中国企业尤其是中小民营企业自主创新的最大阻力。当前中国对中小企业科技创新的政策支持和引导仍显不足，主要表现为缺乏正确的评价体系和监管的政策依据，对不同的创新课题和项目不能灵活采用相应的资源投入方法，对创新性投资引导不到位，导致中小企业不能准确把握科研创新的方向，出现重复投资、资源浪费以及创新滞后的负面影响。

### （二）支持中小企业科技创新的参与主体定位不明晰

中小企业科技创新需要各方参与者的积极配合和支持才能顺利推进。但目前来看，中国的科技发展参与主体定位不明晰，甚至出现缺位。首先，本应作为政策制定、科技项目规划、促进引导、预算拨款、组织支持以及实施监督的公共服务主体的中央及地方政府，仅仅局限于财政的预算拨款功能；其次，本应承担科技研究和开发职能的科研院所，由于其机制

① 王心如，马骥．美国支持中小企业科技创新的政策体系及其借鉴［J］．商业研究，2009（5）．

机构、领导人任命的陈旧机制，不具备市场主体的条件，不能以独立法人的资格参与创新体系；而中小企业自身本应作为科技成果商品化的主体，却由于体制和规模所导致的所有制歧视和融资弱势而普遍面临信息缺乏、人才缺乏和资金缺乏的窘境，无法调动联合各方科研资源，难以承载科技创新的重任。

### （三）创新型中小企业的各服务机构的协调政策处于缺位状态

各类服务机构的协调运作是中小企业科技创新的润滑剂，能够为推动科技成果的转化降低成本，提高效率。由于中国长期形成的地域分割和行政分割局面，造成了科技资源配置不均衡，普遍存在科技人才、科技项目、科技设备等资源的部门化和单位化，各机构之间的协调合作效率不高，缺乏相关的政策约束，直接导致的结果就是科技成本过高、资源低层次消耗严重，财政拨款虽然不断增加，但收效甚微。

### （四）科技成果转化的促进作用有待提高

在中国传统计划经济时期，科研项目和成果的计划和安排都由国家统一进行，科研成果的应用完全由国家计划指令决定。进入市场经济阶段以后，市场机制的引导作用替代了计划机制，形成科研成果从研发到转化、产出的价值链布局。然而，传统的成果转化机制并没有完全转变为市场化运作，加之在促进成果转化方面没有形成有效的政策安排，造成大量的科研成果问世后长期处于“搁置”和“自流”状态，导致巨大的资源浪费。

### （五）中小企业科技创新融资的政策支持有待改善

尽管近年来针对中小企业融资支持的政策不断出台，政府对中小企业的金融支持力度不断加强，但在融资环境中处于弱势地位的中小企业，尤其是经营风险较大的创新型中小企业仍然面临着比较严重的融资瓶颈。究其原因，主要有三方面：一是中小企业尚未建立信用评级体系，缺乏足够的信用资源，信用观念淡薄，造成金融机构放贷意愿不强；二是融资渠道窄，资本市场缺乏层次性，对中小企业的进入条件过高，基本无法通过资本市场实现股权融资；三是金融机构的服务品种单一，难以满足中小企业灵活多样的资金需求，未能针对创新型中小企业高风险、高潜能的特点设计产品，形成金融服务的供求失调状态。

2007 年 12 月，根据 2006 年国务院颁布的《国家中长期科学和技术发展规划纲要（2006—2020）》以及《中共中央国务院关于实施科技规划纲要增强自主创新能力的决定》，国家发展改革委、科技部、财政部等 12 个部门联合制定了《关于支持中小企业技术创新的若干政策》（以下简称《政策》），明确了国家支持中小企业技术创新的多方面政策，为中国中小企业开展科技创新开辟了一个全新的政策环境。《政策》内容涉及税收激励、政府采购激励、投融资激励、创新人才激励、信息网络服务体系的建立等多角度的政策安排，就激励企业自主创新、加强投融资对技术创新的支持、建立技术创新服务体系以及健全保障措施四个方面政策做出了详细规定，力图建立、健全政策支持体系来进一步实现中小企业的跨越性发展、实现“创新型国家”的战略目标。

## 三、加快建设国家创新体系

国家创新体系由瑞典经济学家奥克·伦特瓦尔于 20 世纪 80 年代后期提出，指一国范围内企业、大学、政府机构、商业、法律、社会和财政等为产生科学技术而努力的相互系统。在该体系中，政府的作用是为科技创新设立制度、规则和制定创新政策，以有力扶持和保障企业进行创新。国家创新体系是集创新主体、创新环境和创新机制于一体，在国家层次上促进全社会创新资源合理配置和高效利用，促进创新机构之间相互协调和良性互动，充分体现国家创新意志和战略目标的系统。加快国家创新体系建设，是党和国家在新时期把握新机遇、迎接新挑战的基础性工作，具有极其重要和深远的意义。

一个国家的整体创新能力不仅来自企业和研究机构内在活力的增加，更来自科学的制度安排和良好的社会经济环境。当前，国家创新体系建设将进入到在国家层次上进行整体设计、系统推进的新阶段。发展环境的变化，要求我们在多年来改革与发展的基础上，以增强国家整体创新能力为目标，加速建立一个既能够发挥市场作用，又能够根据国家战略有效动员和组织创新资源，既能够激发创新行为主体自身活力，又能够实现系统各部分有效整合的国家创新体系。在这一体系中，政府将发挥更加积极和有效的作用，产学研的结合更加紧密和协调，社会资源将得到更加广泛和充分的利用，体系的对外开放程度更为扩展和延伸。根据这一思路，新时期国家创新体系建设应具有三个突出特点：①充分发挥市场配置资源基础性作用与强化政府宏观调控功能相结合；②激励微观创新机构自身活力与推进总体结构调整和系统整合相结合；③推进科技体制改革与强调科技、教育、经济体制改革联动相结合。

中国政府应加快建设国家创新体系，主要在以下几个方面：

**1. 在政府中设立专门的中小企业管理机构**

规划企业发展方向，协调各有关企业的活动，做好企业科技创新重要性的宣传教育工作，大力倡导全社会的创新行为，引导社会和企业尊重科技、尊重人才，使科学技术思想和创新意识深入人心，形成有利于企业科技创新的社会风尚和文化氛围。

**2. 进一步深化教育体制改革**

从长远来看，政府应深化教育体制改革，改变应试教育模式，全面推进素质教育，着重培养学生的独立思考和动手能力，鼓励创新，激发创新潜能，使学校真正为中国中小企业培养一支高素质的科技创新人才队伍。

**3. 提供全面政策支持**

国家应出台各项政策，强化对中小企业科技创新的支持，用以改善投资环境，加大科技投入，加速高新技术产业化，支持中小企业作为科技创新主体，鼓励企业对引进的技术进行消化、吸收和再创新，同时加大对企业自主创新产品的政府采购，以及加强科技人才队伍建设等。要确立企业在技术创新中的主体地位，使企业真正成为技术创新的主体，是国家创新体系建设的核心任务之一。目前，中国产业结构调整已进入创新主导的发展过程，企业发展将由重点提高生产能力转向重点提高创新能力，企业技术需求和技术投资能力也大大提高。因此，国家应当采取积极的措施，为各种类型的企业提供公平有效的创新支持，真正确立企业在技术创新中的主体地位。企业应当成为技术创新投入和组织的主体，在全社会 R&D 投入中发挥更加积极的作用，并利用和集成企业内外的各种要素和资源，解决企业乃至行业发展中的重大技术性问题。当前的重点工作应当是：①进一步加强国有大中型企业技术创新机构和能力的建设，发展以企业为主导的工程技术中心，引导企业调整、制定创新发展战略，加大对创新的投入；②进一步发挥民营企业在高新技术产业化方面的积极作用，鼓励民营企业参与国家和地方重大科技计划；③进一步引导转制科研机构加强应用基础研究和增强持续创新能力，在相应产业领域发挥先导和支撑作用；④进一步鼓励外资企业在中国设立研发中心，开展本土化的创新活动。同时，大力促进产学研的结合与互动，支持企业与大学、科研机构通过共同建立实验室或研发机构、共同承担国家任务等形式，加强多种形式的合作研究，推动企业广泛建立技术创新战略联盟。

**4. 建立和完善推动中小企业科技创新的财政、金融政策体系**

加大对中小企业科技支出的补贴或退税，以及企业研发投入的税前扣除等。完善中国金融体系与资本市场，给不同的中小企业提供不同的融资方式。

科技金融助力中小企业创新发展，其中一项重要内容就是建立健全促进科技创新的金融服务体系。“有关部门努力探索发挥金融在优化配置科技创新资源中的突出作用，为科技创新营造良好投融资环境，取得了很好的效果。”[①] 2014 年 8 月 8 日，科技部、财政部联合发布《国家科技成果转化引导基金设立创业投资子基金管理暂行办法》，旨在加快实施国家科技成果转化引导基金。各地政府及国家高新区在科技部、“一行三会”及国家相关部委的政策引导下，纷纷围绕制约科技金融结合的关键体制机制问题，着力从培育和服务科技创新的金融组织体系、科技信贷和产品服务模式创新、拓展科技企业融资渠道等方面出实招、求突破。密集出台 300 多项政策措施，涉及创新财政支持方式、支持科技企业进入多层次资本市场等多个关键环节，科技金融政策体系日益完善。

在国家层面，科技部会同国家相关部委不断加强对科技金融发展的引导。通过创新科技资源配置方式，改革国家财政科研经费管理体制，着力发挥国家科技型中小企业创业投资引导基金的带动作用，探索建立中央带动地方、国有资金引导民间资金的联动机制，与地方和民间资金共同设立了 66 只创投基金。相关试点地区积极设立财政性科技金融专项引导资金，包括国家高新区在内，各地已建立了近 100 只创业投资、天使投资基金，

① 万钢，推进科技和金融紧密结合［N］．经济日报，2014 - 08 - 11.

综合运用创投引导、贷款贴息、风险补偿、保费补贴等方式，借助金融投资机构发掘科技创新的市场价值。

在国家高新区层面，中关村国家自主创新示范区充分发挥自身优势，大胆创新、先行先试，初步形成“一个基础、六项机制、十条渠道”的科技金融体系，建立起科技金融服务“一条龙”的政策支持体系。2014 年上半年，中关村科技金融工作组积极推动与“一行三会”的部市会商机制建设，推动中国人民银行在中关村成立中心支行，制定了《关于支持中关村互联网金融产业发展的若干措施》等一系列试点管理办法，联合中国人民银行营业管理部等 9 个部门研究制定《关于进一步做好首都科技金融工作的意见》，进一步完善了政策支持体系。2014 年下半年，进一步完善金融监管部门和相关主管部门与北京市的部市会商机制建设，积极争取中央层面科技金融创新政策在中关村先行先试。

在地方层面，武汉市为化解科技型中小企业融资难问题，充分发挥财政科技投入的引导作用，依托武汉东湖国家自主创新示范区围绕 14 条产业链出台了多项优惠政策，特别是实施“黄金十条”政策和获批试行 3 项先行先试财税政策以来，武汉东湖示范区科技创新创业活力不断增强，先后有 587 个人才团队、1000 多名博士到园区创新创业；14 家银行在园区设立科技支行；科技金融专项投入累计约 6 亿元，集聚各类金融机构 30 多家，股权投资及管理机构达到 225 家，新增数量超过历史存量两倍多。

**5. 完善知识产权保护制度**

重视并加强知识产权保护是推动企业科技创新的重要保障。中国应借鉴国外成功经验，尽快制定出相关法律制度，确立中小企业应有的法律地位，保护其知识产权，为中小企业的科技创新提供法律保障。同时，国家应重点支持具有自主知识产权的高技术产品和技术创新项目，加大企业的专利申请力度，积极引导企业转变观念调动中小企业科技创新的积极性，尽快培育出一批具有自主知识产权的项目和拥有知识产权的企业。

在促进经济发展、增加就业机会、推动技术创新等方面发挥了不可替代的作用。一个企业想要长久地较好发展，就不得不进行技术的创新，知识产权在企业发展和进步中扮演着不可替代的角色。企业的知识产权决定着企业的价值、企业的竞争力。有效利用知识产权制度有利于企业的技术创新，对知识产权进行保护有利于中小企业取得并保持市场竞争优势。可以看出，知识产权的保护关系到企业的生存与发展。因此，了解中小企业知识产权保护的现状，分析其存在的问题和面临的挑战，加强保护中小企业的知识产权关系着企业的发展与兴衰。

企业的核心任务是生产具有市场价值的产品，从产品萌发到进入市场这个过程中的产品设计、生产技术、生产工艺、产品、商标、品牌、包装等环节都会涉及知识产权的保护。确保企业能够享有创造发明的所有权和产品使用的许可授予权，这是知识产权保护的最终目标。这些权利可以保证企业在市场上拥有最大的优势，为企业增加利润，以防企业的研发成果被企业窃取，遭受经济损失。

中小企业必须从根本上认识到，在企业的创新过程中，肯定会产生一系列的知识产权，这些产权无疑是企业最有价值的无形财产。企业获取知识产权实质上是企业价值的增加，这种价值的增加不仅是财产的增加，还包括企业的无形资产，如企业的声誉、产品的影响力等。

中小企业获得知识产权并对其进行保护，可以增加中小企业的竞争性，扩展企业规模，增强企业的综合实力。保护好企业的知识产权可以防止其他竞争企业窃取本企业的产品，这样就可以避免不必要的浪费，减少企业在产品开发以及市场营销方面的投资，节约成本。通过对自己的商标以及品牌的保护，能够创造出公司自己特有的企业形象。知识产权的有效保护还可以激励企业研发新技术、新产品的动力，帮助企业拓展广阔的新市场。

中小企业知识产权的保护有利于从整体上推动中国高新技术产业的发展，提升中国相关产业在国际市场中的竞争力。就中小企业自身的特征而言，在发展高新技术产业方面具有一定的优势。因此，中小企业的良好发展，能够有力地推动中国的高新技术产业发展。同时，由于中国中小企业数量庞大，非常有利于专业化的协作和分工，促进科学产业组织结构的形成，提升中国产业在国际市场上竞争力。

## 四、企业创新政策系统化

促进企业技术创新的政策必须从创新主体、创新激励、创新资源等方面入手，系统化、全方位地激励企业技术创新。

### （一）从政策导向上突出企业技术创新的主体地位

当前，中国初步建立了社会主义市场经济体制，并逐渐明确了企业在国家科技创新体系中的主体地位，但企业的这一核心地位并未体现在科技创新政策之中。例如，20 世纪 80 年代以来推行的一系列促进创新的大型计划，如“863”计划、国家科技攻关计划等，虽将科技成果产业化作为计划重点内容之一，但从项目的申请到实施，仍然主要是由大学和科研单位来完成，这些计划虽在很大程度上推动了中国的技术进步和创新，但却未能激发市场活动中最具创新活力和需要的企业积极参与到创新活动之中。因此，要在政策导向上对直接支持企业创新活动有较大倾斜。

### （二）从政策设计上激励企业走自主创新之路

企业的创新激励主要来自预期的经济利润。如果企业通过税收、土地、劳动力价格等方面的优惠政策甚至政治寻租可以获利，往往就会放弃风险较高的技术创新。只有从政策设计上使技术创新成为企业盈利的唯一诉求，才能最大限度地提高企业技术创新的积极性。

### （三）从政策协调上支持企业自主创新

要通过政策协调集成创新资源，为企业自主创新提供大力支持。科技政策和创新计划要反映企业的重大技术需求，在具有明确市场应用前景的领域，支持企业更多地承担科技创新任务；鼓励具备条件的企业建设国家重点实验室、工程中心、产业化基地等创新基地；大力加强为中小企业服务的公共技术服务平台和中介服务体系建设；加强与有关方面的协调和沟通，为企业技术创新疏通和开辟投融资渠道。

## 五、建立和健全各种科技创新的社会服务体系

中国中小企业技术创新服务体系大致由政府（既是技术创新的社会管理者，又是技术创新服务体系的推动者）、受政府委托的为中小企业技术创新服务的机构（主要包括政府事业性单位、政府主管的中小企业技术创新促进机构、大专院校和科研院所等）和技术创新社会中介组织构成。

现阶段，中国中小企业技术创新服务机构规模较小，专业化不强，服务功能较弱，创新专业人才缺乏，技术创新服务的政策和法律环境不够完善，这在一定程度上制约了中国技术创新服务体系的发展。所以，应进一步建立和健全各种科技创新的社会服务体系，推动中小企业的技术推广和应用，减少中小企业在引进、吸收和管理人才等方面的困难。各中介服务机构应按社会化、市场化的原则，注重自身建设与发展，明确自身定位，完善组织结构，强化服务意识，提高服务效率，提升服务质量，有效发挥其重要作用。如为中小企业建立科技人才中介市场，可在一定程度上解决企业间人才的分配与流动问题；建立信息咨询服务和培训机构则可为企业提供更全面、更快捷、更准确和更廉价的技术服务信息，增强中小企业获得信息的能力与渠道。在金融危机来临的大背景下，这一切都有利于推动中小企业科技创新的全面进步与发展。

政府在促进中小企业技术创新服务体系的建设中，既要注重创造良好的政策环境，又应采取直接支持的方式推动服务机构的建立。目前主要采取政府直接支持技术创新中介服务活动的政策措施和手段，正在形成以生产力促进中心、技术创新服务中心、科技企业孵化器、科技咨询与评估机构、技术交易机构、创业投资服务机构为代表的中小企业技术创新服务体系，它们在不同层次上为中小企业技术创新活动提供了不同程度的支持性服务，但更广泛服务于中小企业技术创新的社会化中介组织实体的发展则相对不足。组建实体化的区域性技术创新服务体系，是中国许多地区建设和发展多层次技术创新服务体系的政策措施。这一政策措施的具体实施方案是：依托城市，由各类服务机构共同组成区域技术创新体系，并逐步形成以资产为纽带，采用股份制，吸引多方投资，利用各方力量的实体化的区域性技术创新服务体系，协同开展技术创新服务。

中小企业技术创新服务体系主要提供三类服务：[①] 一是帮助中小企业进行技术和管理培训。二是为中小企业开展技术创新牵线搭桥，寻找大学和科研院所的合作伙伴，提供所需的科技成果。近年来，国务院发布的《关于实施〈国家中长期科学和技术发展规划纲要〉的若干配套政策》

---

① 哈尔滨市情报所．中小企业技术创新服务体系的促进政策［J］．情报与决策，2005（30）．

（以下简称《配套政策》）就高度关注中小企业自主创新，提出了一系列政策措施。《配套政策》提出，允许国有高新技术企业对技术骨干和管理骨干实施期权等激励政策；在大学、院所设立面向企业创新人才的客座研究员岗位，并引导和规范大学、院所科技人才到企业兼职；支持企业为大学和职业院校建立学生实习、实训基地；引导优秀博士到企业从事博士后科研工作；企业招聘大学毕业生和吸引优秀人才可不受户籍限制。三是提供信息服务。中国中小企业技术创新服务体系将在工业研究、技术转移、项目研发、技术供需方的合作、促进工业技术应用、技术传播以及高级培训等方面，为中小企业提供越来越重要的有效服务。而促进中小企业技术创新服务体系的政府政策，也将对这一发展趋势做出更多的规划指导和扶持。

## 六、建立良性沟通渠道，构建资源整合平台，促进中小企业科技创新

### （一）强化政府职能，充分发挥政府在中小企业融资中的重要作用

借鉴发达国家在解决中小企业融资问题中政府发挥的作用，结合中国的现状，政府可以在以下几个方面为中小企业融资问题解决发挥作用。

**1. 加强制度建设**

加强政府对中小企业的扶持应当从企业立法及有关政策制定方面进行。加强落实《中小企业促进法》等法律法规，使中小企业管理确实走上法律化轨道。同时加强对中小企业银行、基金等金融机构的立法，规范其职责、资金来源、运作方式等，开放和规范民间融资市场，为中小企业拓宽融资渠道提供法律依据。

**2. 加强政府职能部门建设**

国家发展改革委下设的中小企业司是中国具体负责协调和指导中小企业工作的政府职能部门。其职能主要为研究中小企业、非国有经济发展的有关问题，提出扶持中小企业发展的政策和具体措施，加大对中小企业发展的宏观指导和扶持；指导和促进中小企业的对外合作，健全完善中小企

业服务体系；协调中小企业和非国有经济发展中的问题。通过加强中央到地方的政府职能部门的建设，在全国范围内形成一个完整的政府指导体系，对中小企业的整体发展，特别是中小企业融资难问题的解决，具有重要的意义。

**3. 加大政府直接扶持的力度，充分发挥政府资金的引导作用**

目前，中国有关部委如国家发展改革委、科技部等设立一些针对中小企业特别是科技型中小企业的扶持基金，加大政府直接资助资金的规模和资助力度，对中小企业的发展具有重要的意义。通过建立以中央带动、地方各级政府配合的方法，建立政府资金的直接扶持体系，为中小企业融资提供直接的帮助。同时，通过对政府直接扶持资金的宣传，扩大政府直接扶持资金的影响力和公信力，引导金融机构和民间资金向中小企业靠拢，为中小企业特别是科技型中小企业提供较好的融资环境。

特别是 2017 年 4 月 1 日，中共中央、国务院印发通知，决定设立河北雄安新区。雄安新区规划范围涉及河北省雄县、容城、安新 3 县及周边部分区域，地处北京、天津、保定腹地，区位优势明显、交通便捷通畅、生态环境优良、资源环境承载能力较强，现有开发程度较低，发展空间充裕，具备高起点高标准开发建设的基本条件。雄安新区规划建设以特定区域为起步区先行开发，起步区面积约 100 平方公里，中期发展区面积约 200 平方公里，远期控制区面积约 2000 平方公里。这是以习近平同志为核心的党中央做出的一项重大的历史性战略选择，是继深圳经济特区和上海浦东新区之后又一具有全国意义的新区，是千年大计、国家大事。雄安新区具有重大现实意义和深远历史意义，是重点打造的北京非首都功能疏解集中承载地，也能提升河北经济社会发展质量和水平，培育形成新的区域增长极，还能调整优化京津冀城市布局和空间结构，加快构建京津冀世界级城市群。

中共中央总书记、国家主席、中央军委主席习近平指出，规划建设雄安新区要突出七个方面的重点任务：一是建设绿色智慧新城，建成国际一流、绿色、现代、智慧城市。二是打造优美生态环境，构建蓝绿交织、清新明亮、水城共融的生态城市。三是发展高端高新产业，积极吸纳和集聚创新要素资源，培育新动能。四是提供优质公共服务，建设优质公共设施，创建城市管理新样板。五是构建快捷高效交通网，打造绿色交通体系。六是推进体制机制改革，发挥市场在资源配置中的决定性作用和更好发挥政府作用，激发市场活力。七是扩大全方位对外开放，打造扩大开放新高地和对外合作新平台。

京津冀协同发展专家咨询委员会副组长、中国工程院院士邬贺铨表示，雄安新区现有的产业不会推倒重来，只要不是高污染、高能耗的产业还是可以保留。雄安新区将在现有产业基础上，按照中央的定位去发展高新技术产业，积极吸纳和集聚创新要素资源，培育新动能。要把创新驱动作为新区发展的根本动力，引导创新要素向新区集聚。支持新区从创新载体、运行机制、发展环境等方面营造良好创新氛围，吸引高端创新人才和团队，努力打造创新高地和科技新城。

雄安新区的消息对于投资者是一个相当大的好消息。从河北来说，有助于推动河北加快区域发展，与北京城市副中心形成新两翼，调整优化京津冀城市布局与城市群发展。受益很多行业，环保、新能源、新科技、生物医药、交通物流、零售服务、航空服务、工业企业、新型农业等。深圳新区、浦东新区后，雄安新区将讲述新故事，新区蕴藏改革创新、科技创新、金融产业与高新技术产业的聚集，技术、知识、对外贸易，新区发展将为中小企业带来历史机遇，吸引人才、技术、资金，形成创新中心，发展科技、发展高新产业，吸纳人才，吸引资源，培育新动能，中小企业或受益。

(1) 环保产业。随着城市化进程与区域发展，城市化水平不断提高，城市数量比较多，城市群建设能够改善城市与城市之间交通拥挤状况，更好地利用好城市资源，每个城市都有其特色与优势，有的城市文化特色，有的城市科技特色，有的城市港口特色，有的城市工业特色等等，城市群建设，可以让每个城市优势与发展潜力更好地释放出来。雄安新区有助于环保产业，不仅有助于雄安环保产业发展，而且有助于京津冀城市群环境保护产业发展，越来越多中小环保企业聚集，推动产业规模优化升级，推动周边城市环境保护事业发展。

(2) 房地产市场进一步细分。雄安新区发布消息说，严格贯彻“房子是用来住的，不是用来炒的”精神，安新、容城、雄县三县已经依法对土地、建设、房地产交易等进行管控。房地产市场或进一步细分，限制投资与市场投机，推动资金逐渐进入到中小企业实体领域，例如，中小企业仓库物流配送中心建设，旅游酒店与文化建筑项目，推动房地产市场长期健康地发展，房地产市场细分，满足居民居住需求外，有力有效地推动资金进入到中小企业实体经济，满足居民不断增长的文化需求，健身、大健康、金融服务、文化服务、体育、旅游、交通运输、机场、地铁、轨道、新能源交通、无人驾驶、物流仓储、智能仓库、智能博物馆、现代化智能机器人企业工厂、现代化农业服务企业等。

（3）智能物流产业。中小科技企业或迎来机遇，科技创新提升服务，满足消费者需求，新区建设有助于吸引越来越多中小科技企业聚集。京津冀铁路、高速路四通八达、北京有首都机场、天津有两港，新安建设新机场，有助于智能物流产业进一步升级。例如，中小企业在雄安建立大型仓储物流配送中心，为京津冀市场提供更便捷的物流配送服务，不占用更多停车场地，把物流配送停车场建在雄安，雄安新机场周边物流服务便捷，物流产业发展带动智能技术发展，机器人研发或生产可在雄安，生产出多样化个性定制机器人，为企业提供更好生产服务。京津冀协同发展给中小企业智能物流服务带来机会。

（4）旅游产业。旅游产业带来机遇，旅游者涌入雄安，有助于河北旅游产业发展，让市场投资者更加了解雄安，吸引中小企业投资者与资金涌入，有助于旅游产业发展。

## （二）建立资金沟通渠道，满足中小企业科技创新的融资需求

建立中小企业科技创新资金沟通渠道，是建立中小企业融资平台的基础，它能够把社会上各种闲散资金有效地集中起来应用于中小企业的科技创新活动，解决中小企业科技创新面临的资金困境。现阶段，虽然中国中小企业普遍被融资困扰，但是他们可以获得科技创新所急需的资金的渠道并不算少，针对不同的融资渠道，中小企业科技创新资金沟通渠道发挥着不同的作用：

### 1. 政府资助

科技部、财政部、地方各级政府每年都有专项资金资助中小企业，特别是中小高科技企业的科技创新活动。政府扶持资金基本没有融资成本、不需偿还是中小企业科技创新的最佳融资来源，科技创新资金沟通渠道可以实现政府资助资金顺利流向政府重点关注行业的关键领域，让有限的政

府扶持资金发挥最大的经济效益。

**2. 银行信贷**

银行信贷是中国中小企业融资时首先考虑的融资渠道，但是由于中小企业自身诸多因素，使大多数中小企业不能满足银行信贷的信用标准，所以，科技创新资金沟通渠道在此主要发挥担保的作用，借助于政府的信用担保和社会担保机构的力量，为中小企业科技创新银行信贷融资提供必要的信用担保。

**3. 民间资本**

国家对民间资本的运用，明确提出“一放三改”的思路，即放宽民间投资范围，改进民间投资服务环境、审批环境和融资环境。民间资本介入融资市场，丰富了中小企业科技创新的融资渠道。由于民间资本具有融资速度快、资金调动方便、门槛低等优势，无法获得银行信贷的中小企业能够较容易获得这部分资金支持。但是，中小企业进行民间资本融资时融资成本较高，科技创新资金沟通渠道在此可以充分发挥其整合资源的能力，帮助中小企业寻找合适的民间资本，使企业以较低的融资成本获得科技创新所必需的流动资金。

**4. 股权融资**

科技创新资金沟通渠道帮助中小企业寻找愿意承担高风险的投资者涉足中小企业科技创新，这不仅能够解决中小企业科技创新融资问题，而且能够对中小企业的经营进行约束，促进中小企业完善企业管理，实现企业规范化运作，最大限度地分散企业风险，有利于企业长期健康发展。

**5. 资本市场**

主要适用于科技创新型中小企业，他们可以从具有高成长性的高科技企业创业板通过证券市场获得资金支持。科技创新资金沟通渠道可以为他们提供法律、资本运作等方面的专业咨询服务。

**6. 融资租赁**

融资租赁不需要担保，效率高，适合资金规模小、单台使用设备价值高的中小企业。科技创新资金沟通渠道可以为中小企业和设备租赁方搭接桥梁，使他们的供需需求能够互相满足。这不仅拓展中小企业科技创新的融资渠道，而且提高了社会资源的利用效率。

## （三）建立技术沟通渠道，克服中小企业创新力量不足的困境

建立技术沟通渠道是技术创新源（中小企业）与技术创新机构（科研机构、高等学校）相互沟通的桥梁，是连接科技创新主体与专业咨询机构的纽带，它能够把中小企业的创新需求及时准确地传达给科研机构、高等院校等科技创新机构，然后利用它们在科技创新方面丰富的人力、知识、经验、设备来完成科技创新活动以满足中小企业的创新需求。同时，各不同科研机构及高等院校专业特长各有不同，有时科技创新活动需要涉及不同专业、不同特长的科技创新机构，这时科技创新技术沟通渠道又成为它们有效沟通的通道。①

在科技创新活动中，中小企业及科研机构会遇到技术、经济、市场、管理、法律甚至财务方面的难题，这些难题是它们自身能力、知识无法解决的，必须借助于外界相关专业机构的力量。这类咨询机构能通过自身的人才、知识和经验优势为中小企业及科研机构出谋划策，它们主要包括：技术评估论证机构、技术咨询机构能为中小企业及科研机构引进技术进行论证；市场类咨询机构、经济类咨询机构能为中小企业及科研机构技术创新提供准确可靠的市场调查预测报告，并帮助企业为技术创新后的新产品开拓市场；法律类咨询机构、财务类咨询机构能协助中小企业及科研机构解决技术合同、知识产权和财务往来中发生的纠纷；管理类咨询机构能为中小企业及科研机构的组织创新和制度创新提供咨询方案。建立技术沟通渠道可以实现咨询机构与中小企业及科研机构的良性沟通。整合各种与科技创新相关的专业力量，共同完成科技创新活动。

## （四）建立信息沟通渠道，加快科技创新成果及时转化为生产力

科技创新涉及政府有关技术创新方面的法律、法规、政策和行业内技术创新的信息（行业内标杆企业技术创新的现状、竞争企业的科技创新现状、上下游企业的科技创新现状）及科研机构现有的与行业有关的科研成果及科研动态等各种信息。但无论是中小企业还是科研机构都无法全面掌

---

① 构建资源整合平台　促进中小企业科技创新.［EB/OL］. 中国人大网，www. npc. gov. cn.

握相关信息，于是建立信息沟通渠道是建立企业科技创新良性沟通渠道的重要组成部分。

建立科技创新信息沟通渠道可以科技中介组织为主体，这是因为科技中介组织在一定范围内的专业性、非官方性及其市场化运作方式，使其在资源整合方面具有自己的优势。在科技信息无法实现有效沟通情况下，当中小企业急需科技创新的相关技术和信息时，而一些科研机构和院校的相关科研成果处于闲置状态。科技创新信息沟通渠道建成后，科技中介组织可以通过市场调研，一方面可根据企业实际需要寻找现有的科技创新成果，减少企业科技创新的时间成本和资金成本，加速现有科技成果实现其应用价值；另一方面根据企业的实际需求，为科研院所、高校甚至具体科研人员提供一定的信息和课题建议，使他们的科技创新成果具有更强的针对性、实用性，提高技术创新的现实价值；还可以及时为企业和科研机构传递和提供技术创新过程中的其他有关信息，如国家的科技经济政策信息、金融信息、人才信息等。

### （五）建立人员管控渠道，加强对科技创新活动中的人力资源管理

建立有效的科技人员管控渠道，加强科技创新活动中的人力资源管理，创新企业科技创新激励体系，能够在制度上解决中小企业科技创新人才流失的问题。与大型企业相比，中小企业在科技创新方面主要以产品创新为主要目标，科技创新活动呈现间断性、非系统性、阶段性、波动性等特点；同时，在不同阶段，科技创新任务的紧迫性与复杂程度不一，激励对象心理期望多变。与大型企业相比，中小企业更偏重阶段性激励、短期激励和现金激励。这导致中小企业科技创新人才流失，所以必须建立有效的中小企业科技创新人员激励体系。针对中小企业科技创新活动的特点，中小企业科技创新的人员激励体系应该以物质奖励为主，精神奖励为辅。物质奖励包括薪酬奖金激励、福利激励等。由于中小企业科技创新具有阶段性特点，科技人员奖金具有很大的不确定性，所以，需要提高科技人员的薪酬和福利。精神激励包括产权激励、晋升激励、加强职称管理等。对企业科技人员评选职称不关心是中小企业普遍存在的问题，作为精神激励的一个重要方面，这种现象不利于科技人员科研积极性的发挥，企业应该

积极帮助员工申请技术职称。

加强中小企业不同行业、企业之间的科技创新人力资源的整合。由于中小企业科技创新人员严重不足，重大的科技创新活动仅靠单个中小企业无法实施，因此，加强同行业不同企业之间科技创新人员的沟通，实现企业科技创新人员的纵向整合是解决中小企业科技创新的人力不足的重要方法。同时，科技创新活动不仅与同行业企业相关，有时甚至会涉及该企业经营活动相关的上下游产业，于是加强相关产业科技创新人员的沟通，以实现上下游产业科技创新人员的纵向整合也是加强中小企业科技创新的必然选择。实现不同企业科技创新人员的横向、纵向整合，加强企业人力资源沟通可以通过成立人力资源整合组织（如企业家协会、企业创新协会等）来实现。

## 七、推动对中小企业科技创新的融资管理

### （一）完善为中小企业技术创新融资的风险投资体系

包括风险投资组织体系、风险投资撤出渠道、为风险投资基金或者风险投资公司服务的金融机构和中介组织、政府对风险投资的监管体系以及发展风险投资的法律法规体系。

风险投资体系的基本框架：

（1）风险投资公司：具有独立法人地位，专门筹集和投入风险资本的投资经营机构；

（2）风险资本：由基金公司和基金管理公司通过定向募集，主要以私募的方式形成的资本金；

（3）风险企业：从事高新技术产品开发、生产、经营的企业，由三个基本要素构成，以风险资本的融资、投资与退出为核心，还涉及风险投资、风险担保、风险中介服务、配套投资市场等与风险投资相关的法律、法规，是一个复杂而程序化的价值增值循环运作系统。其投资对象为：具有较好发展前景的中小企业和高新技术创业以及产品开发风险较大的科技项目。风险投资是一个研究技术、投资、管理的集成运作过程，可全面、系统地化解技术风险、市场风险、管理风险，有效地协调资本市场与风险

投资公司以及风险投资企业之间的关系，更好地寻找并实现资本的价值增值。

从发达国家的成功经验看，风险投资资金的介入是解决科技型中小企业自主创新资金匮乏的最主要方式。但目前中国风险投资发育严重不足，其主要原因是缺乏完善的退出机制。从“公开上市”这一退出渠道看，中国中小企业板上市条件过高，使大量中小型高科技企业无法上市融资，进而风险投资无法在国内通过公开上市顺畅退出；从“股份转让”和“破产清算”这两种退出渠道看，其行为都是在产权交易市场完成，但中国产权交易市场目前存在缺乏统一的市场规则、市场条块分割严重、交易成本费用高、环节多、品种单一等问题，严重限制了风险投资企业产权的自由转移。据统计，2005 年中国 319 家风险投资机构管理的 631. 6 亿元资本退出总收入仅 10. 3 亿元。为此提出以下建议：

一是放宽科技型中小企业上市标准。可允许虽未达到国内上市标准但已成功在海外上市的公司在中小企业板上市，同时积极创造条件发展中国创业板市场。

二是设立风险投资引导基金。应借鉴国内外的经验，尽快设立省级风险投资引导基金，创新政府资金扶持方式，通过发挥财政资金的杠杆放大效应，引导社会资金进入创业投资领域并鼓励其增加对中小企业的投资，以帮助更多的创业期中小企业尽快发展壮大。此外，还要积极完善风险投资的退出渠道，尤其要加快产权交易制度建设，尽快制定与市场经济相适应的《产权交易法》，大力推进全国性产权交易市场建设进程，开展对非上市股份有限公司股权的登记托管业务等。为创业投资资本实现多元化退出提供绿色通道。

三是改善风险资本的结构，扩大中小企业风险投资的资金来源。政府应积极引导投资向中小型高新技术企业倾斜，在风险投资起步阶段，政府可适当投入部分资金，设立风险投资基金，以它为担保，吸引社会或者海外资金参与。政府应通过税收、贷款等政策优惠鼓励对风险投资介入的中小型高科技企业的兼并收购，以使风险投资能够顺畅退出。

四是尽快制定《风险投资法》，从法律层面促进和规范风险投资的发展。

## (二)提高国家财政对科技型中小企业自主创新的支持力度

近年国家财政科技投入存在“两大两小”现象，即大部分资金用于大学与科研机构，只有少部分（约 10%）用于企业（发达国家一般在 30% 以上）；用于企业的科技资金又大部分用于大型企业，只有少部分用于中小企业。“两大两小”现象叠加，国家用于中小企业创新的财政资金可以说微乎其微。因此建议，国家财政要提高对中小企业特别是科技型中小企业的支持力度，如大幅度增加现在每年仅 10 亿元的科技型中小企业创新基金、中小企业发展基金的额度，加大对竞争前研究和共性技术平台建设的支持等。

此外，建议对应用性研究开发项目采取事后承认与支持为主的办法，这种“不以身份资格论高下，只以成果效用论英雄”的办法，有利于中小企业特别是科技型中小企业在国家科技项目竞争中脱颖而出。

## (三)重点试点，尝试开办科技银行

科技银行可定位为设立在科技企业集中的高新区内的区域性银行，贷款对象主要是区内发展成熟的科技型企业或有风险投资支持的科技型中小企业。为降低风险，国家可通过政策倾斜鼓励科技银行与风险投资机构建立紧密的合作关系，甚至成为股东或合伙人，以利用风险投资机构在人才、组织方面的优势及控制风险的能力。

科技银行信贷业务将只为与科技创新有关的活动提供服务；科技银行实行股份制，股本来源以企业和机构投资者为主，地方和高新区政府也可少量参股，实行官助民办；国家可允许其吸收社会存款，在金融品种和信贷服务方式上进行创新，如扩大利率浮动范围、用知识产权等无形资产抵押贷款，以企业债权、股权融资等。建议首先在北京中关村科技园区、上海张江高科技园区和深圳高新技术开发区等有条件的城市高新区内开展科技银行试点工作。

## (四)推进再担保体系建设

目前，中国大多数担保公司普遍存在资本实力不足、自身信用程度较低、业务规模偏小、主营业务亏损等问题，既难以获得银行等债权人的认可，也不利于整个行业的风险控制。

## 八、中小企业技术创新的税收政策

### （一）建立中小企业技术创新的税收法律体系

税收法律发达国家十分重视对中小企业技术创新的法律保护，并形成了相对独立的中小企业技术创新法律体系。改革开放以来，中国已经逐步制定和实施了若干有关技术创新的法律法规和政策措施，这对推进中国科技进步和企业技术创新起到了良好的作用。然而，中国现有的支持企业技术创新的税收政策基本上是通过对原有税收法规某些条款进行修订与补充而形成的，散见于各类税收单行法规或税收文件之中，缺乏针对中小企业技术创新的专门法律法规。[①] 所以，从经济法治化的角度看，中国应当尽快建立关于中小企业技术创新的税收法律体系。

### （二）改革增值税以促进中小企业技术创新

目前，中国原有的生产型增值税正在全面转型，在这一转变过程中，首先，应尽快对中小企业中的高新技术企业实行消费型增值税，允许其抵扣购进固定资产进项税额，促进技术型中小企业加大固定资产投资力度，从而带动中国整体产业结构调整；其次，增值税一般纳税人的认定标准应适当降低，两种纳税人身份的划分无疑增加了中小企业的税收负担，很大程度上抑制了中小企业的投资积极性。所以，应进一步淡化认定增值税一般纳税人的销售额标准，即不管企业规模大小，只要会计核算比较健全，经营场所固定，能遵守国家各项税收法规，准确及时报送税务资料，都可以申请成为一般纳税人。

### （三）增强所得税对中小企业技术创新的激励力度

首先，在公平税负的基础上，为增强中小企业的市场竞争力，税收优惠的重点应从对企业优惠转向对具体研究开发项目的优惠；其次，通过对

---

① 倪国锋．促进我国中小企业技术创新的税收政策思考［J］．中国管理信息化，2011（7）．

中小企业技术转让所得给予税收减免优惠，鼓励中小企业吸收无形资产投资，提高技术水平和研发能力；再次，应加大对高科技人才的税收优惠力度，比如提高高科技人才个人所得税的免征额，对高科技人员在技术成果转让与技术服务方面取得的收入，按应纳所得税额进行一定比例的减征。最后，允许中小科技型企业按高于一般企业的比例提取职工教育培训经费，从而减轻中小高新技术企业的税收负担，促进创新型人才的培养。

### （四）增强促进创业投资的税收激励力度

为持续提升中小企业科技创新水平与能力，政府应切实了解中小企业创业投资需求与环境，科学制定和完善与国家产业政策相协调统一的、真正有利于中小企业成长和创业投资事业发展的税收政策。严格监督落实有关风险投资的优惠政策，鼓励对中小企业技术创新项目进行投资，并科学制定和完善风险投资退出机制；对于将科技创新项目收益再投资于其他科技创新项目的，政府应给予免税或退税优惠；对中小企业的技术创新项目贷款给予一定的税收优惠支持。

### （五）增强服务意识，提高税收征管水平

税务机关要进一步简化办税手续，实行办税流程公告制。对高新技术企业的审批类减免税，应严格依据行政许可法的规定审批管理，尽可能简化审批手续，缩短审批时间。同时，要加强与科技、经贸等部门的联系和沟通，了解技术开发项目备案确认情况。对已向科技部门备案、未申报技术开发费加计扣除政策的企业应及时跟进，帮助其用足用好税收优惠政策；对确有技术开发项目，但未向科技部门备案的，也要从实际出发，本着服务纳税人的原则创造条件妥善落实好相关政策。此外，要做好对中小企业创新的管理：① 一是实行科技创新项目立项登记制度，增强对科技项目的跟踪管理，确保企业所享受的税收优惠真正用于科技创新事业；二是建立科技创新税收优惠特别申报机制，防止企业利用不正当手段骗取研发支出的税收优惠政策；三是建立对科技创新成果的验收与鉴定制度，对不符合条件的科技创新成果，取消企业享受税收优惠的资格。

---

① 倪国锋．促进我国中小企业技术创新的税收政策思考［J］．中国管理信息化，2011（7）．

## 九、中小企业科技创新的法律制度建设

科技创新是一个复杂的、连续不断的过程，涉及面十分广泛而复杂，影响力巨大。为了使科技创新真正成为经济增长方式转变的巨大推动力，我们“要大力发展创新文化，在全社会积极营造良好的创新环境和氛围，培养大批高素质的劳动者和创新型人才”；应建立和完善科技创新政策和法律的运行过程，消除各种障碍因素带来的负面影响。在促进科技创新法律制度上：

### （一）重视科技创新立法

主要依靠法律手段推动科技发展和全社会科技进步，立法专门化是当前国际科技立法的发展趋势。“二战”以来的半个多世纪，西方发达国家大量的科技立法与科技进步同行，以法律形式引导、协调、保障和促进科技进步的做法受到普遍关注。

### （二）修改科技创新的基本法律，并提升其位阶

20 世纪 60 年代以后，各国纷纷制定专门的科技创新基本法。如美国 1980 年颁布的《史蒂文森—威德勒技术创新法》，日本 1995 年制定的《科学技术基本法》，韩国 1997 年制定的《科学技术创新特别法》，法国 1999 年制定的《技术创新与科研法（草案）》等，都是以立法的形式促进和保障本国科技创新的发展。

我国的《科学技术进步法》是由全国人大常委会于 1993 年通过的。2007 年 12 月 29 日修订通过的《中华人民共和国科学技术进步法》，自 2008 年 7 月 1 日起施行。

### （三）完善科技创新法律体系，补充相关立法

为加速科技创新的进行，完善科技创新法律体系，需及时启动重大科技立法及其配套政策。

## （四）全面评估和清理现有的科技政策法律文件

清理现有制度存量，是指为构建中国特色科技政策法律环境，应建立经常化、专门化的制度监测、评估、清理机制。目前，全国30个部门出台的2266项科技政策法律文件中有的应当废止，有的因制定机构撤销而效力不明，有的文件内容相互重复，有的文件因为是由不同部门在不同时期发布而存在某些矛盾与冲突。为排除科技发展的制度障碍，应对现有的中央和地方科技政策法律文件逐一加以审查、甄别和归类，按照废止、修改、继续生效、提高立法层次等不同要求，做出相应判断，以剔除过时的文件，精简重复的文件，清除文件之间的矛盾冲突，补充修改有关内容，使之成为内容和谐统一、符合当前实际需要、具有可操作性的完整体系。清理现有制度存量，将为突破当前制度瓶颈，满足未来发展对制度的需求提供必要的前提和基础。

## （五）加大执法力度，强化监督机制

**1. 转变政府行政部门的职能，提高行政人员的创新意识和法律意识**

政府在国家创新体系中扮演重要的角色，对经济生活有着重要的影响。它是科技创新的引导者、推动者和保护者。科技创新政策质量的高低、执行效果的好坏，完全取决于政府行政部门职能的转变和政府行政人员的素质和业务技能水平的提高。为促进科技进步，政府职能应该从目前以直接组织科技创新活动为主，转向以宏观调控、创造良好环境和条件、提供政策指导和服务、促进各组成部分之间和国际的交流与合作为主，进一步简化政府工作程序，减少不必要的规章制度，提高政府行政效率，减少企业负担。

**2. 设立专门的旨在协调科技创新的部门，加大执法力度**

科技创新涉及多环节、多部门，要求组织管理的集成、技术与资金的集成、政策的集成，因此必须在法律层面上规定设立一个能够统领全局，具有较高权威的管理机构来组织、协调、领导和监督技术创新活动，这是推进技术创新必要的法律规范和组织保障。这样能够集中各方面的力量，协同作战，有效协调各方面的人力、物力和财力，对科技创新政策和法律的制定、执行中出现的问题进行协调、监督和反馈，使之及时得到解决。

在国外立法中有例可循。例如，韩国在《科学技术振兴法》中规定，成立以国务院总理为首的科技审议会作为科技发展的最高决策协调机构，在《科学技术创新特别法》中规定，设立科学技术部长会议，监督执行每年的技术创新计划。

中国应进一步加强科技创新的行政执法和司法保护工作，加大执法力度，努力做到有法必依、违法必究、执法必严。

**3. 强化监控机制**

必须重视执行的监控反馈机制，对政府行政部门执法情况和完成情况进行量化考评，建立相应的奖罚制度，加大专职监督机构、各级人大、各级政府的监督职能，充分发挥广大人民群众和新闻媒体等社会力量的监督作用，加强对政府部门的监督。

### （六）科技创新法律制度必须注意与国际接轨

科技创新在发达国家的长期发展和经验积累，使得其各方面的制度较为健全和完备。相对而言，中国科技创新立法由于主客观条件的制约，还不完善。科技的国际性、科技竞争与合作并存、竞争主体的相互争夺又相互依存的现实，决定了一国的科技政策法律环境建设不能囿于本国，而应着眼于全球化、区域化和网络化。所以，完善中国的科技创新立法，应适时地在研究中国国情的基础上，参照国际条约和国际惯例，注意与国际接轨。

由于科学技术日新月异，科技创新所导致的新问题层出不穷，因此，科技创新立法一方面要有前瞻性和预警性的观念，另一方面要顺应科技发展的客观规律，根据情况的不断变化和新情况的出现，适时适当地对原有法律进行修改和制定新的法律法规。

## 十、政府支持中小企业技术创新的政策建议

就政府政策而言，政府扶持中小企业技术创新应该把握以下原则：①

### （一）系统性原则

政府对中小企业技术创新的扶持系统服务于一定的经济和政治目标，是政府整个政策体系的有机组成部分。因此，政府制定扶持政策时应贯彻系统思想，任何单一的措施都不能涵盖中小企业技术创新政策的全部。

### （二）公开、公正、公平的原则

政府应该尽可能地将有关信息、资料向社会公开，并有责任保证中小企业在获取信息和政府的支持方面享有与大企业平等的机会和权利。当然，公开性是相对的，在涉及企业技术秘密等方面的公开性问题上，政府必须在实行公开性和保护知识产权之间权衡利弊，寻求平衡。

### （三）互补性原则

这一原则有两层含义：一是各项扶持政策之间的互补。比如，直接扶持与间接扶持的互补。直接扶持是指国家通过财政手段、产业政策等直接鼓励、扶持企业的技术创新活动；间接扶持主要是指政府政策间接地鼓励和引导中小企业技术创新。二是扶持政策与中小企业的战略利益之间的互补。这就要求政府在制定政策时，不仅要考虑国家的利益和政府期望，还应了解中小企业的利益和长期发展战略。

### （四）现实性原则

任何扶持政策都是有局限性的，政府的扶持政策不可能解决中小企业技术创新的所有问题。因此，政府在制定政策时必须注意给中小企业留有较大的活动余地，政策能起的主要是引导作用，多数决策还是要由中小企

---

① 肖居孝，徐腊梅．对我国政府支持中小企业技术创新的政策建议［J］．党史文苑，2007(20)．

业决策者去做。

## 2013 年度科技型中小企业技术创新基金项目指南

科技型中小企业技术创新基金（以下简称创新基金）是1999年经国务院批准，专项用于扶持和引导科技型中小企业技术创新活动的政府专项资金。创新基金在促进中小企业技术创新，优化创新创业环境，引导带动地方和社会资金，推动我国高新技术产业发展等方面发挥了重要促进作用。

为充分体现政府资金的宏观政策导向，加强创新基金对地方和产业发展的引导作用，明确创新基金年度优先支持的技术领域及方向，根据国务院办公厅转发的《科学技术部、财政部关于科技型中小企业技术创新基金的暂行规定》（国办发〔1999〕47号文），并结合当前我国经济社会发展需求、科技发展趋势和我国科技型中小企业特点，科技部组织专家修订、编制了《2013年度科技型中小企业技术创新基金项目指南》（以下简称《指南》），《指南》是中小企业、各类机构以及地方创新基金管理部门申报、组织创新基金项目的重要指导性文件。

2013年《指南》按照党中央、国务院加快结构调整，促进经济发展方式转变的总体要求，以科学发展观为指导，深入贯彻落实全国科技创新大会精神，重点加强对新能源开发、资源综合利用、环境保护、卫生健康、现代农业等领域关键技术创新的支持；配合国家重大专项、“863”计划的实施，加强国家科技计划的协同创新与配套支持，加快推进新能源汽车关键零部件等战略性新兴产业领域的科技成果产业化；继续加强对高端人才创新创业的支持，以创业促就业，推进大学科技园、孵化器提升发展，切实改善初创科技型中小企业早期资金困难；完善科技型中小企业公共技术服务平台建设，提升服务能力，营造良好的企业创新环境，引导服务机构为中小企业开展专业化技术服务；大力推进创业投资引导基金风险补助、投资保障和阶段参股项目实施，引导带动地方和社会资金投资科技型中小企业，抚育一批具有自主知识产权和自主创新能力的中小企业快速成长。

在具体修订过程中，根据《国家“十二五”科学和技术发展规划纲要》，《“十二五”国家战略性新兴产业发展规划》以及其他专项规划，新修订《指南》更加注重产业发展整体目标导向，如生物医药、新能源汽车、现代农业领域；同时进一步突出行业归口管理，将原来光机电领域的医疗器械部分，新材料领域的医用材料划归到生物医药领域；进一步突出高技术服务业专业化服务导向，将原高技术服务业内容划归到各专业一级领域，强化专业化公共技术研发和专业化平台服务；进一步加强国家科技计划的协同和集成创新支持，发挥中小企业在战略性新兴产业新能源汽车关键零部件领域的创新优势，重点支持新能源汽车动力电池、电机、电控等关键零部件；进一步贯彻落实中央一号文件精神，在新增加的现代农业领域，重点加强对农业育种、新型肥药、农机装备以及农产品、资源深加工等关键技术的创新引导支持。

2013 年《指南》明确了电子信息、生物医药、新材料、光机电一体化、环境与资源、新能源与高效节能、新能源汽车、现代农业八大重点领域技术方向，同时根据国家高新技术产业优先发展方向和技术发展趋势，总结近几年创新基金已支持立项的创新基金项目实施情况，结合新时期科技型中小企业技术创新特点，在原来《指南》基础上，对部分二级领域和三级领域进行了重新分类、合并和技术方向调整，对原来《指南》中的大量文字性叙述进行了大幅缩减。相关申报材料具体要求以及项目阶段要求等内容在申请须知中进一步明确，不再在《指南》中说明。

总体结构上，《指南》包括两部分：一是政策与目标，二是优先支持的技术领域。在政策与目标部分，介绍了创新基金宗旨、创新基金运行机制、创新基金立项审查机制、本年度创新基金支持的重点和各类项目专家评审的重点。《指南》优先支持的技术领域部分，根据高新技术产业相关的主要技术领域，按照技术领域、子领域、方向三级分类编排，介绍了年度创新基金支持的范围。在技术领域和子领域中，分别介绍了本技术领域（子领域）目前的发展现状及趋势。在方向层面上，具体描述了各方向所支持的核心及关键技术、不支持的范围等。

## 申请国家科技型中小企业技术创新基金的有关规定

科技型中小企业具有建设所需资金少，建成周期短，决策机制灵活，管理成本低廉，能够适应市场多样性的需求等特点，特别是在创新机制和创新效率方面具有其他企业无法比拟的优势。科技型中小企业既是加快科技成果转化、实现技术创新的有效载体，也是国民经济增长的重要源泉。数年来的发展表明，科技型中小企业无论是在数量上还是在质量上，都已经成为国民经济的重要组成部分，是国家经济发展新的重要的增长点。因此，结合我国科技型中小企业发展的特点和资本市场的现状，建立以政府支持为主的科技型中小企业技术创新基金，是促进我国经济持续、稳定发展的一项重要措施。

科技型中小企业技术创新基金作为中央政府的专项基金，将按照市场经济的客观规律进行运作，扶持各种所有制类型的科技型中小企业，并有效地吸引地方政府、企业、风险投资机构和金融机构对科技型中小企业进行投资，逐步推动建立起符合市场经济客观规律的高新技术产业化投资机制，从而进一步优化科技投资资源，营造有利于科技型中小企业创新和发展的良好环境。

科技型中小企业创新基金优先支持领域

### 电子信息

（一）软件产品

1. 基础软件
2. 支撑软件
3. 嵌入式软件
4. 计算机辅助工程管理/产品开发软件
5. 中文及多语种处理软件
6. 图形和图像软件
7. 地理信息系统
8. 电子商务软件
9. 电子政务软件
10. 企业信息化应用和企业管理软件

11. 电力系统应用软件产品

12. 医学网络信息系统与软件产品

13、云计算服务

14、物联网应用软件

（二）微电子技术

1. 集成电路设计工具开发

2. 集成电路产品设计开发

3. 集成电路封装技术

4. 集成电路测试

（三）计算机及网络产品

1. 计算机终端产品和外围设备及关键部件

2. 网络产品

3. 空间信息获取及综合应用集成系统

（四）通信产品技术

1. 光传输交换设备

2. 宽带移动通信设备

3. 宽带综合业务接入设备

4. 业务与运营支撑系统

5. 网络增值业务应用系统

（五）广播电视技术产品

1. 演播室与运营中心系统

2. 网络传输、监测与管理系统

3. 用户终端系统

（六）新型电子元器件

1. 半导体发光器件

2. 片式元件和集成无源元件

3. 片式半导体器件

4. 电力电子器件

5. 中高档机电组件

（七）信息安全产品

1. 安全测评和管理类产品

2. 安全基础类产品
3. 网络安全类产品
4. 专用安全类产品
（八）智能交通产品
1. 先进的交通管理和控制系统
2. 交通基础信息采集、处理设备和软件系统
3. 先进的公共交通管理设备和系统
4. 城市轨道交通安全控制与综合调度产品

## 生物医药

（一）医药生物技术与产品
1. 常见重大疾病防治用生物技术药物
2. 新型疫苗和生物诊断产品
3. 生物分离纯化技术与检测产品
4. 生物技术加工天然产物
（二）中药天然药物技术与产品
1. 中药创新药物
2. 中药新品种的开发
3. 中药资源可持续利用
4. 中药制药装备及其集成
（三）化学药技术与产品
1. 常见重大疾病治疗用新药
2. 药物合成新技术
3. 药物制剂新技术与新剂型
4. 药物制剂新辅料
5. 新型体外诊断技术与产品
（四）医疗仪器、设备
1. 医学影像技术与产品
2. 治疗、急救及康复技术与产品
3. 医学检测、检验、监护技术设备与产品
4. 康复治疗技术与产品

（五）医用敷料与器材
1. 手术专用器械及新型敷料
2. 组织工程材料
3. 介入治疗材料与产品
4. 其他生物医用材料
（六）轻化工生物技术及产品
1. 生物催化技术及产品
2. 微生物发酵新技术和新产品
3. 新型、高效工业酶制剂
4. 天然产物有效成分的分离提取及加工技术
5. 生物技术在食品安全和食品添加剂领域的应用
（七）生物医药高技术服务

## 新材料

（一）金属材料
1. 钢铁冶金材料
2. 有色金属冶金材料及深加工产品
3. 稀土功能材料及电子信息金属功能材料
4. 特殊合金及粉末冶金新材料
5. 低成本、高性能金属基复合材料
（二）无机非金属材料
1. 高性能无机非金属结构材料
2. 高性能功能陶瓷
3. 人工晶体
4. 功能玻璃
5. 半导体材料
6. 超细、纳米粉体制备与加工技术
（三）高分子材料
1. 高分子结构材料
2. 新型功能高分子材料
3. 高分子材料的低成本化和高性能化

4. 新型橡胶材料

5. 新型纤维材料

6. 生态和环境友好高分子材料

7. 高分子材料的加工应用技术

（四）精细化学品

1. 电子化学品

2. 新型催化剂

3. 新型橡胶塑料助剂

4. 精细及功能化学品

5. 非石油路线制备专用和高附加值化学品

（五）新材料高技术服务

## 光机电一体化

（一）工业生产过程控制系统

1. 现场总线、工业以太网及现场局域网技术产品

2. 可编程序控制器（PLC）产品

3. 基于PC的控制系统

4. 新型控制技术和产品的前端研究

（二）高性能、智能化仪器仪表

1. 新型自动化仪器仪表

2. 面向行业配套的传感器

3. 新型传感器和微系统

4. 科学分析仪器、检测仪器

5. 精确制造中的测控仪器

（三）先进制造技术

1. 先进制造系统

2. 数控系统及加工技术和装备

3. 机器人开发及应用

4. 激光加工技术及设备

5. 纺织行业专用设备

6. 轻工行业专用设备

（四）新型机械产品
1. 机械基础件
2. 通用机械
3. 专用机械
（五）电力与电工行业技术产品
1. 智能电网技术
2. 电力系统自动化技术
3. 电力电子技术和电工设备
（六）交通相关技术产品
1. 汽车发动机关键技术
2. 新型汽车关键零部件
3. 高铁与城市轨道交通机车关键零部件
（七）光机电一体化高技术服务

## 环境与资源

（一）水污染防治技术
1. 典型重金属工业废水污染控制与治理技术
2. 高浓度、难降解、有毒有害工业废水处理
3. 城市环保设施与二次污染处理及资源化技术
4. 中小城镇污水和面源污染控制与农村饮用水安全保障
（二）大气污染防治技术
1. 煤燃烧污染防治技术
2. 工业向大气排放有毒污染物防治技术及服务
3. 局部环境空气质量安全保护与污染防治技术
（三）固体废弃物的处理与综合利用技术
1. 危险固体废弃物的处置技术
2. 工业固体废弃物的资源综合利用技术及服务
3. 生活垃圾分类处理、处置与资源化技术
4. 有机固体废物的处理和资源化技术
5. 社会源有害固体废物处置和资源化技术
（四）环境监测、应急和预警技术

1. 在线连续自动监测系统
2. 环境应急与常规监测仪器设备
3. 环境应急处理处置技术与设备
4. 环境样品的采集与样品制备技术

（五）清洁生产与循环经济的关键技术

1. 重点行业污染减排和“低排放”关键技术
2. 水回用工艺技术和设备
3. 清洁生产关键技术
4. 清洁生产与循环经济高技术服务

（六）资源高效开发与综合利用技术

1. 提高资源回收利用率的开采技术与设备
2. 低品位资源综合利用和共、伴生矿产的分选提取技术

## 新能源与节能

（一）可再生清洁能源技术及相关产品

1. 太阳能
2. 风能
3. 生物质能
4. 其他新能源

（二）新型高效能量转换与储存技术和相关产品

1. 高性能绿色电池（组）及其相关产品
2. 新型储能电池（组）及其相关产品
3. 燃料电池技术及其相关产品
4. 其他新型能量转换与储能技术与产品

（三）高效节能技术和相关产品

1. 生产过程余热、余压、余能的回收利用技术及相关产品
2. 建筑节能技术及相关产品
3. 分布式能源相关技术与装备

（四）新能源与节能高技术服务

## 新能源汽车

（一）电动汽车动力系统平台关键技术

1. 纯电动汽车动力系统平台关键技术
2. 燃料电池汽车动力系统平台关键技术
3. 混合动力汽车（含插电式）动力系统平台关键技术

（二）电控相关技术与产品

1. 整车控制器及关键零部件控制器
2. 电控产品生产装备、开发及标定工具
3. 电控系统共性元器件技术与产品

（三）电池相关技术与产品

1. 车用动力电池/超级电容
2. 车用燃料电池

（四）电机驱动相关技术与产品

1. 电机及控制器技术与产品
2. 电驱动系统总成技术与产品
3. 电驱动系统开发与生产装备

（五）电动化底盘及车载信息系统

1. 电动化底盘及电动辅件系统
2. 电动汽车车载信息系统

（六）充电、加氢基础设施相关技术与产品

1. 电动汽车充电、加氢技术与装备
2. 电动汽车综合能源供给系统

（七）电动汽车技术开发与集成应用高技术服务

1. 电动汽车技术开发服务
2. 电动汽车商业模式创新及集成应用服务

## 现代农业

（一）良种培育

（二）新型农业投入品

1. 新型药物
2. 新型肥料和土壤调理剂
3. 新型饲料与添加剂

（三）农业先进装备

1. 种植业机械
2. 畜牧水产装备
3. 设施农业装备
4. 农产品加工技术与装备

## 科技型中小企业创新基金申报时间

一般为每年的三月一日至十二月三十一日，接受申请截止时间以申请材料寄出的邮戳日期为准；招标项目的投标时间按具体项目要求确定，截止时间按投标材料收到的日期为准。

## 科技型中小企业创新基金申报要求

1. 申报科技型中小企业技术创新项目、科技型中小企业创业投资引导项目的单位，于即日起可通过科技型中小企业技术创新基金网上申报系统开始准备相关申报材料。

## 科技型中小企业创新基金申报条件

支持的项目需符合以下条件：

1. 符合国家产业、技术政策，技术含量高，创新性较强，知识产权清晰，技术处于国内领先水平；

2. 自主研发项目，具有自主知识产权；

3. 必须是以生产、销售、技术服务和盈利为目的，产品或服务有明确的市场需求和较强的市场竞争力，可以产生较好的经济效益和社会效益；

4. 符合《2012 年度科技型中小企业技术创新基金若干重点项目指南》（以下简称《项目指南》）要求的项目。软件产品、微电子技术、计算机及网络产品、通信产品、广播电视技术产品、新型电子元器件、信息安全产品、智能交通、生物医药、新材料、光机电一体化、资源与环境、新能源与高效节能。

## 科技型中小企业创新基金所需材料

①《科技型中小企业技术创新基金项目申请书》。

②《科技型中小企业技术创新基金项目可行性研究报告》。

③推荐单位出具的《科技型中小企业技术创新基金项目推荐意见表》。

④企业法人营业执照（复印件）。

⑤经会计师事务所（或审计师事务所）审计的企业上两年度以及一个月的会计报表。开业不足一年的新创办企业须报送工商行政管理部门出具的企业注册资金证明（复印件）和一个月的会计表。

⑥可以证明项目情况的证明文件（如科技主管机构或行业主管部门出具的技术报告、检测报告、专利证明，用户使用报告等）。

⑦高新技术企业需附高新技术企业认定证书（复印件）。

⑧国家专卖、专控及特殊行业产品，须附相关主管机构出具的批准证明（复印件）。

⑨地方财政部门匹配资金的项目，须出具地方财政部门的批准文件。

另外有关的其他参考材料：如列入国家科技计划的有关批准文件、环保证明、奖励证明等。

## 科技型中小企业创新基金企业条件

科技型中小企业技术创新项目分为创新项目、重点创新项目两类，具体要求如下：

### 1. 创新项目

（1）无偿资助的创新项目

用于技术创新产品在研究、开发及中试阶段的必要补助。申报的企业须同时具备以下条件：

①实收货币资本最低不少于30万元；

②职工人数不超过300人；

③资产总额不高于5000万元；

④年营业收入不超过5000万元；

⑤申报的项目进行阶段要求在中试以前，即目前尚未形成销售规模；

⑥项目计划新增投资在1000万元以下，资金来源确定，投资结构合理。在项目计划新增投资中，企业必须有与申报地方资金、创新基金数额等额以上的自有资金匹配；一般情况下，企业申报资助数额应不大于企业的净资产数额。

项目执行期为两年，项目计划实现的技术、经济指标应按满两年进行测算（执行期从项目申报之日起计）；一类新药项目的执行期可以适当放宽至三年，药品项目完成时可以没有营业收入等经济指标，但必须有明确的、可以考核的目标，如：受理通知书、临床批文、新药证书等，详见项目指南生物、医药领域相关要求。

（2）贷款贴息的创新项目

用于支持产品具有一定的创新性，需要中试或扩大规模，形成批量生产，银行已经给予贷款的项目。申报的企业须同时具备以下条件：

①工商注册成立时间须超过36个月，实收货币资本最低不少于30万元；

②职工人数不超过500人；

③资产总额不高于8000万元；

④年营业收入不超过8000万元；

⑤项目计划新增投资额一般在3000万元以下，资金来源基本确定，投资结构合理，项目执行期为三年之内（执行期从项目申报之日起计）。

贷款贴息项目以2012年1月1日起至项目验收之日止，企业与银行签订的贷款合同和付息单据为准。

**2. 重点创新项目**

创新基金重点创新项目必须符合项目指南的支持方向和范围，申报条件如下：

（1）企业职工人数不超过500人；年营业收入不超过30000万元；资产总额不超过30000万元；至少有三年的持续运营时间；2009年度营业收入不少于1000万元；

（2）企业具有较高的成长性，近三年的营业收入持续增长，增长率不低于120%；上年度的营业收入增长率不低于30%；上年度加权平均净资产收益率不低于10%；

（3）企业须承担过创新基金的创新项目，且这一段时间一个创新项目验收合格；

（4）已获得发明专利的项目优先支持，已获得过社会上创业投资或风险投资的项目优先支持。

## 科技型中小企业创新基金支持资金

一般项目地方资助 15 万 ~40 万不等，国家支持 50 万 ~100 万之间。

初创项目地方支持 10 万 ~25 万不等，国家支持 50 万之内。

重点创新支持 100 万 ~200 万之间，地方支持额最低 60 万元。

也可申请国家贴息贷款。

# 科技型中小企业技术创新基金管理暂行规定

科技型中小企业技术创新基金（以下简称创新基金）是经国务院批准设立、用于支持科技型中小企业（以下简称中小企业）技术创新项目的政府专项基金。

## 一　总则

1　创新基金是一种引导性资金，通过吸引地方、企业、科技创业投资机构和金融机构对中小企业技术创新的投资，逐步建立起符合市场经济客观规律、支持中小企业技术创新的新型投资机制。

2　创新基金不以营利为目的，通过对中小企业技术创新项目的支持，增强其创新能力。

3　创新基金的使用和管理必须遵守国家的有关法律、行政法规和财务规章制度，遵循诚实申请、公正受理、科学管理、择优支持、公开透明、专款专用的原则。

4　创新基金的资金来源为中央财政拨款及其银行存款利息。

## 二　支持对象与方式

5　创新基金面向在中国境内注册的各类中小企业，其支持的项目及承担项目的企业应具备下列条件：

①创新基金支持的项目应是符合国家产业技术政策，有较高创新水平和较强市场竞争力，有较好的潜在经济效益和社会效益，有望形成新兴产业的高新技术成果转化的项目；

②企业已在所在地工商行政管理机关依法登记注册，具备企业法人资格，具有健全的财务管理制度；职工人数原则上不超过500人，其中具有大专以上学历的科技人员占职工总数的比例不低于30%。经过省级以上科技主管部门认定的高新技术企业进行技术创新项目的规模化生产，其企业人数和科技人员所占比例条件可适当放宽；

③企业应主要从事高新技术产品的研制、开发、生产和服务业务，企业负责人应具有较强的创新意识、较高的市场开拓能力和经营管理水平。企业每年用于高新技术产品研究开发的经费不低于销售额的3%，直接从事研究开发的科技人员应占职工总数的10%以上。对于已有主导产品并将

逐步形成批量和已形成规模化生产的企业，必须要有良好的经营业绩。

6　创新基金鼓励并优先支持产、学、研的联合创新，优先支持具有自主知识产权、高技术、高附加值、能大量吸纳就业、节能降耗、有利环境保护、出口创汇的项目。

7　创新基金不支持低水平的重复建设、单纯的基本建设、技术引进和一般加工工业项目。

8　根据中小企业和项目的不同特点，创新基金分别以贷款贴息、无偿资助、资本金投入等不同的方式给予支持：

①贷款贴息：对已具有一定水平、规模和效益的创新项目，原则上采取贴息方式支持其使用银行贷款，以扩大生产规模。一般按贷款额年利息的50%～100%给予补贴，贴息总额一般不超过100万元，个别重大项目最高不超过200万元；

②无偿资助：主要用于中小企业技术创新中产品研究开发及中试阶段的必要补助、科研人员携带科技成果创办企业进行成果转化的补助。资助数额一般不超过100万元，个别重大项目最高不超过200万元，且企业须有等额以上的自有匹配资金；

③资本金投入：对少数起点高、具有较广创新内涵、较高创新水平并有后续创新潜力、预计投产后具有较大市场需求、有望形成新兴产业的项目，采取资本金投入方式。资本金投入以引导其他资本投入为主要目的，数额一般不超过企业注册资本的20%，原则上，可以依法转让，或采取合作经营的方式在规定期限内依法收回投资。具体办法另行制定。

## 三　组织机构及职能

9　科技部是创新基金的主管部门，负责审议和发布创新基金年度支持重点和工作指南，审议创新基金运作中的重大事项，批准创新基金的年度工作计划，并会同财政部审批创新基金支持项目，向国务院提交年度执行情况报告等。

10　财政部是创新基金的监管部门，参与审议创新基金年度支持重点和工作指南，并根据创新基金年度工作计划，每年分两批将创新基金经科技部拨入创新基金管理中心专用账户，同时对基金运作和使用情况进行监督、检查。

11　组成创新基金专家咨询委员会，由具有一定权威的技术、经济、管理专家和企业家组成，负责研究创新基金年度优先支持领域和重点项目，指导创新基金年度支持重点和工作指南的制定，为创新基金管理中心提供技术咨询。

12 组建中小企业创新基金管理中心（以下简称管理中心），为非营利性事业法人，在科技部和财政部指导下，负责创新基金的管理工作。管理中心的主要职能是：

①研究提出创新基金年度支持重点和工作指南，统一受理创新基金项目申请并进行程序性审查；

②研究提出有关创新基金项目的评估、评审、招标标准，提出参与创新基金管理的评估机构及其他中介机构的资格条件；

③委托或组织有关单位或机构进行创新基金项目的评估、评审、招标等工作；

④负责编制创新基金的年度财务决算和工作计划，提出创新基金年度支持的项目建议，具体负责创新基金的运作；

⑤全面负责创新基金项目实施过程的综合管理，负责创新基金项目的统计、监理和定期报告工作。

## 四 项目申请与评审

13 科技部每年发布创新基金支持重点和工作指南；凡符合创新基金支持条件的项目，由企业按申请要求提供相应申请材料，申请材料须经项目推荐单位出具推荐意见。其中申请贴息的企业，还需提供有关银行的承贷意见。

14 项目推荐单位要对申请企业的申请资格、申请材料的准确性、真实性等进行认真审查，对符合申请条件和要求的项目，出具推荐意见。

15 积极引入竞争机制，推行创新基金项目评估、招标制度。凡符合招标条件的必须通过公开竞争方式择优确定项目承担单位。

16 管理中心按有关标准要求，统一受理项目申请并负责程序性审查，送有关评估机构或专家进行评估、评审或咨询；符合招标条件的，须进行标书制定和评标选优。

17 评估机构和评审专家对申报项目的市场前景、技术创新性、技术可行性、风险性、效益性、申报企业的经营管理水平等进行客观评估、评审，并出具明确的评估、评审意见。

18　管理中心根据招标情况和评估、评审意见，提出创新基金年度支持的项目建议。必要时，科技部和财政部可对评估结果进行复审。项目建议经科技部会同财政部审定批准后，由管理中心与企业签订合同，并据以办理相应手续。

19　科技部和财政部每年分批向社会发布创新基金支持的项目和企业名单，接受社会监督。

20　对未通过形式审查和经评审、评估、招标后明确不予支持的项目，管理中心应在项目受理之日起四个月内，书面通知申报企业。

## 五　经费管理与监督检查

21　创新基金的年度预算安排由财政部确定。科技部根据财政部的有关规定，报告创新基金的使用情况，并接受财政部监督。

22　管理中心应按合同要求，及时足额将创新基金拨至有关项目承担单位。创新基金不得用于金融性融资、股票、期货、房地产、赞助、捐赠等支出，更不得任意挪用。

23　管理中心用于创新基金项目的评审、评估、招标和日常管理工作的费用，实行预决算管理，报财政部审批后从创新基金利息收入中列支。

24　项目承担单位每年应向管理中心报告项目年度执行情况；管理中心应向科技部报送年度预决算及执行情况，科技部每年向财政部报送年度预决算及执行情况。

25　因客观原因，企业需对项目的目标、进度、经费进行调整或撤销时，应提出书面申请，经管理中心审核，报科技部和财政部审批后，方可执行。

26　已签合同项目经管理中心批准撤销或中止，企业应进行财务清算，并将剩余经费如数上交管理中心。

27　对在项目申报中采取欺骗等不正当手段获取或挪用创新基金的，或者在项目执行中严重违反有关规定或合同约定的企业，将取消或者停止对其资助，追回已拨付的资金。

28　管理中心工作人员及项目推荐单位、评估机构等有关人员在项目申报、受理、评审、管理中弄虚作假、以权谋私的，或者由于玩忽职守而造成创新基金流失或其他损失的，由有关主管机关或者所在单位给予行政处分。

## 六　附则

29　根据本管理办法，由管理中心提出有关项目管理、经费管理的实施细则，报科技部和财政部批准后实施。

## 国家科技成果转化引导基金设立创业投资子基金管理暂行办法

国科发财〔2014〕229号　2014-08-08

### 第一章　总则

第一条　为规范国家科技成果转化引导基金（以下简称引导基金）设立创业投资子基金（以下简称子基金），加强资金管理，根据《国家科技成果转化引导基金管理暂行办法》，制定本办法。

第二条　引导基金按照政府引导、市场运作、不以营利为目的的原则设立子基金。设立方式包括与民间资本、地方政府资金以及其他投资者共同发起设立，或对已有创业投资基金增资设立等。

第三条　科技部按照《国家科技成果转化引导基金管理暂行办法》和本办法规定的条件和程序批准出资设立子基金。

### 第二章　子基金的设立

第四条　子基金应当在中国大陆境内注册，募集资金总额不低于10000万元人民币，且以货币形式出资，经营范围为创业投资业务，组织形式为公司制或有限合伙制。

第五条　引导基金对子基金的参股比例为子基金总额的20%-30%，且始终不作为第一大股东或最大出资人；子基金的其余资金应依法募集，境外出资人应符合国家相关规定。

第六条　子基金存续期一般不超过8年。在子基金股权资产转让或变现受限等情况下，经子基金出资人协商一致，最多可延长2年。

第七条　在中国大陆境内注册的投资企业或创业投资管理企业（以下统称投资机构）可以作为申请者，向科技部、财政部申请设立子基金。多家投资机构拟共同发起子基金的，应推举一家机构作为申请者。

科技部、财政部委托引导基金的受托管理机构受理子基金的设立申请。

第八条　申请者为投资企业的，其注册资本或净资产应不低于5000万元；申请者为创业投资管理企业的，其注册资本应不低于500万元。

第九条　申请者应当确定一家创业投资管理企业作为拟设立的子基金

的管理机构。该管理机构应具备以下条件：

（一）在中国大陆境内注册，主要从事创业投资业务；

（二）具有完善的创业投资管理和风险控制流程，规范的项目遴选和投资决策机制，健全的内部财务管理制度，能够为所投资企业提供创业辅导、管理咨询等增值服务；

（三）至少有3名具备5年以上创业投资或相关业务经验的专职高级管理人员；在国家重点支持的高新技术领域内，至少有3个创业投资成功案例；

（四）应参股子基金或认缴子基金份额，且出资额不得低于子基金总额的5‰；

（五）企业及其高级管理人员无重大过失，无受行政主管机关或司法机关处罚的不良记录。

第十条 申请者向受托管理机构提交的申请应包括以下材料：

（一）子基金组建或增资方案；

（二）主要出资人的出资承诺书或出资证明；

（三）会计师事务所出具的投资机构近期的审计报告；

（四）子基金管理机构的有关材料；

（五）其他应当提交的资料。

第十一条 受托管理机构收到申请后，应对申请材料进行初审。对于不符合要求的，应及时通知申请者补充完善；对于符合要求的，应在规定时间内组织开展尽职调查，形成调查报告，并向引导基金理事会提交调查报告和子基金设立方案。

受托管理机构按照理事会要求委托专业化的社会中介机构开展尽职调查等工作。

第十二条 引导基金理事会依据《国家科技成果转化引导基金理事会规程》的相关规定，对调查报告和子基金设立方案进行审核，形成审核意见。

第十三条 科技部根据引导基金理事会的审核意见，对子基金设立方案进行合规性审查。对于符合设立条件的，科技部商财政部同意后向社会公示，公示期为10个工作日；公示无异议的，批准出资设立子基金，并向社会公告。

## 第三章　投资管理

第十四条　科技部、财政部委托受托管理机构向子基金派出代表，依据法律法规和子基金章程或合伙协议等行使出资人职责，参与重大决策，监督子基金的投资和运作，不参与日常管理。子基金管理机构做出投资决定后，应在实施投资前3个工作日告知受托管理机构代表。

第十五条　子基金管理机构在完成子基金70%的资金委托投资之前，不得募集其他基金。子基金的待投资金应存放托管银行或购买国债等风险低、流动性强的符合国家有关规定的金融产品。

子基金管理费由子基金出资人与子基金管理机构协商确定。

第十六条　子基金投资于转化国家科技成果转化项目库中科技成果的企业的资金应不低于引导基金出资额的3倍，且不低于子基金总额的50%；其他投资方向应符合国家重点支持的高新技术领域；所投资企业应在中国大陆境内注册。

第十七条　子基金不得从事以下业务：

（一）投资于已上市企业（所投资企业上市后，子基金所持股份未转让及其配售部分除外）；

（二）从事担保、抵押、委托贷款、房地产（包括购买自用房地产）等业务；

（三）投资于股票、期货、企业债券、信托产品、理财产品、保险计划及其他金融衍生品；

（四）进行承担无限连带责任的对外投资；

（五）吸收或变相吸收存款，以及发行信托或集合理财产品的形式募集资金；

（六）向任何第三方提供资金拆借、赞助、捐赠等；

（七）其他国家法律法规禁止从事的业务。

第十八条　引导基金以出资额为限对子基金债务承担责任。子基金清算出现亏损时，首先由子基金管理机构以其对子基金的出资额承担亏损，剩余部分由引导基金和其他出资人按出资比例承担。

第十九条　出现下列情况之一时，引导基金可选择退出，且无须经由其他出资人同意：

（一）子基金方案获得科技部批准后，未按规定程序完成设立手续超过1年的；

（二）引导基金向子基金账户拨付资金后，子基金未开展投资超过1年的；

（三）子基金投资项目不符合本办法规定的政策目标的；

（四）子基金未按照章程或合伙协议约定投资的；

（五）子基金管理机构发生实质性变化的。

第二十条 子基金存续期内，鼓励子基金的股东（出资人）或其他投资者购买引导基金所持子基金的股权或份额。同等条件下，子基金的股东（出资人）优先购买。

对于发起设立的子基金，注册之日起4年内（含4年）购买的，以引导基金原始出资额转让；4年至6年内（含6年）购买的，以引导基金原始出资额及从第5年起按照转让时中国人民银行公布的1年期贷款基准利率计算的利息之和转让；6年以上仍未退出的，将与其他出资人同股同权在存续期满后清算退出。

对于增资设立的子基金的，上述年限从子基金完成变更登记手续之日起计算。

第二十一条 子基金存续期结束时，子基金出资各方按照出资比例或相关协议约定获取投资收益。子基金的年平均收益率不低于子基金出资时中国人民银行公布的一年期贷款基准利率的，引导基金可将其不超过20%的收益奖励子基金管理机构。

## 第四章 托管银行

第二十二条 科技部、财政部通过招标等方式确定若干家银行作为子基金的托管银行，并向社会公布。托管银行应当符合以下条件：

（一）成立时间在5年以上的全国性股份制商业银行；

（二）具有专门的基金托管机构和创业投资基金托管经验；

（三）无重大过失以及受行政主管机关或司法机关处罚的不良记录。

第二十三条 子基金应在科技部、财政部公布的银行名单中选择托管银行，签订资产托管协议，开设托管账户。托管银行与子基金主要出资人、子基金管理机构之间不得有股权和亲属等关联及利害关系。

第二十四条 托管银行负责托管子基金资产，按照托管协议和投资指令负责子基金的资金往来，定期向受托管理机构报告资金情况。受托管理机构负责对托管银行履行职责情况进行考核。

第二十五条　子基金存续期内产生的股权转让、分红、清算等资金应进入托管账户，不得循环投资。

## 第五章　收入收缴

第二十六条　引导基金投资子基金的收入包括引导基金退出时应收回的原始投资及应取得的收益、子基金清算时引导基金应取得的剩余财产清偿收入等。

上述原始投资及应取得的收益，按照引导基金的实际出资额以及引导基金股权或份额转让协议等确定；应取得的剩余财产清偿收入根据有关法律程序确定。

第二十七条　引导基金投资子基金的所得收入上缴中央国库，纳入中央公共财政预算管理。收入收缴工作由受托管理机构负责，按照国库集中收缴有关规定执行。

第二十八条　引导基金投资子基金的收入按以下程序上缴：

（一）受托管理机构与子基金其他出资人等商议股权或份额退出、收益分配及清算等事宜，并对子基金实施情况的专项审计报告、受让子基金股权或份额申请以及确认收入所依据的相关资料等进行审核；

（二）受托管理机构根据商议及审核结果，提出引导基金退出及收入收缴实施方案，报科技部、财政部审定；

（三）受托管理机构根据科技部、财政部的审定意见，办理股权或份额转让、收入收缴等手续，向有关缴款单位发送缴款通知；

（四）缴款单位在收到缴款通知后的30日内，将应缴的引导基金投资子基金收入缴入引导基金在托管银行开设的指定账户。

## 第六章　管理与监督

第二十九条　受托管理机构应建立子基金管理信息系统，实施子基金设立及运作的过程管理，并采取投资告知、定期报告、专项审计等方式，加强对子基金的管理和监督。

第三十条　受托管理机构应向科技部、财政部定期提交子基金运作情况和引导基金投资子基金收入上缴情况，及时报告子基金法律文件变更、资本增减、违法违规事件、管理机构变动、清算与解散等重大事项。

第三十一条　科技部、财政部委托引导基金理事会对子基金运作情况定期开展绩效评价，对受托管理机构改进工作提出建议。

第三十二条　受托管理机构不能有效履行职责、发生重大过失或违规行为等造成恶劣影响的，科技部、财政部视情况给予约谈、批评、警告直至取消其受托管理资格的处理。处理结果可向社会公告。

第三十三条　任何单位和个人不得隐瞒、滞留、截留、挤占、挪用引导基金投资子基金的收入。一经发现和查实前述行为，除收回有关资金外，按照《财政违法行为处罚处分条例》（国务院令第427号）的规定处理。

## 第七章　附则

第三十四条　本办法规定的相关事项应在子基金章程或合伙协议等文件中载明。

第三十五条　本办法由科技部、财政部负责解释。

第三十六条　本办法自发布之日起30日后施行。

## 关于支持中关村互联网金融产业发展的若干措施

为贯彻落实《国务院办公厅关于金融支持经济结构调整和转型升级的指导意见》（国办发〔2013〕67号）、《国务院办公厅关于金融支持小微企业发展的实施意见》（国办发〔2013〕87号）、国家发展改革委等部委与北京市政府联合发布的《关于中关村国家自主创新示范区建设国家科技金融创新中心的意见》（京政发〔2012〕23号）精神，强化金融对建设具有全球影响力的科技创新中心的支撑作用，抓住互联网金融发展的机遇，支持中关村互联网金融产业发展，推动中关村成为中国互联网金融创新中心，制定以下措施。

**一、大力支持互联网金融企业在中关村注册设立**

（一）优化工商注册流程。工商行政管理部门为企业提供高效、便捷的注册服务。试行工商电子化变更系统，实现电子化的登记注册、股权变更、在线验资、在线质押、在线增资等功能。

（二）合理确定企业经营范围。按照名称登记管理的有关规定，允许企业在名称中使用“金融信息服务”字样。支持企业在遵守有关金融监管法规、有效控制风险的前提下，探索开展新一代信息技术和金融相结合的各类互联网金融创新业务。

**二、引导互联网金融企业在中关村聚集发展，加强对互联网金融企业的孵化和服务**

（三）推进互联网金融功能区建设。以中关村核心区为重点，结合国家科技金融功能区建设，推进中关村互联网金融功能区建设。支持海淀区以中关村西区为重点建设互联网金融大厦，支持石景山区建设国家服务业综合改革试点区互联网金融产业基地，吸引一批互联网金融领域的重点企业在互联网金融功能区聚集。

（四）实施对重点互联网金融企业的购（建、租）房补贴支持政策。鼓励各区县政府对互联网金融企业给予包括购（建、租）房补贴在内的支持政策。对2013年起在海淀区或石景山区新设立（迁入），具备独立法人资格且在相应区县注册纳税的互联网金融重点企业，由相应区县政府给予一定的购（建、租）房补贴，具体补贴条件和标准由相应区县政府另行制订。

（五）支持主要面向互联网金融企业的孵化器发展。鼓励社会机构兴办主要面向互联网金融企业的创新型孵化器，按照运行机制市场化、服务内容专业化、服务模式多元化的方式为互联网金融企业提供孵化和培育服务。对经中关村管委会认定的互联网金融创新型孵化器，原则上给予最高不超过100万元的一次性资金支持。鼓励各类孵化器为互联网金融企业提供孵化服务，并适当降低房租价格。对于具有较强的项目发现、筛选、孵化、投资能力的孵化器，根据评估情况，中关村管委会给予最高不超过每年500万元的房租补贴和业务经费补贴，连续支持不超过两年。

（六）建立和完善为互联网金融企业服务的中介服务体系。积极支持社会化的创业服务机构为互联网金融企业提供包括注册设立、融资对接、信用评估、人力资源管理、财务核算、品牌推广、业务营销及其他第三方服务等在内的专业化服务。

**三、鼓励互联网企业开展科技与金融相结合的技术创新和商业模式创新**

（七）将互联网金融作为中关村现代服务业试点的重要内容。建立市场化的项目发现机制、筛选机制和培育机制，对从事科技和金融结合，具有新型商业模式的项目和企业，纳入中关村现代服务业试点，优先给予资金和相关政策支持。

（八）支持中关村互联网企业基于自身业务优势发起设立网络小额贷款、第三方支付、网络金融超市、网络金融大数据挖掘和评估、企业信用评价等互联网金融相关机构。

（九）支持符合条件的互联网金融企业获得相关业务资格。推动中关村互联网金融企业完善内部管理，提升专业服务能力。支持符合条件的企业获得第三方支付、跨境电子商务外汇支付、基金支付结算、基金销售、个人征信业务经营许可等相关业务资格。

（十）支持互联网金融领域的专业投资基金在中关村设立和发展。发挥中关村创业投资引导资金和各区县创业投资引导资金的杠杆作用，引导社会机构发起成立中关村互联网金融发展投资基金，重点投向创业期的互联网金融领域相关企业。

（十一）完善为互联网金融机构服务的科技金融服务体系。构建包括担保、银行、小额贷款、保险、融资租赁、改制上市等在内的科技金融服务体系，提升互联网金融企业融资能力，对企业发生的相关费用，中关村管委会给予一定的贴息和补贴支持。

## 四、鼓励和推动金融机构通过互联网开展业务创新

（十二）引导和鼓励金融机构将网络银行、移动支付等互联网金融相关业务在中关村布局，由相关区县政府给予一定的补贴支持。

（十三）鼓励金融机构通过互联网拓展服务方式和渠道。鼓励银行、担保、保险、小额贷款等金融企业和相关机构采取线上和线下相结合的模式，为创业企业提供融资服务。鼓励金融机构充分结合和运用互联网拓展市场，不断研发和推出符合用户需求的金融产品和服务模式。

（十四）鼓励金融机构和互联网企业合作，提高金融服务的效率和便利性。鼓励金融机构更好的发挥客户基础优势、资金实力优势、品牌信誉优势，加强与中关村大数据、电子商务、云计算等企业的业务合作，通过数据采集和挖掘分析，强化信用评价和风险控制，满足小微企业个性化需求，提高金融服务的效率和便利性。

## 五、完善支撑服务体系，优化互联网金融发展环境

（十五）提升中关村互联网金融品牌效应。将支持和推动互联网金融产业发展作为建设中关村国家科技金融创新中心的重要内容，营造有利于互联网金融产业在中关村发展的环境和氛围。建立与境内外互联网金融机构的交流合作机制，加强互联网金融宣传推广和信息交流活动。支持行业协会、高校院所、互联网金融企业等举办以互联网金融为主题的学术交流、会议论坛、金融博览会等活动，打造中国互联网金融创新中心品牌。

（十六）加强市场培育，推动科技企业和互联网金融企业之间的对接交流。引导中关村企业加强对互联网金融行业的理解，结合自身需求和互联网企业开展业务合作，尝试通过互联网金融模式进行高效率低成本的融资。

（十七）完善对互联网金融企业高层次人才的综合服务。优化人才发展环境，完善互联网金融专业人才的培育和激励机制，努力培养一批具有国际视野和专业能力的互联网金融高端人才。支持互联网金融企业高级管理人员申报中央“千人计划”、北京市“海聚工程”和中关村“高聚工

程”。由海淀等相关区县政府出台专项支持政策，对互联网金融企业高层次人才提供居住、用车、子女入学、医疗服务等方面的服务。

（十八）鼓励开展互联网金融理论研究。支持石景山等区县政府建设互联网金融研究院。支持互联网企业、金融机构、研究咨询机构、高校院所、社会团体开展互联网金融理论研究，为行业发展和政府决策提供支撑。

## 六、加强信用体系建设，完善风险控制和信用评价机制

（十九）加强企业信用体系建设、鼓励企业建立信用记录。鼓励企业使用信用报告，建立信用记录，中关村管委会对使用信用报告发生的相关费用给予一定的补贴支持。完善中关村企业信用信息数据库，优化系统设计，建立系统和商业银行、保险机构等的网上业务接口，实现网上供需信息和产品的实时对接。

（二十）加快中关村互联网金融信用信息平台建设。支持互联网金融企业探索适应互联网金融特征的风险控制机制，探索与现有国家征信系统等政府公共信息系统的对接方式和途径，加强平台与国内外信用管理机构、大数据运营机构等的合作，进一步完善风险控制机制。

## 七、发挥行业协会的作用，推动行业自律和规范发展

（二十一）支持中关村互联网金融行业协会等社会团体依法开展工作。鼓励行业协会整合互联网金融行业发展资源，加强企业间的沟通交流，实现优势互补、合作共赢、协同创新、规范自律。支持行业协会研究互联网金融行业发展规律，推动制订互联网金融行业发展规则和标准，引导行业健康规范发展。

## 八、探索监管新模式，有效控制风险

（二十二）建立金融管理部门和地方政府的协作监管机制。探索对互联网金融的新型监管理念和模式，鼓励有利于包容性增长的互联网金融创新。鼓励互联网金融企业加强资金管理，建立信息披露机制和风险应急机制，防范道德风险和金融风险，不断提升信息安全水平，保护个人信息隐私，维护消费者权益。

## 九、加强组织推动，形成政策合力

（二十三）加强部门联动，加大扶持力度。发挥中关村创新平台跨层

级、跨部门协调的优势和作用，建立北京市与“一行三会”及相关行业主管部门的部市会商机制。建立人民银行营业管理部、北京银监局、北京保监局、北京证监局、市工商局、市金融局、中关村管委会和相关区县政府等参加的中关村互联网金融联席工作机制，及时研究解决互联网金融发展中出现的新情况、新问题，从搭建服务平台、创新服务方式、培育市场体系、健全保障机制等方面加强组织实施，为中关村互联网金融产业持续、健康发展创造良好条件。

## 北京市人民政府关于推进首都科技金融创新发展的意见

京政发〔2010〕32号

各区、县人民政府，市政府各委、办、局，各市属机构：

为深入贯彻落实科学发展观，切实加强科技和金融的资源结合，促进经济发展方式转变，提高自主创新能力，结合本市实际，现就全面推进首都科技金融创新发展提出如下意见：

### 一、指导思想和工作目标

指导思想。以邓小平理论和“三个代表”重要思想为指导，深入贯彻落实科学发展观，抓住建设中关村国家自主创新示范区的有利契机，坚持先行先试原则，完善科技金融体系，构建科技金融创新机制，促进科技与金融有机结合，加快首都科技金融创新发展，全面推进“人文北京、科技北京、绿色北京”建设，为建设中国特色世界城市奠定基础。

工作目标。在市委、市政府及市金融服务工作领导小组领导下，通过创新科技金融产品，完善科技金融市场，聚合科技金融组织，聚集科技金融人才，建立起与首都科技地位相匹配、与首都金融资源相适应的科技金融服务体系，把北京建设成为具有国际影响力的科技金融创新中心。

### 二、加快建设中关村科技金融创新中心

（一）推进首都科技金融综合改革试验。支持海淀区充分发挥创新资源优势，重点在科技金融主体聚集、多层次资本市场服务体系建设、金融工具创新、公共服务平台建设等方面开展先行先试。着力集聚各类科技金融主体和要素，支持以科技企业为主要服务对象的金融机构总部及区域总部落户发展。研究探索在中关村科技金融创新中心（以下简称创新中心）开展区域性股权交易市场、保险机构（含社保机构）股权投资业务、小额贷款公司引入外资和吸引民间资本等试点工作，综合运用短期融资券、中期票据、集合票据、集合资金信托计划、企业债券、无担保债券等各种金融工具支持科技企业发展。

（二）优化创新发展环境与服务。统筹利用中关村发展专项资金和海淀区相关资金，研究制定鼓励天使投资发展的政策，健全和完善创业投资

风险补偿政策，落实好本市促进股权投资基金发展的政策措施。进一步加大对入驻创新中心金融机构的政策扶持力度。打造科技金融公共服务体系，建立科技金融综合统计分析平台，协调整合政策、资金、项目、信息等资源，为创新中心内的金融机构提供全面高效的工作、人才和生活服务支持。研究探索行政管理体制改革试点工作，优化投融资审批环境，将外资审批、消防等方面的行政审批权限进一步下放到海淀区。

## 三、加快完善科技信贷支持体系

（三）建立政银企专项工作机制。由市金融局会同人民银行营业管理部、北京银监局、中关村管委会等相关部门以及各区县政府、在京银行业金融机构共同构建政银企科技金融专项工作机制，推动建立协调联动机制、合作创新机制、信息共享机制、风险共担机制、联合信贷机制和信用增进机制，建设网上信息交流和融资服务平台。

（四）建立风险评估咨询机制。组建科技信贷风险评估咨询专家库，建立科技信贷风险评估专家咨询机制，为商业银行审批科技企业贷款提供专家人选，鼓励金融机构对重点科技项目提供专业化的融资咨询服务，组织金融专家和科技专家为科技企业融资活动提供志愿服务。

（五）鼓励设立科技信贷专营机构。积极落实相关支持政策，鼓励银行业金融机构进一步增加为科技型企业服务的特色支行、信贷专营机构、科技金融事业部等机构，并实施单独的考核和奖励政策，建立授信尽职免责制度，简化贷款审批流程，提高审批效率和放款速度。

（六）深化小额贷款公司试点工作。积极探索多种形式的小额贷款公司设立模式，实施贷款投向的分类指导和监管，鼓励结算银行为小额贷款公司提供融资支持，构建良好的小额信贷支持服务体系。鼓励小额贷款公司为中关村国家自主创新示范区内的科技企业提供资金支持，适当放宽小额贷款的额度限制。

（七）逐步扩大科技信贷创新产品规模。在中关村国家自主创新示范区内，鼓励扩大中小企业信用贷款试点规模，增加合作银行数量，鼓励其在风险可控前提下提高对中小企业信用贷款的审批效率。积极开展知识产权质押贷款，市知识产权局和市工商局等有关部门要为开展知识产权质押贷款创造条件；推广海淀区知识产权质押贷款贴息政策，鼓励有条件的区县研究制定业务风险补贴等政策措施支持开展知识产权质押贷款。探索知识产权质押贷款质权处置途径，扩大知识产权质押贷款规模。

（八）鼓励开展科技金融服务创新。鼓励银行业金融机构开发适合多个企业参与的集合信贷产品，对技术联盟、战略联盟、销售联盟，或是紧凑的上下游企业自律组织联盟进行集合授信支持。鼓励通过并购贷款支持科技企业发展；支持金融机构开展软件外包贷款、集成电路贷款、文化创意贷款、节能减排贷款等产品和服务创新；采用股权质押贷款、保理、融资租赁等多种融资手段，拓宽企业融资渠道。鼓励金融机构及相关中介机构为科技企业做好结算咨询、财务顾问等金融服务。

## 四、加快拓展科技企业市场融资体系

（九）推动科技企业在创业板上市。加快建立推动企业创业板上市的政策支持体系、上市培育体系和信息支撑体系。加强对科技企业改制、上市过程的综合配套服务，鼓励科技企业改制并给予费用补贴，有针对性地组织上市培训工作，建立北京市企业上市资源数据库和企业上市网。发挥中关村国家自主创新示范区科技企业资源丰富的优势，集中力量培育一批创新能力强、成长快、前景好的创业板上市企业，做大做强中关村板块。

（十）推动债务融资创新。加快推动科技企业在银行间市场融资，与银行间市场交易商协会建立长期全面合作机制，积极支持中债信用增进投资公司在京发展。建立科技企业在银行间市场融资的绿色通道，鼓励其发行短期融资券、中期票据、集合票据等融资工具。大力发展企业票据融资市场，扩大票据发行规模。拓宽科技企业债券融资渠道，满足企业中长期发展资金需求。积极推动科技中小企业发行集合债券，并给予政策支持。

（十一）发展中关村代办股份转让系统。支持中关村代办股份转让系统制度创新，探索建立做市商制度和资本市场转板制度，增进市场流动性和活跃度。大力培育试点企业资源，进一步扩大试点规模。把中关村代办股份转让系统建设成为统一监管下的全国性场外交易市场。

（十二）发展各类产权交易市场。创新技术交易服务模式，大力扶持技术投资机构发展，推出技术投资基金和科技信托基金，广泛吸引社会资本参与科技成果产业化，支持中国技术交易所发展成为具有国际影响力的技术交易市场。加快发展知识产权交易市场，创新版权产业投融资模式，鼓励设立新媒体版权权益投资基金，推动设立文化产权交易所。依托北京环境交易所建立环境权益交易平台，以市场化机制推动节能减排创新试点和节能环保技术发展。

## 五、加快发展股权投资服务体系

（十三）发展天使投资和创业投资。积极落实国家对创业投资企业发展的税收优惠政策，创业投资企业采取股权投资方式投资于未上市中小高新技术企业2年以上的，可以按照其投资额的70%，在股权持有满2年的当年抵扣该创业投资企业的应纳税所得额；当年不足抵扣的，可以在以后纳税年度结转抵扣。推动国家产业技术研发资金在京参股设立创业投资基金。鼓励天使投资和创业投资对具有创新精神、自主技术和市场潜力的科技企业直接投资。

（十四）发展股权投资基金。充分发挥北京股权投资发展基金引导作用，发挥科技产业投资基金、绿色产业投资基金和文化创意产业投资基金的带动作用，鼓励市场化股权投资机构在京注册发展，形成“1+3+N”的股权投资市场机构体系。鼓励各类资金投资于北京股权投资发展基金和其他市场化股权投资基金，鼓励社保基金、银行资金、保险资金、信托资金、境内外合格机构投资者和成熟个人投资者支持本市股权投资基金业发展。

（十五）发展股权投资基金管理机构。鼓励在京股权投资管理机构提升管理水平，加强团队建设，优化投资管理。吸引一批优秀的外资股权投资机构在京设立管理公司，发起设立股权投资基金，对外资股权投资基金在资本金结汇等方面给予先行先试的政策支持。推动外资与境内股权投资机构的合资合作，提升股权投资管理的国际化水平和国际竞争力。

（十六）建设股权投资服务平台。加强股权投资基金与银行、证券、保险等相关金融机构的合作，为股权投资机构在基金设立募集、中介服务、项目退出等环节，提供专业化服务。建立市、区县两级政府和北京股权投资基金协会一体化、一站式股权投资服务体系。市金融局和相关部门要加大对股权投资机构吸引聚集力度，制定有利于股权投资在京注册、发展的便利机制和激励机制；区县政府要做好落地服务工作；北京股权投资基金协会要加强对会员的服务与自律管理。

## 六、加快完善科技保险创新体系

（十七）完善创新科技保险产品。创新保险对科技企业的服务模式，将保险服务拓展到企业成长的各个阶段。鼓励和推动科技企业投保企业财产险、高管和关键研发人员意外与健康险、关键研发设备险等科技保险，按照规定对投保企业给予保费补贴。建立科技企业保险理赔绿色通道，提高科技保险理赔服务水平。

（十八）推进中关村科技保险创新试点。加大对中关村自主创新产品的保险支持力度，建立并完善政府采购首台（套）重大技术装备、自主创新产品首购风险的保险补偿机制，通过政府保费补贴、投保与招投标评分相结合等办法，降低首台（套）使用方风险。鼓励中关村企业、保险公司和商业银行联合开展国内外应收账款信用保险及贸易融资创新。积极争取中关村科技企业商业补充养老保险、补充医疗保险的税收优惠政策。鼓励保险资金通过债权、股权等方式投资中关村科技企业。

（十九）发挥高新技术企业出口信用保险作用。推动中国出口信用保险公司加大对中关村高新技术企业的支持力度，提供专业、高效的风险管理咨询和评估服务，对企业自身信用评级和海外买家资信调查费用给予优惠，对购买统保保险的科技企业给予保险费率优惠。按本市支持企业短期出口信用险相关规定，对有关投保企业给予保费补助。

## 七、加快发展科技企业信用增强体系

（二十）加大融资性担保支持。积极落实国家对融资性担保机构的各项奖励政策，鼓励担保机构加入再担保体系。加大市与区县对政策性担保机构的支持力度，鼓励政策性担保机构对战略性新兴产业领域的高新技术企业扩大担保规模。

（二十一）建立信用信息归集和共享机制。充分利用人民银行企业和个人征信管理系统，依法归集和整合工商、税务、海关等部门的科技企业基础信用信息，建立北京市科技企业信用信息系统，完善科技企业信用信息库。建立和完善企业信用信息共享机制，进一步促进科技企业信用信息的采集、使用和共享，推动统一征信平台建设。

（二十二）强化科技企业信用评价。政府部门、金融机构、投资机构、信用评级机构、会计师事务所等机构共同开展对科技企业的综合信用评定，充分发挥信用自律组织作用，建立完善的企业信用评价体系。建立信用增进机制，创新信用增进模式，采取企业集合增信、担保公司联合增信、再担保公司放大增信规模、投保信用保险增信的方式，为科技企业融资提供信用增进服务。树立守信企业典型，每年评选奖励若干信用良好企业，鼓励金融机构为其降低综合融资成本。

（二十三）发展科技金融中介组织。发展律师、注册会计师、资产评估、信息咨询、资讯、信用管理等科技金融中介服务。规范信用评级机构及其从业人员的行为，增强信用评级机构的公信力，推动提高评级报告质量，扩大评级报告的应用范围。培育一批首都金融中介机构优质资源，发挥行业协会作用，推动中介机构加强科技金融服务。

## 八、加快构建科技金融组织保障体系

（二十四）发挥投融资服务平台作用。加大对重点领域和重点项目的投融资支持力度，通过金融手段促进中央企业科技成果转化和项目落地，为科技企业和自主创新项目提供综合性金融服务。

（二十五）创新组合金融服务模式。组合银行、证券、保险、基金、信托、租赁、天使投资、创业投资、股权投资、担保等各类机构，创新融资方式和服务模式，形成满足不同类型、不同成长阶段科技企业的金融服务联盟。金融服务联盟以多种形式搭建覆盖范围广、功能齐全的融资支持服务平台，为科技企业提供集中统一的结构融资服务。

（二十六）聚集科技金融专业人才。支持各类高等院校培训高层次的科技金融创新人才。引进国际著名工商管理培训机构，加强本土培训机构发展。组织科技企业金融培训班，建立由金融管理部门、金融机构、专家学者、专业人士和科技创业者等参与的科技金融讲师团。组织在京金融和科技人才开展国内外交流合作，加大海外高层次科技金融人才引进力度。每年从金融机构和科技企业中评定若干科技金融人才，并给予政策奖励。

本意见实施过程中遇到的问题由市金融局牵头组织协调。

北京市人民政府

二〇一〇年十月二十一日

# 第七章　国外对中小企业融资创新的政策措施

## 一、国外中小企业融资的现状

### （一）西方国家中小企业融资活动情况

在西方国家，中小企业的融资活动与一般企业并无二致。依照企业的法律类型，中小企业的融资可分为以下两种情况：

一是单人业主制企业和合伙制企业。这些企业属无限责任制企业，其特点是不必支付企业所得税，只需缴付个人所得税，税负相对较轻，但无权以债券和股票的形式向社会直接融资，并且还要对其经营风险负完全的责任。这类企业一般规模较小，都是些微型企业，或一些初创的企业。它们的资金主要来源于业主（或合伙人）的个人资产，一部分是向亲戚朋友借来的资金，其他则来自金融机构的借贷和政府的资助等，但数量极少。

从各国的比较来看，意大利和巴西的这类小企业向亲戚朋友借来的资金比较多一些，政府也鼓励他们这样做。美国和英国的这类小企业则较少靠亲戚朋友的钱，他们主要靠自己的积蓄。法国对这类小企业的政府资助则较大一些，一方面政府对个人新建的自顾型小企业给予较大的税收减免，另一方面还对其雇佣的员工给予直接的就业补贴。

二是公司制中小企业。这类企业属有限责任制企业，其特点是必须支付高额的企业所得税（也要缴付个人所得税），税负相对较重，但由此得到的好处是有权以债券和股票的形式向社会直接融资，并且对其经营风险只承担以股本金为限的有限责任。当然，除少数公司制中小企业外，绝大多数中小企业债券和股票都只能以柜台交易的方式进行，而难以实现公开上市（因为无法满足公开上市的苛刻条件），即使要到条件要求相对较低的所谓“第二板块”上市也是不容易的。相对而言，柜台交易方式的成本是比较高的，而且风险也较大。因此，虽然公司制中小企业同其他公司制企业一样拥有直接融资的权利，但是，实际上它们在直接的金融市场上，仍然处于极为不利的地位。

总之，无论是单人业主制和合伙制企业，还是公司制中小企业，都客观地、不可避免地存在着融资难的问题。这是由市场这只“看不见的手”的运行规律，以及中小企业的特点和金融业的特殊性等共同决定的。

## （二）西方国家中小企业融资难的原因

具体分析其原因，主要有以下几方面：

**1. 从市场这只“看不见的手”的运行规律来看**

市场机制讲究的是效益和利益最大化，资金作为生产要素之一，其市场流向也必须符合这一要求。如果没有其他机制的干预，规模较小的中小企业在资金市场上是很难与大企业竞争的。

**2. 从中小企业的特点来看**

（1）中小企业易受经营环境的影响，变数大、风险大，难以吸引投资者的注意。据美国统计，全国近2000万多个各种不同类型的小企业，其中1/3甚至1/2的企业将在3年内关闭，特别是在经济衰退时期，小企业关闭率更高，只是由于小企业的开办率更高，才使企业总数逐年不断增长。但这丝毫也不能掩盖中小企业的易变性和其巨大的经营风险。这给其融资带来根本性的影响。①

（2）中小企业资产少，负债能力有限。一般而言，企业的负债能力是由其资本金的大小决定的，通常为资本金的一个百分比例数（由法律规定），如80%或60%等。中小企业资产少，负债能力也就比较低。从各国的情况来看，美国的中小企业强调独立自主和自我奋斗的精神，因此，企业的负债水平较低，一般都在50%以下：而意大利、法国等欧洲国家比较注重团队精神和社会的力量，提倡相互协助，中小企业的负债水平较高，一般在50%以上。②

---

①② 刘勇，李善．国外中小企业融资方式及其启示［N］．中国经济时报，2001－06.

(3) 中小企业类型多，资金需求一次性量小、频率高，加大了融资的复杂性、增加了融资的成本和代价。中小企业以多样化和小批量著称，资金需求也具有批量小、频率高的特点。这使融资的单位成本大大提高，在不考虑其他因素的情况下，中小企业少量的资金需求量将使其融资利率比上规模的资金融资利率平均高出2~4个百分点。从各国的比较来看，美国中小企业的贷款利率上浮水平最高，一般可高达3~6个百分点；欧洲为1.5~3个百分点左右。

**3. 从金融业的特殊性来看**

(1) 金融业实行的谨慎原则，不利于风险性较高的中小企业的融资。金融业是特殊产业，经营的是资金这样一种特殊的产品。由于资金或货币在经济生活中的重要性、涉及面的广泛性及其对国民经济影响的全局性，各国都对金融业制定了较为严格的经营规则，保证其安全性、有效性及流动性，以有效避免金融危机给整个国民经济及社会带来的不利后果。事实上，这也是广大从事金融服务业的人员和机构自身的要求。谨慎原则对国民经济的健康发展非常重要，但在客观上也给风险性较高的中小企业的融资带来极为不利的影响，往往会使一些非常有前途的中小企业丧失极好的发展机会。

(2) 金融企业融资手续烦琐，耗时耗精力，影响了中小企业的融资积极性。如前所述，中小企业融资量少、频率高，需要简单快捷的服务。然而，金融部门为安全起见，必须有一套完整的融资手续，这就难以满足中小企业融资简单快捷的要求。烦琐耗时耗力的融资手续，令无数有意融资的中小企业望而却步。

(3) 金融企业“嫌贫爱富”，喜欢“批发”，不喜欢“零售”，使中小企业融资处于不利地位。大企业信誉好、融资量大，深得金融机构的喜欢，往往是信用资金追着贷，而且常常用不完；相反，中小企业缺乏良好的信誉，融资额度有限，资金运用常常捉襟见肘。

从西方各国的具体情况来看，中小企业融资难具有许多共同的原因，然而从比较的角度看，美国和欧洲之间还是一定的区别的：美国人崇尚独立自主的自由主义精神，再加上金融管理相对较严，因此，中小企业融资难主要表现在金融机构的偏好上。而欧洲人更强调彼此间的合作精神，因此，中小企业的外部融资倾向较大，融资难主要表现在企业自身的原因，如风险大、管理不善等。

## 二、国外中小企业融资的主要渠道和融资方式

中小企业的资金的来源有以下几种情况：一是自筹；二是直接融资；三是间接融资；四是政府扶持资金等。

自筹资金，包括的范围非常广泛，主要有业主（或合伙人、股东）自有资金；向亲戚朋友借用的资金；个人投资资金，即“安琪儿”资金；风险投资资金；企业经营性融资资金（包括客户预付款和向供应商的分期付款等）；企业间的信用贷款（有些国家对此是禁止的）；中小企业间的互助机构的贷款；以及一些社会性基金（如保险基金、养老基金等）的贷款等。

直接融资，是指以债券和股票的形式公开向社会筹集资金的渠道。显然，这种筹资方式只有公司制中小企业才有权使用，一般公司制中小企业的债券和股票只能以柜台交易方式发行，只有极少数符合条件的公司制中小企业才能获得公开上市的机会，或进入“第二板块市场”进行融资。

间接融资，主要包括各种短期和中长期贷款。贷款方式（即金融产品）主要有抵押贷款、担保贷款和信用贷款等。

从总体上看，中小企业的资本构成主要以自筹资金为主（自筹资金的比重相对大企业要高得多）。其中以美国中小企业的自筹资金的比重最高，一般要超过60%左右；欧洲国家，如法国、意大利等自筹资金的比重在50%左右。在自筹资金中，又以业主（或合伙人、股东）自有资金的比重最大；亲戚朋友借用的资金次之。其次是直接融资或间接融资。美英和德国等自由主义意识较重的国家一般是直接融资的比重高于间接融资的比重；而法国、意大利、日本和韩国等国家则呈现出间接融资比重高于直接融资比重的现象。政府的扶持资金比重最小，一般仅占企业总资产的5%～10%左右。其中以中央集权制国家，如日本、韩国、法国等国家政府扶持资金比重相对较高；德国、意大利、英国等国家居中；而美国政府对中小企业的直接资金扶持的比重最低。

根据各国中小企业资金来源的结构情况，可以将它们分为以下三种类型：一种是以业主（或合伙人、股东）自有资金为主，注重直接融资的作

用，强调企业的自主意识的自由主义类型，如美国和英国等。另一种是以家族融资为重要渠道、注重间接融资的作用，强调社会和政府作用的集体主义类型，如意大利和法国等。第三种是介于以上两者之间的类型，如德国、日本和韩国等。

## 三、美日中小企业融资制度的分析

### （一）美国中小企业融资体系的主要构成

**1. 政策性金融机构**

美国中小企业管理局（SBA）是美国对中小企业进行间接融资扶持的主要政策性金融机构。①

**2. 商业性的融资机构**

在美国，由于受到法律限制，地方商业银行必须将融资额度的25%左右投向中小企业，除了商业银行以外，互助基金也是中小企业的重要融资渠道，个人和中小企业投资入股形成的这种机构，可以看作合作社，主要为成员提供贷款，储蓄是贷款的先决条件。

**3. 风险投资公司**

之所以将风险投资公司与政策性金融机构和商业性金融机构分开，是因为风险投资公司的性质介于政策性与商业性之间。美国的风险投资公司的特点是：勇于对新建企业投资，在首次公开招股的企业中，约有1/3是风险投资公司的投资对象。

### （二）日本中小企业融资体系的构成

**1. 政策性的融资机构**

日本中小企业金融公库、国民金融公库、环境卫生公库、商工组合中央金库以及中小企业信用保险公库均为中小企业政策性金融机构，它们具

---

① 陈广胜，刘大勇，汪永忠. 关于中外中小企业融资制度比较的研究［J］. 北方经贸，2003（2）.

有不同的分工。目的和宗旨都是为保证中小企业获得充足资金。

**2. 商业性的融资机构**

在日本，从20世纪80—90年代开始，商业银行逐渐向中小企业增加贷款发放，到20世纪90年代初，对中小企业融资额度占融资总额的65.8%，比20世纪8O年代增加了25个百分点，而后随着泡沫经济的破灭，该比率略有下降。除了商业银行体系，日本也有专门为中小企业服务的非银行金融机构，即互助银行、信用金库等，这些金融机构的特点是地方性强互助、合作性质强。

### （三）美国中小企业的主要融资方式

**1. 美国中小企业的融资概况**

在美国，中小企业占企业总数的99%，产值占GDP的40%，就业人数占60%，新增的就业机会中，中小企业创造了85%，其中约70%的技术创新是由中小企业实现的。美国的中小企业融资主要有股权融资和债务融资。股权融资约占中小企业总资产的49%，债务融资占51%左右。股权融资中，所有者权益占2/3，亲友和其他的企业创建人约占13%，还有约4%的“天使基金”，即社会中对新建或早期的中小企业直接提供资金的比较富有的个人或家族。另外是“风险投资”占总资产的1.5%。债务资金由金融机构、非金融机构和政府提供，约为6%由个人提供。[①] 美国中小企业的融资方式主要有以下几种：

（1）进入金融市场进行直接融资

与其他国家中小企业资金来源结构比较，美国中小企业发行有价证券（公司债券、股票）的比例最高。美国中小企业长期资金的供给主要来源于公司债券，短期资金则依赖于银行信贷。这与美国资本市场的发达程度不无关系。

美国的公司债券发行市场发展较早，规模较大，企业筹资的顺序为公司债券、股票、银行贷款，债券发行的比例大大超过银行融资。这是因为：除商业银行、公共事业外，企业发行债券的原则比较自由，在法律上

① 杨秀玉．中小企业融资新途径：美国的经验借鉴［J］．中小企业管理与科技（上旬刊），2009（10）．

对发行债券形成的负债总额不作限制；可发行债券种类多，中小企业能够方便地发行资信评估低等级或无等级债券；企业与作为主承销商的证券公司对发行总额、发行条件进行协商，即可做出发行决定。

中小企业由于受企业形态、组织规模、股东人数、资本金规模等各种条件限制，其股票往往不能在证券交易所上市，但具有一定规模的中小企业仍可以在柜台市场进行交易。柜台市场相对于组织严密的证券交易市场而言，通常被称为非组织的市场。柜台市场的主要经济功能有：非上市企业可以通过将其股份在柜台市场上公开出售以获得资本，增加资本金；为一些在证券交易所下市的企业提供一定期间的流动性。

美国的中小企业股权融资主要通过柜台市场。中小企业柜台市场包括：通过计算机中心。把各证券公司用通信网络相联系的 NASTAQ 系统；柜台交易市场主要由全美证券协会（NASD）管理。在该协会开发的 NASRAQ 系统上登记的企业，分为 NMS 和 SMALL CAP。引入 NASTAQ 系统以前，主要由 PINKSHEET 传播股价、成交量等信息，1972 年引入 NASTAQ 系统之后，实现了买卖自动化，大大提高了处理能力，市场规模也迅速扩大，成交量仅次于纽约证券交易所，居全美国第二位，并在美国、日本、新加坡等国实现了网上挂牌交易。①

风险投资公司对中小企业提供的融资，从本质上是一种股权融资。但是，风险投资公司融资与一般上市融资存在区别：首先，风险投资公司通常仅对创业或者发展期的中小企业提供融资，而上市融资的中小企业一般已经进入成长期；其次，风险投资公司获取的股权通常比较集中，有改变中小企业治理结构的要求，会要求对中小企业的实际控制权，而上市后新增的股权一般比较分散，不会影响原管理层的实际控制权；最后，风险投资公司所获取的股权一般暂时不会流通，待进入柜台市场或正式上市后才会流通。

（2）通过银行等金融机构进行间接融资

商业银行体系仍然是美国中小企业的最重要资金来源之一。商业银行主要为美国中小企业提供短期流动资金。

---

① 陈广胜，刘大勇，汪永忠．关于中外中小企业融资制度比较的研究［J］．北方经贸，2003（2）．

**2. 美国中小企业融资的特点**

为了帮助中小企业融资，美国政府建立了一套完整的以中小企业管理局（SBA）为中心的中小企业服务体系。中小企业管理局是一个独立的美国联邦政府机构，由美国财政负担，预算通过国会中小企业委员会每年拨款。中小企业管理局为中小企业提供帮助和咨询，保护中小企业利益，维护公平自由竞争的环境。美国政府对国内中小企业的政策性贷款数量很少，政府主要通过中小管理局制定宏观调控政策，引导民间资本向中小企业投资。

中小企业管理局提供的融资服务主要有：①

（1）建立美国中小企业信用担保机制，由中小企业管理局作为担保人，为中小企业向银行贷款时提供担保。

（2）鼓励创业投资和风险资本促进高新技术企业的发展。1958 年，SBA 建立中小企业投资公司，向中小企业提供商业银行不愿提供的风险投资，中小企业投资公司通过低息贷款，购买和担保购买中小企业公司的证券，帮助中小企业的发展和技术改造。美国官方的中小企业投资公司和民间的风险投资公司是中小企业筹资的重要来源之一。

（3）鼓励中小企业到资本市场上进行直接融资，促使中小企业直接融资渠道的发展。为解决美国中小企业的直接融资问题，美国探索了“二板市场”，为科技型中小企业提供了直接融资的渠道。NASDAQ 市场上，美国最具成长性的公司中有 90% 以上在该市场上市。

（4）中小企业管理局向那些有较强技术创新能力、发展前景好的中小企业提供数量有限的直接贷款；对受自然灾害的中小企业提供自然灾害贷款；对中小企业的创新研究进行资助。

美国解决中小企业融资问题的特点是美国政府通过对中小企业的政策性金融提供的担保基金以诱导商业性金融机构对中小企业贷款，美国政府从未给商业性金融“下达”行政性指标，商业银行有较大的主动性来自主决定是否贷款和是否申请政府担保。

---

① 杨秀玉．中小企业融资新途径：美国的经验借鉴［J］中小企业管理与科技（上旬刊），2009（10）．

## (四)日本中小企业的主要融资方式

**1. 间接融资**

日本中小企业是以银行信贷为主要资金来源筹措长短期资金的。日本的中小企业自有资本比率平均为13%，只相当于大企业的60%左右，而对金融机构的贷款依存度又比大企业高得多。

**2. 直接融资**

日本中小企业的直接融资方式有债券融资和股权融资两种，债券融资占主导地位。在日本，中小企业一般只具有发行私募债券的资格和能力，私募债券由于透明度低，不利于保护投资者利益，被认为是不正规的债券。

柜台市场在日本称为店头市场。1991年，日本也开始启动本国柜台市场网上交易系统（JASTAQ），但在市场规模、股票流通性方面都不如美国。美国和日本的柜台市场，对经济的差异影响迥异，美国新经济可以说是NASTAQ独力支撑的。对高科技的发展起了至关重要的作用。日本柜台市场与美国的区别在于：首先，管理机构管理的侧重点不同。美国注重资金分配的市场效率性，强调企业信息的公开性、规章制度的透明性和公正性，强调投资者自己负责的原则，从而以较低的管理成本管理市场。日本侧重于行政指导，规范市场行为，严格控制进入柜台市场的标准，以此达到保护投资者的目的。其次，它们登记基准方面的实质性不同。日本店头市场的登记基准形式上虽与美国NASTAQ中以小规模企业为对象的SMALL CAP相近，但其实质基准远远高于形式标准。再次，企业进入柜台交易的目的不同。由于企业公开发行股份的第一目的在于筹措资金，而NASTAQ的各种费用大大低于纽约证券市场，因此，美国有大量的已经具备进入纽约证券交易所资格的大企业仍然留在NASTAQ的NMS柜台市场中。在日本，只有在东京、大阪证券交易所一部或二部上市的企业，才能得到公众的信任。进入一部或二部，通常必须从店头市场开始。最后，投资者观念不同。在美国，证券持有者主要是家庭经济和商业银行等金融机构，个人金融资产中50%以上是投向证券和非法人企业的，其中股票约占69.9%。这种敢于冒险的投资态度，给柜台市场带来了活力。而在日本股市上，个人投资者所占股份只有23.5%，其余均为金融机构、事业法人等掌握，对高风险的柜台市场，个人投资者很少。

日本以美国的《中小企业投资法》为蓝本，于1963年制定了《中小企业投资育成公司法》。成立了三个由政府、地方公共团体以及民间企业共同出资的中小企业投资育成公司。对于有助于产业结构高度化，或有助于加强产业国际竞争的中小企业，经过认定以后，该公司实行股份投资，给以经营、技术上的指导，并把企业一直扶持到能在证券市场上市筹资。日本的风险投资公司的特点为：几乎不参与创建企业的投资，对创建10年以上的中小企业的投资约占2/3，对创建未满5年的企业的投资仅占16%；参与企业投资的几乎都是证券、金融机构下属的子公司型投资公司；融资比投资多；从投资领域看，非高新技术产业占较大比例。由此可见，日本的风险投资公司尽量避免风险，力求将失败率控制在最低程度。[①]

## 四、国外政府对中小企业融资的政策

### （一）融资结构以债权为主，但银行融资占比较低

从融资结构上看，国外中小企业融资以债权融资为主，银行融资仍然是债权融资的主要渠道，但比重远远低于中国。例如：美国中小企业中债权融资占到了50.4%，其中金融机构贷款占到26.7%；英国中小企业中债权融资占到了60%左右，其中金融机构借款占到了30%，大大低于中国近90%由银行融资的比重。[②]

### （二）融资渠道以自筹为主，政府给予一定资金扶持

从融资渠道上看，国外中小企业的资本构成主要以自筹资金为主，自筹资金的比重相对大企业要高得多。其中以美国中小企业的自筹资金的比重最高，一般在60%左右；欧洲国家自筹资金的比重在50%左右。而政府的扶持资金比重一般仅占5%～10%。

① 陈广胜，刘大勇，汪永忠．关于中外中小企业融资制度比较的研究［J］．北方经贸，2003（2）．

② 中外中小企业融资问题比较研究［EB/OL］．厦门中小在线（融资资讯栏目）．

### （三）专业化程度不断提高，针对性提供融资服务

西方国家金融业的发展，既有业务不断综合化的特点，也有金融机构不断细分的专业化的趋势。从总体上来看，主要的趋势是：一是主要从事短期流动资金贷款的商业银行和主要经营中长期固定资产融资业务的投资金融机构的日益分化；二是从事实业投资的产业基金（包括创业基金）和从事证券业务的投资基金的逐步分离；三是从事对大型企业巨额贷款的大型金融机构与从事向中小企业微型贷款的中小型金融机构的分化。

这三种金融机构的专业化，直接导致了为中小企业服务的中小融资机构的建立，其中以美国最为典型。据统计，美国有上万家专门从事中小企业金融服务的中小企业投资公司。这些中小企业投资公司具有很不一样的名称，如妇女投资公司、企业金融服务公司、社区投资公司、街道投资所等；但它们都是为中小企业融资服务的。这些中小企业投资公司针对性强，对中小企业研究和了解较深，极大地弥补了市场上有限的创业（或风险）资本与创办中小企业及其发展所需的巨大的资金缺口。[①] 这些中小企业投资公司都是完全由私人拥有、管理并使用自有资本的投资公司。它们在小企业管理局注册，并得到有关许可证，在小企业管理局的担保下向中小企业发放利率优惠的贷款。

### （四）融资方式更加丰富，直接融资渠道不断增加

在国外，主要为支持高新技术型中小企业创新活动设立了具有高风险和高回报率的风险投资基金，其中：欧美等国家多由民间创立，而日本等国主要由政府设立。美国的风险基金最为发达，遍及全国 500 多个“小企业投资公司”，其中大部分主要是向高新技术型中小企业提供基金。

从资本市场看，目前为中小企业建立专门的股票市场的国家还不多，仅有美国、法国等少数国家。

### （五）政府采取多种方式，积极扶持中小企业发展

政府的资金支持是中小企业资金来源的一个重要组成部分。综合各国

---

① 刘勇，李善同. 国外中小企业融资方式及其启示［N］. 中国经济时报，2001.

的情况来看，政府的资金支持一般能占到中小企业外来资金的10%左右，具体是多少则决定于各国对中小企业的相对重视程度以及各国企业文化的传统。主要包括税收优惠、财政补贴、贷款援助等方式。

**1. 税收优惠**

税收优惠是最直接的资金援助方式，有利于中小企业资金的积累和成长。发达国家企业税收一般占企业增加值的40%～50%。在实行累进税制的情况下，中小企业的税负相对轻一些，但也占增加值的30%左右，负担仍较重。为进一步减轻税负，各国采取了一系列的措施，主要有：降低税率、税收减免、提高税收起征点和提高固定资产折旧率等。通过各种税收优惠可使中小企业的税收减少一半以上，使其赋税总水平由占增加值的30%降到15%左右。这笔免税资金是普惠的，对中小企业的生存至关重要。

应该说，各国都制定了程度不同的对中小企业税收优惠的政策，但相对而言，以德国最为典型。德国对中小企业的税收优惠政策是，1984年开始实行对中小企业有利的特别优惠条款；1986年开始税制改革。尤其是2000年的税务改革，对公司纳税额和2001～2005年的收入税率进行了广泛的调整。德国联邦政府和所有16个州政府都提供各种财政鼓励，鼓励措施包括给予直接补贴（贷款或者赠款）和提取折旧备抵。

（1）加速折旧。如果中小企业的净资产不超过204517欧元，允许企业的固定动产进行加速折旧，折旧率为20%。除此之外，这种折旧规定也允许同时采用余额递减法进行。该折旧优惠政策主要为鼓励中小企业发展而制定。

（2）投资准备金。净资产为204517欧元或更少的中小企业允许为将来购置新的资产设立最高为154000欧元（新企业为307000欧元）的免税准备金。免税准备金不能超过符合税法要求资产总额的40%，该资产必须是纳税人在2年（新企业5年）内获得的。如果该资产不是在2年或5年期限内购置，该准备金必须解除。

**2. 财政补贴**

补贴是政府为使中小企业在国民经济及社会的某些方面充分发挥作用而给予的财政援助。财政补贴的应用环节是鼓励中小企业吸纳就业、促进中小企业科技进步和鼓励中小企业出口等。主要补贴类型有就业补贴、研究与开发补贴、出口补贴等。一般说来，政府的财政补贴是有限的，而且是非普惠的（与税收优惠不同），其功能在于引导。

从各国的比较来看，财政补贴以法国最全最好。法国规定新建中小企业可免3年的所得税，并在社会福利税收上对增招雇员的企业给予减免优惠；同时按中小企业提供就业机会的多少，给予财政补贴。比如，举办工业中小企业，而且企业方向符合政府的地区发展政策和工业发展政策，每提供一个人就业机会，政府就给予一定的财政补贴。除了政府财政补贴以外，还有就业地区发展补贴。德国规定：在落后地区新建的中小企业可以免交5年营业税，对新建的中小企业所消耗完的动产投资，免征50%的所得税，对中小企业使内部留存资金进行投资的部分免征财产税。

**3. 贷款援助**

政府帮助中小企业获得贷款的主要方式有贷款担保、贷款贴息、政府直接的优惠贷款等。贷款援助环节是中小企业的初创、技改和出口等最需要资金的地方。主要代表是美国和日本。其中，美国以贷款担保形式为主，而日本则以政府建立的专门的金融机构对中小企业进行低息贷款的方式为主。①

美国中小企业局（SBA）的主要任务就是以担保方式使银行向中小企业提供贷款。具体做法有：一是一般担保贷款。SBA对75万美元以下的贷款提供总贷款额75%的担保；对10万美元的贷款提供80%的担保，贷款偿还期最长可达25年。二是少数民族和妇女所办中小企业的贷款担保。SBA对它们可提供25万美元以下的90%额度比重的担保。三是少量的“快速车道”贷款担保。对中小企业急需的少数“快速”贷款提供50%额度比重的担保。四是出口及国际贸易企业的贷款担保。做法与一般担保基本相同。

日本对中小企业的贷款援助以政府设立的专门的金融机构为主。金融机构有“中小企业金融公库”“国民金融公库”“商工组合中央金库”“环境卫生金融公库”“冲绳振兴开发金融公库”等。它们向中小企业提供低于市场2~3个百分点的较长期的优惠贷款。此外，日本政府还设立“信

---

① 中外中小企业融资问题比较研究. 厦门中小在线（融资资讯栏目）[EB/OL].

用保证协会”和“中小企业信用公库”，以向中小企业从民间银行所借信贷提供担保。

**4. 风险资本**

风险基金是政府或民间创立的为高新技术型中小企业创新活动提供的具有高风险和高回报率的专项投资基金。其中，欧美等国家多由民间创立，而日本等国主要为政府设立。

美国的风险基金最为发达，遍及全国500多个“小企业投资公司”，其中大部分主要是向高新技术型中小企业提供基金的。1995年共有7万多小企业获得总共110多亿美元的风险基金。

日本的风险基金也很发达。20世纪70年代后，日本开始实施中小企业现代化政策，进一步提出了中小企业要实现知识密集化、高技术化的政策，同时鼓励政府金融机构向新兴的高技术型中小企业提供“风险投资”。日本“风险企业”达2万多家，“风险企业”已成为日本机器人的主要需求者。

英国成立了由100多家从事中小企业风险投资的小型金融公司组成的专设“风险资本协会”（BVCA），为高科技“风险企业”提供了大量的资金援助。①

**5. 鼓励中小企业到资本市场直接融资**

中小企业规模小，其股票难以到一般的股票交易市场上与众多的大企业竞争。为解决中小企业的直接融资问题，一些国家探索开辟“第二板块”，为中小企业，特别是科技型中小企业，提供直接融资渠道。

## 五、中外中小企业融资制度的比较

### （一）融资体系的比较

从直接融资看，中国中小企业的债券市场和股权交易市场发育不足，造成了中小企业融资过于依赖间接融资体系；从间接融资看，1990年之

① 刘勇，李善同．国外中小企业融资方式及其启示［N］．中国经济时报，2001.

前，中国正规的证券市场尚未建立，融资体系作用的发挥依赖四大国有银行为主体的间接融资体系；1990 年至 2001 年，中国证券市场、外汇市场、货币市场逐步形成，国有银行商业化改革逐步推行，企业融资方式趋于多元化，但由于制度惯性以及金融市场发育远未成熟，企业融资方式仍以间接融资为主；2001 年至今，金融监管“一行三会”体制确立，金融市场不断发展壮大，金融行业形成银行与金融市场共同发展、金融市场发展相对较快的局面，市场融资比重得到较大程度提高，特别是近几年证券市场发展迅速，通过发行股票和发行债券的融资占社会融资规模的比重得到较大幅度提升。从商业银行体系的运作看，四大国有独资商业银行并不适应中小企业融资的要求。目前，我国金融市场发育远未成熟，金融市场还存在较多亟待解决的问题。因此，需要改革。

### （二）融资方式的比较

截止到 2016 年 9 月，我国股票市场的流通股总市值还不到 GDP 的 66%，债券市场也受到严格的金融管制，中小企业难以通过直接融资渠道获得资金。从间接融资看，中小企业主要通过抵押和担保手段向商业银行融资，并且，难以得到政策性的担保支持，融资手段的单一，造成了中小企业的融资困难。

### （三）融资风险控制系统的比较

对于中小企业融资风险的防范，中国并没有采取特别的政策措施，政府一方面要求商业银行增加对中小企业贷款；另一方面，又没有采取积极的措施，通过担保机构的运作来帮助商业银行分担风险，金融风险主要还是由银行系统承担，为此，需要积极发展担保机构。此外，风险投资公司以及金融市场的缺乏，也造成了风险过于集中于银行体系的现象，需要加以改进。

## 六、国外经验对中国解决中小企业融资创新的启示

中国中小企业面临的首要问题是资金的严重不足。国家已采取措施，如要求各商业银行成立“中小企业信贷部”，并提高了中小企业借贷的上

浮利率的幅度，以鼓励银行开展中小企业信贷工作。然而，效果还不理想。究其原因在于，中国中小企业的融资体系和资金扶持政策尚处于起步阶段，融资渠道和政策体系还缺乏完整性和系统性；中小企业的要融资渠道尚未明确；政府扶持政策的作用对象也缺乏针对性或重点。为建立有中国特色的中小企业正常的资金融通体系和渠道，完善中国政府的资金扶持政策体系，需借鉴国外的先进经验，建议：

### （一）进一步加快现代规范的企业制度建设，还公司制中小企业符合市场经济运行机制要求的自然的直接融资权

按照公司制的法理要求，还公司制中小企业的基本的直接融资权。目前，中国各类公司制企业，虽然尽了上缴公司所得税的义务，但仍然不能完全享有自由发行债券和股票的权利。如果公司想发行债券或股票，必须经过有关部门的严格审批，符合一定条件者，才能获得发行权；而且所发行的债券，特别是股票，必须进入公开市场，不允许柜台交易的存在。这与国外公司制企业直接向社会募集资金的做法是很不一样的。在西方国家，公司制企业发行债券或股票只需获得证券监察部门的审核和备案，所发行债券或股票主要通过柜台交易进行，而通过证券交易所（或所谓“第二板块市场”）公开发行的债券或股票只占全部公司债券或股票的极小一部分。因为证券交易所对上市的公司债券或股票是有相当严格的要求的，只有表现较好的公司发行的债券或股票才能进入到证券交易所流通上市。而大量的一般公司的债券或股票只能通过柜台交易来完成。当然，债券或股票的柜台交易和证券交易所上的公开上市是有密切关联的，并且还不断地相互转化。一方面，柜台式交易为证券交易所公开上市提供了广泛而坚实的基础（许多债券或股票在证券交易所公开上市之前，必须有一定的柜台式交易的良好记录）；另一方面，证券交易所的公开市场也为柜台式交易提供了合理的价格参照体系。

因此，为保证中国证券市场的健康发展，还公司制中小企业的基本的直接融资权，建议尽快建立中国正常的债券或股票的柜台交易市场体系。规范的符合市场机制要求的企业融资体系的建立，将为解决中国部分中小企业“过度”融资问题创造条件。

### （二）建立专门的中小企业金融机构，鼓励中小企业间建立互助金融组织

随着中国金融机构专业化程度的不断加深，专门服务于中小企业的金融机构将应运而生。实践证明，金融机构是偏爱实力雄厚的大型企业的，特别是大型的金融机构更是主要为大型企业提供服务，即使它们设有中小企业金融服务机构也往往是一种摆设，并不起什么作用。专门化的中小企业金融机构则不同，它们的金融实力与中小企业相当，或有政府的大力支持，可以专门从事对中小企业的融资活动，从而有利于不断积累为中小企业服务的经验，提高中小企业融资的质量，促进金融业和中小企业的共同健康发展。

中小企业间也可建立互助金融组织，加强共同发展和风险共担的能力，并为建立专门的中小企业金融机构打下良好的基础。

### （三）建立符合中国国情的"第二板块市场"

"第二板块市场"对于我国创业投资体系的建设、多层次资本市场的构建以及我国其他方面的经济改革都有极大的推动作用。2009 年 10 月 30 日，首批 28 家第二板块市场公司集中在深交所挂牌交易。在短短一年的时间里，我国第二板块市场发展迅速。截至 2016 年 9 月，第二板块市场共有 500 多家公司已上市交易。

### （四）鼓励中小企业的创业者向亲朋好友借资

中国是一个比较重亲情的国家，亲戚朋友之间的相互接济是经常发生的，并常被视为一种美德。在新的形势下，完全有必要将这种亲情关系引导到一种正常的规范的创业投资关系上来。借鉴意大利和法国的做法，制定相应的鼓励和扶持中小企业的创业者向亲朋好友借资的措施，以建立一条中小企业便捷有效的融资渠道。

### （五）要从税收、财政支出、贷款援助和直接融资等各方面建立和完善中国中小企业资金扶持政策体系

各国的实践表明，中小企业的资金困难问题，需要从多种渠道去解

决，单靠一种途径是不行的。目前，特别重要的是应尽快在进一步鼓励银行开展中小企业信贷工作的基础上，建立和完善中国中小企业的信贷担保机制。至于政府对中小企业的资金扶持是选择以美国为代表的信贷担保为主的模式，还是选择以日本为代表的直接“优惠”信贷（相对民间商业银行对中小企业较高的信贷利率而言）模式，则要具体情况具体分析。美国的信贷担保模式资金利用效率高、中小企业受益广、资金安全系数高，但手续复杂，获得贷款时间相对较长，对中小企业和经济的启动作用相对较慢。日本的直接信贷支持模式需要政府投入的资金量大，资金风险也较大，但手续相对较简便，获得贷款时间较短，对中小企业和经济的启动作用相对较快。因此，中国可以充分利用这两种政府对中小企业资金扶持模式的特点及长处，根据某一时刻中国中小企业和国民经济运行的特点，灵活地运用这两种方式，以取得政府扶持中小企业资金的最大效果。中小企业融资难是一个世界性的问题。比较而言，西方国家这个难题是一种较为单纯的经济运行中的问题。一方面，中小企业规模相对较小，经营变数多，风险大，信用能力较低。另一方面，资金是一种特殊的服务性商品，在它的出租或委托经营中极易受到侵蚀，成为所谓“坏账”而得不到归还和补偿，由此造成的经济和社会影响具有连锁性和整体性，因此，一般资金所有者或金融机构在资金融通上都普遍采取谨慎性原则，有关政府部门也要求这样做，这就先天性地决定了中小企业筹资难。另外，如同任何一般商品一样，资金的零售比批发的成本高，相应的“价格”也较高，因此，中小企业融资的代价也较高，这进一步增加了融资的难度。这是西方国家中小企业融资面临的一般情况。而中国中小企业不仅会遇到上述由经济运行本身所带来的不利的融资环境，而且还会遇到由于经济体制改革滞后所带来的一些制约因素和一些缺乏基本金融原则的融资规定所带来的不利影响。因此，中小企业的资金问题在中国表现得更为复杂，既表现在融资难上，又表现在表面上的所谓负债“过度”的反常现象上。

# 第八章　国外对中小企业科技创新的政策措施

## 一、利用健全的法律体系促进中小企业创新

法律是支持中小企业创新的基础性措施，西方国家设立促进中小企业的相关法律，以中小企业基本法为依据，制定促进中小企业技术创新的相关制度，协调各项单项法律法规之间关系，发挥法律支持体系的整体功能。在美国，先后颁布了《史蒂文森—怀特勒创新法》《中小企业创新发展法》《技术创新发展法》等促进科技型中小企业的法律。为了更好地发挥小企业在创新中的作用，美国政府特地制定了“小企业创新研究计划”和“小企业技术转让计划”。这些法律使对科技型中小企业的扶持措施法律化，并通过政府的相关政策得到落实。① 在英国，政府于 20 世纪 80 年代开始，为保护中小企业的利益出台了 110 多个法案。法国国民议会通过了旨在维护中小企业利益的有关立法，以保障众多的小商业在竞争中的合法利益。② 日本中小企业法律支持体系由宪法、科学技术基本法、技术创新服务单行法、行政法规、部门规章、地方法规和地方规章组成，如《小企业基本法》《禁止垄断法》《中小企业振兴资金助成法》《中小企业现代化促进法》等，目前又制定了《加强中小企业技术创新减税法》等十几项法律支持中小企业技术创新。③

---

① 刘小川．论中国科技型中小企业发展的政策推动［J］．南京大学学报（哲学·人文科学·社会科学），2002（6）39：137－138.

② 王晓红，毕克新．中小企业技术创新支持体系研究综述［J］．工业技术经济，2006（3）25：2－6.

③ 周彩红，李廉水．政策供给与中国中小高科技企业的发展［J］．科学学与科学技术管理，2004（2）：139.

发达国家的这些法律在促进中小企业技术创新方面起到了良好的作用，保证了各项具体措施得以落实。

## 二、设立专门的管理机构处理中小企业创新中的事宜

美、日、德等国家在政府经济部门下设有中小企业管理机构和地方分支机构，专门处理与中小企业发展相关的事务。

从20世纪40年代起，美国就开始设立扶持小企业发展的官方机构。美国政府对小企业的管理机构主要由三个部门组成：一是参众两院设立的小企业委员会，主要听取小企业管理局和总统小企业会议对有关小企业发展政策的建议和意见。二是联邦政府小企业管理局。它是美国小企业的最高政府管理机构，负责向小企业提供资助和支持，并维护小企业的利益。三是白宫总统小企业会议。它主要就小企业的法律制定、政策协调、资金融通、信息咨询和社会服务等问题进行讨论，以便总统决策。

英国工业部设立小企业局，下设四个职能部门，其主要任务是对咨询服务、研究开发、小企业主的培训等进行组织领导工作，并协调政府各部门间的具体政策。

德国在经济部下设立中小企业局，其主要任务是负责研究小企业政策，制订扶持和资助小企业发展计划，负责对小企业管理人员进行培训，管理小企业产品质量标准；促进地区经济合作和科研开发等。①

法国政府成立了专门扶持中小企业技术创新的机构，即国家技术交流转让中心（ANVAR）。其主要任务是促进中小企业的技术创新；将技术成果介绍、转让给企业；支持各种有关企业技术进步的合作计划，帮助企业寻找技术合作伙伴等。

日本政府采取主动干预中小企业政策，早在1948年就在通产省设立中小企业厅，作为管理中小企业的最高机构，指导和扶植中小企业的技术创新，并在中小企业厅内成立技术科，具体负责中小企业的技术指导、技术开发、技术人员的进修等工作。其政策的着力点在于提升中小企业结构层

---

① 李真真．国外政府支持中小企业创新的政策与模式［EB/OL］．http：//innofund. dlinfo. gov. cn/UploadFiles/2004121695823302. ppt.

次，改变中小科技企业在经营活动中的劣势。

一般来说，西方各国中小企业管理机构主要按照税收、金融、科技、教育培训等方面进行部内组织设计，为中小企业提供各种指导、咨询服务。

## 三、提供人才培训和产业指导中小企业创新

西方许多国家政府在社会服务方面也尽可能为中小企业提供扶持，使中小企业有一个较好的外围环境。

**1. 美国**

在美国，政府专门建立了与信息高速公路相连的中小企业服务网、小企业信息中心等社会中介组织，为中小企业提供信息服务；20 世纪 50—60 年代期间，美国高技术企业的“摇篮”硅谷曾普遍出现这样一个现象，科技型中小企业人才流动频繁，流动的结果是带走了技术，不断出现新的竞争者。企业家们为了留住人才，逐渐对企业的体制进行自我改造。改造的结果是“管理参与分配”“知识参与分配”的一种分配和管理体制。其核心内容包括两方面：①公司与其高、中层管理者及主要技术人员签订一种优先购股权协议，这些人员在公司内工作一定期限后可以得到优先购股权。②具有优先购股权的这些人要与公司签订保密协议与永不竞争协议。优先购股权具有诱惑力。如果公司办得好，成功地上市，拥有这种权利的人能够很快地成为“百万富翁”。同时，由于签订保密协议与永不竞争协议，对签约人具有很大的法律约束力。这种管理体制叫作“金手铐”，它既可以调动人的积极性，又稳定了人才，是一种很值得借鉴的管理体制的办法。

**2. 英国**

为提升中小企业人才素质，英国教育部规定学校必须提供小公司管理方面的培训，并且学生在毕业前要在小公司进行 15 个星期的商业培训。英国政府还成立培训资源中心，帮助小公司签订培训计划，提供管理、技术、资金等方面的信息。英国在工业和技术方面的奖励很多，其中最主要的是“出口和技术”女王奖，授予对英国工业做出杰出贡献者；出口奖，

授予职工在200人以下的小型公司；麦克罗伯奖，授予对技术创新做出卓越成绩的人。①

**3. 法国**

法国政府对中小企业的人才开发和培训非常重视。首先，政府激励中小企业雇用高科技人才，以加强其技术开发能力。政府的具体扶持措施有：制定“工业研究培训协议”，这是政府每年资助中小企业结合企业本身提出的课题并招聘年轻大学生开展博士论文研究工作而设置的资助经费；签署“高级技术员研究培训协议”，政府每年资助签协议企业培训数十名高级技术员。其次，政府支持设立合同研究社团，即各地在工商会、工业集团以及银行部门的协助下成立的地区技术创新与转移中心，从人才培训、科技支持、设备共享、工程建设以及加工利用等方面支持本地区中小企业的创新活动。②

**4. 意大利**

意大利的社会化服务系统使中小企业健全了思考系统、感官系统、指挥系统、防卫系统以及自我优化机制。意大利政府通过积极促进国际关系和紧跟国际金融机构的活动，为中小企业海外经营活动创造良好的先决条件和信息沟通。另外，意大利也开展“发展意大利”和“投资在意大利”的活动，目的是为国外投资者提供投资商业机会的信息和数据。意大利政府外交部对意大利中小企业提供非金融性的帮助。还有一个更有趣的途径，政府为意大利中小企业在商业和海外投资机会方面提供信息，被称为“内部机构协调系统”。大使馆和贸易委员会不断对企业和海外合作项目提供系统信息。其他法令和措施主要在食品、旅馆、旅游区域等方面鼓励出口和发展意大利商会的海外业务和企业集团。上述活动一般是由一个永久性的执委会（关于经济导向的永久性的执委会，它下属于由首相和外交、贸易、金融、工业和农业政策部部长组成的办公室）牵头和进行操作的。意大利为科技型中小企业提供社会化服务的系统大体由四个层次构成，即

---

① Outlook on Science Policy ：1987 Annual Review of U K Government Funded R&D，January 1988.

② 刘小川．论中国科技型中小企业发展的政策推动［J］．南京大学学报（哲学·人文科学·社会科学），2002，6（39）：137－138.

各级政府设立的专门为中小企业提供服务的咨询机构和科研机构、行业组织及商会设立的中小企业服务机构、行业的专门服务机构以及中小企业联营自办的服务机构。

**5. 日本**

日本政府注重对中小企业进行技术开发指导，为帮助中小企业进行产品开发研究，日本政府建立了技术顾问制度，在全国各地设立了200多个公立试验机构，聘用技术上有丰富经验的专家、工程技术人员担任顾问，就提高中小企业产品的技术水平问题进行可行性研究和试验，并到现场具体指导，在都道府县建立中小企业技术人员研修制度，为中小企业培养技术人才。

**6. 韩国**

韩国政府为中小企业的工厂自动化提供技术指导、培育技术人才及提供技术信息等，韩国的“中小企业振兴公司”设立了“中小企业情报银行”，为信息情报力量不足的中小企业提供必要的信息情报，并协助中小企业建立现代化的信息情报系统。

**7. 其他国家**

爱尔兰、丹麦等国家通过建立中小企业创新网给予中小企业资本支持。各国政府都非常重视产学研的联合，提出了政府要积极促进企业从高等院校引进新技术，学习新的生产方法，由企业、大学和研究机构共同进行联合开发。中介服务机构、信息咨询与直接技术援助对科技型中小企业创新也有着重大的积极意义。①

## 四、促进中小企业技术创新的税收政策

在发达国家的工业化和信息化的过程中，税收政策对中小企业的发展起了极其重要的作用，对中小企业技术创新从税收政策上给予持续的扶持

① 王晓红，毕克新．中小企业技术创新支持体系研究综述［J］．工业技术经济，2006，25（3）：2－6.

与激励是西方发达国家税制优化变迁的重要内容。①

**1. 美国**

美国新技术革命与产业特点的深化，使得某些行业更适合于中小企业而不是大型企业经营，新技术的快速发展为中小企业的成长提供了更为广阔的空间。据统计，从20世纪初到70年代末，美国有一半以上的科技发展项目是由中小企业完成的；进入20世纪90年代以来，美国更有大约75%的技术创新活动由中小企业完成；随着经济社会进入网络时代，在科技信息资源的挖掘与利用方面，中小企业已经赶上甚至超越大型企业，其反应灵活的优势在市场竞争中得到了更好的体现。为此，美国制定并实施了一系列激励中小企业技术创新的税收政策。主要包括：②

（1）科技创新型中小企业实现的资本收益，实行税率减半的优惠政策，按14%征税。

（2）新购进的作为固定资产管理的设备，使用年限如超过5年，其购入价格的10%可抵扣当年的应纳税额。

（3）允许小型企业实行加速折旧或特别折旧制度。

（4）地方政府普遍对新兴的中小科技企业减免一定比例的地方税税额。

（5）激励中小企业加大研发投入和科研力度的政策：如果本纳税年度通常的研究开发费用超过前3年的平均发生额，那么其超过部分的25%免予征税；如果中小企业从事的是基础研究，纳税年度研发费用的65%作为非征税对象免予计税，同时企业的研发费用增长额可以冲减当年税额。

**2. 日本**

日本政府制定了《中小企业基本法》，该部法律是政府给予中小企业各方面政策支持的基本法律，对于科技创新型中小企业给予了强有力的税收政策支持。例如，减免法人税、固定资产税及所得税，同时根据不同情况在消费税缴纳、节约能源等方面提供了诸多的税收优惠政策，具体包括：

（1）对于试验研究费用超过当年销售收入3%的中小企业以及创业时

---

①② 倪国锋．促进我国中小企业技术创新的税收政策思考［J］．中国管理信息化，2011（7）．

间未满5年的中小科技型企业，减收6%的法人税或所得税。

（2）为鼓励中小企业新技术投资，规定给予相当于购置价7%的法人税特别税额扣除，此外还有强化中小企业技术基础的法人税税额扣除规定。

（3）对于从事新技术与设备投资从而节约能源或利用新能源的中小企业，在设备折旧等方面给予较大的税收优惠。

（4）中小企业为提升自身研发能力而购买或租借的机器设备，在使用的第一个纳税年度可以作30%的非正常折旧，或是免缴7%的所得税税金。

**3. 法国**

法国中小企业占全部企业的80%以上，政府为支持中小企业的健康与快速发展，制定并实施了一系列科学合理的税收激励政策，其中促进中小企业技术创新的税收政策主要有：

（1）建立了“研发投资税收优惠待遇”制度，规定如果中小企业当年的研发投资额比上一年度有所增加，那么研发投资增加额的50%可以抵免公司当年企业所得税税额。

（2）中小企业以专利、发明或工业生产方法等无形资产进行投资所获得的利润增值部分，可以延迟5年缴纳税款。

**4. 澳大利亚**

澳大利亚政府为了刺激中小企业增加研发投入和提高研发能力，专门制定了研发支出按实际发生额的150%扣除的税收政策。

**5. 加拿大**

科学研究与技术开发支出（包括经常性支出和资本性支出，但不包括建筑物支出）的20%可以抵免当期应纳税额，未抵免完的部分后7年内可继续抵免；对上年应税资产不足1500万加拿大元、应税收入不足40万加拿大元的小企业，对其用于研发支出的第一个200万加拿大元，全部返还，其他经常性支出与资本性支出则返还40%。

综上所述，发达国家激励中小企业技术创新的税收政策主要有以下几个特点：①

① 倪国锋．促进我国中小企业技术创新的税收政策思考［J］．中国管理信息化，2011（7）．

（1）非常重视对中小企业技术创新的政策支持。各国政府所采取的促进中小企业发展的税收政策中，基本上都含有激励企业技术创新的一些措施，并且这些措施作为税收调控的主要手段，政府能够一以贯之并根据实际情况及时补充和调整，既体现了国家宏观调控的基本导向，又与时俱进，具有鲜明的时代特征。

（2）税收激励针对性强。众所周知，资本和知识密集是技术创新的基本特征，虽然中小企业善于发现市场需求，经营灵活，创新意识强，但因为它在人才、资金和技术等方面有着自身难以逾越的障碍，会出现市场失灵的问题，其技术创新活动必然会受到一定的限制。为了解决这一困境，各国政府普遍采取了有针对性的税收激励政策，从而尽可能地降低企业进行技术创新的风险，为中小企业顺利开展技术创新活动清除障碍。

（3）激励政策相互配合。各国激励中小企业技术创新的税收政策涉及所得税、流转税、财产税等多个税种，并且各税种能够相互配合与强化，发挥出合力，已经基本形成各自作用明显又互为补充的税收激励政策体系。

（4）激励方式多样。各国政府普遍制定实施了多种多样的税收激励方式，如减免税、加速折旧、费用扣除、投资减免等，并且各种方式优惠力度明显，规定详细具体，可操作性强。

## 五、建立有效的融资支持平台

有学者认为：国外关于中小科技企业融资方面的研究主要集中于从国家的角度解决问题，其中比较成熟的是关于美国纳斯达克（NASDAQ）创业板市场在推动中小科技企业成长方面的作用的研究与评论。发达国家一般都是通过建立针对中小科技企业的政策性金融扶持机制和完善的科技风险投资服务体系来促进中小科技企业发展。从各国的实践上分析，主要从以下几方面进行支持：[①]

① 蓝寿荣，陈源．国外科技型中小企业创新制度述要［J］．科技创业月刊，2008（11）．

### (一)成立政策性贷款机构

如美国政府直接对中小科技企业提供的融资渠道有三种：一是向小企业进行风险投资；二是向遭受自然灾害的小企业提供自然灾害贷款；三是向小企业提供出口信贷。日本对中小科技企业资金支持力度更大，政府主要通过三条渠道为中小企业提供融资服务：一是由5家政府系统金融机构向中小企业低息贷款（国民金融公库、商工组合中小企业金融公库、中央公库、环境卫生金融公库、冲绳振兴开发金融公库）；二是政府全资或部分出资成立专为中小企业申请贷款提供保险和担保机构；三是政府认购中小企业为充实资本而发行的股票和公司债券等。此外，还有英国的凤凰基金、韩国的中小企业产业银行等都为本国中小科技企业的发展提供政策性融资支持。

### (二)创新的资本市场

在主板市场之外设立二板（高科技）股票市场，是发达国家发展创业投资体系，促进中小企业直接融资的通行做法。如美国的NASDAQ、韩国的KODASQ、马来西亚的MESDAQ、日本的OTC市场、新加坡的SESDAQ等。二板（高科技）市场的上市条件较低，比较符合中小科技企业上市融资。二板股票市场直接融资渠道的开辟与拓展，在一定程度上促进了发达国家中小科技企业融资来源的多元化。

### (三)建立政策性担保机构和信息服务体系

如美国小企业管理局、日本的中小企业信用公库、韩国的信用保证基金等。政府充分发挥信用担保机构和信息服务体系的作用，通过定期发布中小科技企业融资信息、提高信用担保额度、扩大担保商品范围和放宽担保要求等措施，为商业银行向有发展潜力的科技型中小企业贷款提供重要信息支持和担保保证。

### (四)成立风险投资公司

风险投资公司主要有独立的私人风险投资公司、合作风险投资公司与政府中小企业风险投资公司三种类型。

此外，加强对中小企业融资的法律法规制定，扶持中小企业多渠道融资。如美国的《机会均等法》《中小企业贷款增加法》《国家证券市场改进法》等；日本的《中小企业信用法》《中小企业基本法》《中小企业信用保险公库法》以及《中小企业现代化资金援助法》等。①

## 六、美国对中小企业科技创新的政策分析

### （一）美国支持中小企业科技创新政策的特点

美国政府对中小企业科技创新的支持政策是复杂、全面的，仍然处在调整状态中。总的来看，这些政策表现了美国在支持中小企业科技创新上的几个显著特点：

**1. 以完善法律支持体系为前提基础**

为了将中小企业的科技创新纳入国家经济发展的主要框架之内，并为其提供有力的法律保障，美国政府通过制定专门的法律和计划，实施了一系列完善相关立法的举措，来扶持中小企业的技术创新。这已经成为推进中小企业科技创新活动的基础和前提条件。美国的科技立法非常完备，已经形成了一整套针对中小企业科技创新的法律体系。该体系确立了一部基本法——《小企业创新发展法》作为核心，并以一系列鼓励科技创新和实现成果转化的法律为支撑，为中小企业的科技创新提供全方位、多角度的法律保障。如《反垄断法》的制定，为中小企业技术创新创造了一个鼓励竞争的健康环境；知识产权保护法的严格执行，保障了中小企业参与科技创新的基本权益；其他涉及的范围还包括专利、技术转移及商标等。同时，美国中小企业创新法体系并不是一蹴而就，一成不变的，正相反，它的形成经历了一个不断调整、充实的动态过程，根据中小企业开展技术创新的实践经验和问题，进一步改善旧有的法律法规，添加充实新的立法规范。

美国中小企业科技创新的法律支持，还为政府成功开展实施具体创新

① 衣长军．国外促进中小科技企业融资创新的成功经验与启示［J］．重庆邮电学院学报（社会科学版），2005（6）：843－845.

项目计划提供了法律依据。迄今为止，美国小企业管理局实施的一个收效最为显著的创新计划是中小企业技术创新奖励计划（SBIR），鼓励中小企业利用自身技术潜力实现其创新市场化，推进了创新技术、产品和服务体系的形成。该计划就是根据《小企业创新发展法》于1983年开始实施的。此外，美国国会依据1992年施行的《加强小企业研究与发展法》，于1994年推动实施了一个实验性的小企业技术转让奖励项目（STTR），以此促进中小企业与非营利性研究机构的合作及创新技术向小企业的转移，从而实现公私部门的合作发展。应该说，在中小企业创新法案的体系框架内，美国政府的创新计划和项目才得以顺利实施。

**2. 以改善创新融资体系为关键手段**

中小企业发展进程中的最大障碍就是融资困难，这是由其自身信用状况和在融资体系中的弱势地位决定的，尤其是在科技创新活动中，由于经营风险大、可担保财产有限，更是难以获得相关的资金支持，严重阻碍了中小企业的创新活动。因此，为维护中小企业的利益，充分发挥其在经济中的重要作用，美国政府利用财政税收政策，改善创新型中小企业的融资体系，这也是美国支持中小企业科技创新政策的一个重要特征。

美国政府通过财政专项补贴和财政低息贷款为中小企业科技创新提供直接的资金支持，成为推进中小企业技术进步的强大动力，但由于政府补贴对象的选择缺乏市场竞争机制，直接财政补贴的长期效应并不理想，因此，目前美国政府在创新政策制定中更加重视对中小企业间接的资金支持，使中小企业科技创新的资金需求能够按照市场竞争规律得到满足。例如，以财政担保政策改善中小企业的信用等级，为中小企业与商业银行等金融机构之间架设了良好的融资桥梁，尤其是政府担保权流通性的实现，进一步提高了放款银行的资产流动性，降低了其经营风险，能够在一定程度上刺激商业银行的放贷行为。但是，同样作为企业的银行，经营目标是保证安全性和盈利性，其必然会在对借款企业项目的详细考察和分析的基础上进行决策，对那些缺乏市场潜力的项目也不会仅凭政府担保就贸然放款。

另外，美国政府在推进中小企业科技创新的政策中，更注重风险投资机制的运用，除了直接财政参与风险投资以外，更主要的是借助扶持和保障措施，正确引导私人投资进入风险投资业，充分动员社会闲置资金的力量。例如，实施针对风险投资的税收优惠政策；放宽高新技术产业风险投资公司的上市要求，以使风险投资公司能较早地从证券市场等渠道筹集风险资本；通过政府高技术政府采购政策、对风险企业的有限反垄断豁免等减轻风险企业的市场风险和技术风险。20 世纪 80 年代以来，美国高科技中小企业的风险投资发展非常迅速，正是由于美国风险投资业的蓬勃发展，创新型中小企业才能在发展初期获得充足的资金支持并不断发展壮大，成为美国科技创新的生力军。

**3. 以建立创新服务体系为有力支撑**

重视创新服务体系的服务职能是美国中小企业创新扶持政策的另一个重要特征。中小企业的科技创新不仅需要完备的法律基础和充足的资金支持，更需要在信息获取、技术转移以及成果实现等方面得到全面的服务。在美国支持中小企业开展科技创新的政策中，创新服务体系已经成为不可或缺的重要组成部分。美国中小企业的创新服务体系，体现了全社会在政府意志主导下，相互协调促进的组织机制，推动了各个主体之间的合理分工和合作伙伴关系的建立。明确各类中介服务机构的作用主要在于协调各创新组织与机构之间的关系，形成相互作用的合作网络，促进知识和资源的集成、转移及分享。科技创新活动的开展需要由多方参与者共同完成，大学是基础研究的主体，国家和私人科研机构是进一步研究开发的主体，中小企业是科技成果商品化的主体，其他各类中介服务组织（信息咨询、资金融通、法律咨询等）则是加速推广创新技术的主体，各个主体在创新服务体系中建立起相互协调、相互促进的创新机制，通过减少中小企业研发成本的投入，润滑科技创新的进程，使原来互不联系的公共、私人和学术界三方面逐步适应共同发展，形成产学研三结合的科技创新开发联盟。

## （二）美国支持中小企业科技创新政策对中国的启示

美国对中小企业科技创新的政策支持取得了举世瞩目的成效，其政策支持体系形成的丰富经验是各国推行创新型战略的有益借鉴。针对中国中小企业在科技创新中所面临的政策环境，我们可以从美国支持中小企业的科技创新政策中得到启发，进一步完善中国的中小企业科技创新政策。①

**1. 建立完备的中小企业科技创新法律支持体系，加大中小企业的权益保护力度**

完善的法律支持体系是促进中小企业科技创新并获得持续发展的必要前提和保障。从美国的经验来看，当前我们迫切需要建立一个专门针对中小企业技术创新的法律支持体系，使创新计划的实施和创新活动的开展有法可依，有章可循，最大限度地保障中小企业的利益。一方面要求政府在现有法律法规的基础上，确立一部促进和扶持民营企业发展的基本法，明确民营企业应有的法律地位，认真清理歧视性政策法规和制度；另一方面，对中小企业科技创新的相关政策法规进行整合、规范，建立完善的法律支撑体系，如出台技术创新法以加强知识产权保护、建立反垄断法以促进公平竞争、制定技术转移法以推进技术成果转化等。同时，根据中小企业科技创新中遇到的实际问题，政策制定者还需要对相关的法律法规进行及时有效的调整，使之适应新形势的变化。

**2. 改善中小企业科技创新的融资机制，有效解决中小企业的融资“瓶颈”问题**

为解决中小企业技术创新的融资难题，政府应从直接财政资金补贴和间接财政政策扶持两个方面入手，尤其应更重视市场机制在中小企业融资难题中作用的发挥，通过财政政策的扶持效应，推动中小企业自身融资能力的提高。具体来说，解决中小企业科技创新的融资难题，可以考虑的政策支持有：①加大对中小企业的财政补贴力度，强调基础研究与应用研究并重，对中小企业的创新投入给予支持和奖励，以提高其创新意识和主动性；②提高政府采购对科技型中小企业的倾斜度，以此激励民营企业参与开发应用高新技术，并减少企业技术创新所面临的市场风险；③进一步调整对中小企业创新行为的税收政策，针对技术改造和研究创造应给予优厚的财税政策支持，推行力度更大的税收优惠和研发成本的税收抵扣；④进一步完善对中小企业的担保机制，一方面，充分发挥政府的财政担保作

① 王心如，马骥．美国支持中小企业科技创新的政策体系及其借鉴［J］．商业研究，2009(5)．

用，分担中小企业的融资风险，有效引导银行参与中小企业技术创新的意愿，促进银企合作；另一方面，通过税收优惠、风险补偿等政策鼓励引导担保机构对中小企业技术创新提供支持；⑤加强改善金融服务，鼓励商业银行根据中小企业创新特点加大金融产品的创新力度，并推进中小企业信用评级体系的建设；⑥加快中小企业投资公司的发展，加大对中小企业创新投资的政策支持和风险补偿，促进风险投资机制积极作用的发挥；⑦积极推动中小企业创业板的建立，鼓励中小企业上市融资，从而拓宽融资渠道。

**3. 健全中小企业科技创新的服务支持体系，协调各方参与主体的互动机制**

借鉴美国建立中小企业科技创新服务支持体系的成功经验，中国应在政府的主导作用下，逐步建立起一个系统有效的创新服务体系，为中小企业的技术创新营造有利的环境。例如：①大力推进中国中小企业信息化和网络化服务，从改善中小企业信息化建设的基础条件入手，在全国范围内建立产业技术服务网络，为企业提供及时全面的经济信息与技术信息。②建立咨询服务公司和中小企业发展中心，为民营企业的技术创新活动提供指导、咨询和帮助，促进科研成果的商品化和产业化。③提高科研院所在企业创新中的参与度，在政策协调机制下建立大学—政府—企业的三重互动关系，同时鼓励中国国内研发实体充分利用国际基础设施开展国际合作研究，提高创新效率，完善产学研科技创新联盟体系。

此外，应该着重指出的是，中小企业科技创新政策的制定和修改需要同步进行，以保证政策的时效性和可操作性，而且，需要政府健全和完善科技创新政策的执行和监督机制，确保政策执行的有效性和客观的信息反馈，为进一步的政策调整提供依据。①

## 七、德国对中小企业科技创新的政策分析

中小企业是德国重要的经济支柱，在德国工业产值创造中发挥着不可

---

① 王心如，马骥．美国支持中小企业科技创新的政策体系及其借鉴［J］．商业研究，2009(5)．

忽视的作用。由于中小企业经济实力相对较弱，很难承担巨大的研发成本，因此在创新方面处于劣势。德国政府高度重视中小企业发展，鼓励企业积极进行研发和创新活动，并采取一系列措施提高中小企业在创新方面的竞争力。2005 年，德国政府将中小企业创新促进资金由 3.75 亿欧元提高到 6.3 亿欧元。促进创新措施主要目的是鼓励企业间或企业与科研机构合作、改善企业科研项目融资条件、鼓励企业接受专业创新咨询服务等。

中小企业创新核心项目（ZIM）是德国政府促进中小企业创新最主要的措施，覆盖范围最广。该项目由以往多个促进项目整合而来，旨在鼓励中小企业进行科研活动，并与其他企业和科研机构开展合作。通过合作，中小企业可以增强企业科研实力，也有利于科技知识和研究成果更快地向生产领域传递，转化为产品推向市场。ZIM 项目为企业间和企业与科研机构间合作开展的科研创新项目提供资助，科研内容不受技术领域限制。除合作形式外，首次进行科研活动的企业以及科研活动停止 5 年后再次启动的企业也可获得资助。资助金额方面，企业可获得自身对该科研项目投入的 35% ~50%，而科研机构最高可获得出资额的 100%。一般来说，雇员少于 50 人的小企业、新联邦州企业和科研机构以及有国外合作伙伴参与的项目可获得相对较高的补贴比例。单个项目最高补贴额为 35 万欧元，大型项目（至少 4 家企业和 2 家科研机构参与）补贴额上限为 200 万欧元。另外，科研活动的前期准备，如市场调研、合作伙伴调查等还可获得额外促进资金。

除 ZIM 外，德国还制定了一些针对性较强的中小企业创新促进措施。

INNO-WATT 项目。针对德国新联邦州（含柏林）经济实力弱，科技企业较少的问题，德国专门制定了促进新联邦州中小企业创新的措施和优惠政策，即 INNO-WATT 项目。该项目由 EuroNorm 公司负责实施，主要任务是为新联邦州工商业领域的中小企业提供科研补贴。补贴额最高为企业科研投入的 45%，上限为 37.5 万欧元。德国每年约有 350 项研发项目获得 INNO-WATT 补贴，很多刚刚起步的企业由此发展成了当地经济发展的主要力量。

ERP 项目。由于中小企业经济实力差，在一般条件下融资相对困难，而且办理抵押贷款的要求较大企业更严格。为减轻企业在进行创新融资时的抵押担保负担，同时也减少商业银行的投资风险，德国政府委托德国复兴信贷银行为企业的创新计划提供长期低息贷款。ERP 贷款由两部分组成，一部分是普通商业贷款，需要担保，但前两年可暂缓支付利息；另一部分是免担保贷款，前 7 年可暂缓支付利息。企业可由此获得更加充裕的资金，提高资金流动性和增加自有资本率。同时，德国政府也鼓励其他银行和投资商在为科技企业融资时，充分考虑其非物质资本，并且努力发展完善非物质资本评估体系。

德国政府鼓励中小企业接受外部创新咨询服务。通过专业咨询服务，企业能够更好地适应日益复杂的经济环境和不断加快的技术更新速度，从而避免在竞争中被淘汰。促进创新管理项目是帮助新联邦州工商业和手工业的小企业接受创新咨询的促进措施。小企业标准是员工不足 50 人，且年营业额不超过 1000 万欧元。德国政府指定了 20 余家咨询机构为该项目的授权机构。符合条件的小企业与这些机构签订咨询合同，机构即可向政府申请补贴，补贴额为合同额的 45% ~55%。咨询内容包括：评估企业发展潜力、提出下一步发展建议、为企业具体问题设计解决方案、为企业介绍技术提供方、对企业进行外部项目管理、为企业创新项目进行总结。通过这些咨询服务，小企业既可以明确发展方向，又降低了创新可能带来的风险。据统计，德国每年约有 430 个咨询合同成功申请补贴，每年政府为此提供约 250 万欧元的补贴。此外，很多全国范围内促进企业接受咨询的项目中也有对中小企业的优惠措施，如促进企业节约原料和提高能效项目、各种企业培训班和企业经验交流项目（TOP）等。

由于促进项目名目众多，为方便企业进行查询并找到合适的项目，经济部与其他联邦机构共同设立了联邦促进咨询系统和数据库，为中小企业就联邦、州和欧盟各个层面的科研创新项目信息提供咨询服务。

## 八、国外促进中小企业科技创新的成功经验和对比

中小企业是指那些经营规模比较小，作业人员比较少，资本额和销售额都不大的企业。从近几年来的发展来看，不管是美国、俄罗斯、东欧国家，还是东南亚各国，中小企业科技创新的发展已成为抑制这些国家经济衰退，维持社会经济均衡发展的重要保障。他们的一系列成功经验，值得中国中小企业借鉴。

### （一）美国：完善立法，援助中小企业科技开发及成果转化

在市场竞争结构安排上，美国一直鼓励竞争，是世界上执行《反垄断法》最坚决的国家。自1890年以来，美国政府颁布了一系列反垄断法和小企业法规，为小企业的生存和发展提供法律上的依据，并做了大量务实的工作，如成立各种小企业领导和管理机构，为小企业提供资金援助、贷款担保、市场信息和各种技术与管理知识等。

同时，美国政府非常重视中小企业的科技创新。它主要通过立法，如《中小企业创新发展法》，引导和促进中小企业科技创新，硬性规定政府各有关部门必须按一定比例向中小企业创新发展计划提供资金，用于援助中小企业开展科技开发和成果转化，主要是资助具有技术专长和发明创造的科技人员创建高科技企业，以促进他们的专利发明转化为生产力。因此，中小企业在计算机、程控仪器、电子元件、工程和科学仪器等行业占有很大比例。①

### （二）德国：政府资助，以社会力量为主导，加强对职工的技能培训

德国政府对中小企业的创新支持体现在对职工技术教育方面的帮助，各地都有政府部门开办的为当地中小企业培训学徒工、对中小企业职工进行知识更新改行培训的职业技术教育中心，经费由政府拨款。政府也帮助一些中小企业就近到有条件的大企业培训职工，甚至在必要时提供资助。德国政府还规定企业必须从销售收入总额中提取一定经费用于对技术工人的培训和后续教育。职工就业前必须经过培训并取得一定的职业技能认证，方能从事本职工作。

### （三）葡萄牙：政企共同出资设立风险投资基金，促进中小企业技术创新

葡萄牙政府设立了一种名为PMEIAPMEI的中小企业风险投资基金，

---

① 胡国良．国外中小企业科技创新的成功经验［N］．市场报，2009－01－12（16）．

共计 3 亿多欧元。该项基金交由葡萄牙中小企业投资公司、中小企业资本公司、葡萄牙商业银行等专业金融机构共同管理。葡萄牙政府希望利用该基金扶持中小企业的技术开发和实现科技成果的转化。

## （四）日本：大集团在高新技术领域控制中小企业创新

日本中小企业的技术创新基本上是在少数大企业集团的控制下来完成的。日本 70% 的企业产权属于法人股东，以三井、三菱、住友等垄断财团为核心横向结合的企业集团基本上控制了日本经济的命脉，而多数中小企业进入这些大财团的系列化生产体系，对这些大企业存在较强的依附性和从属性。尽管日本政府通过了一系列禁止垄断和保护、扶持中小企业的政策、法规，在一定程度上削弱了垄断大企业对中小企业的掠夺，但同一行业的中小企业必须要靠大集团的帮衬才可能完成，一些企业集团，如丰田、松下等，集中在高技术尤其是电子信息业领域内，这些集团控制着大量的中小企业创新。

## （五）东南亚国家：为中小企业的技术开发提供资金融通

一些发展中国家，特别是东南亚国家，看到了金融危机中大企业纷纷落马而小企业充满活力，也开始把注意力转移到中小企业科技创新上来。马来西亚政府成立了中小企业发展机构，重点加强中小企业和大企业的联系，以进行技术转让活动和拓展海外市场。它还在中小企业科技创新方面提供多方面的财务津贴，包括科研开发和开发工作耗费的资金、企业职工技术培训的学费（超过 50%），以及参加国内外商品展销会的开销等。泰国政府除了向致力于科技研究、开发和应用的私人投资者发放长期、低息贷款外，还承担这类企业的部分科研咨询费用。印度政府近年来利用德国和丹麦的援助，在全国设立了 5 个新的培训中心，帮助其中小企业进行科技创新，提高产品质量，帮助其达到国际质量标准，获得 ISO 9000 证书。①

① 胡国良．国外中小企业科技创新的成功经验［N］．市场报，2009－01－12（16）．

## 九、国外经验对中国中小企业创新的启发

### （一）要以观念创新为基础，以制度创新为保证

实践证明，行动来自思想，观念支配行为。企业任何的技术创新都必须建立在观念更新的基础上，只有想得到，才会做得到。管理大师彼得·德鲁克（Peter Drucker）说过，“当今社会不是一场技术革命，也不是一场软件、速度的革命，而是一场观念的革命。”同时，观念创新是没有止境的，现在的新观念经过几年以后，就可能变成老观念。因此，只有不断地进行观念创新，不断产生适应并领先时代发展的新思想、新观念，并具体落实到经营管理活动上，企业才能获得持续发展。制度创新是指企业内部组织结构和运作规则等一系列制度的创新，他们是中小企业技术创新的保证。虽然知识和技术存量规定了企业活动的上限，但它本身并不能决定企业如何在这些限度内取得成功。企业内部的组织结构以及运作规则决定了一个企业的实绩以及知识和技术存量的增长速度，造就了引导和规定创新活动的激励或非激励机制，同时也决定了创新收益分配的基础。正是基于上述原因，技术创新才需要制度创新来保证。①

### （二）要走自主开发和技术引进并举的道路

自主创新无疑对任何企业来说都是至关重要的，但是由于规模、资金、研发能力等的限制，从外部引进技术对于中小企业来说也就显得更为重要，所以很有必要把技术引进提高到和自主创新同等的地位，在重视自主创新的基础上，积极寻求从外部引进先进技术。从美国的实践来看，中小企业可以通过相当多的途径实现技术引进，比如，与大学或研发机构合作开发新技术、与大学或研发机构签订技术研发合同、与大企业合作或作为大企业技术创新的配套环节、购买为大企业拥有但是不愿意被商业化的新技术项目以及通过专门的技术转移中介机构实现技术引进等。结合中国的实际来看，在中小企业中介服务机构不健全的条件下，更需要中小企业

---

① 晓时．国外中小企业技术创新的特征及经验研究［J］．当代财经，2004（12）．

加强和外界的联系，积极寻求和各种研发机构的合作，采取多种方式和途径引进新技术。特别需要指出的是，中小企业尤其是高科技中小企业可以采取进驻企业孵化器的方式来获得全方位的技术创新服务；而且由于企业孵化器中有大量的创新企业存在，所以经常性的技术转移就成为可能。

### （三）充分利用政府对中小企业的优惠政策

由于中小企业在市场竞争中处于不利的地位，各国政府往往通过建立一套针对中小企业的优惠政策来保证市场的公平竞争。这方面以美国的实践最为系统。美国政府是通过专门设立一个小企业管理局（SBA）来处理中小企业的事务，并制定了小企业创新发展研究（SBIR）计划与小企业技术转移研究（STTR）计划，要求部分联邦部门拿出一定比例的研发经费，鼓励中小企业参与联邦的研发活动，鼓励大学或研发机构的创新成果向中小企业的转移，实现商业化。另外，美国政府还制定了小企业投资公司（SBICS）计划，通过全国270多个风险投资公司向中小企业提供长期信贷。除此之外，美国政府还对中小企业实行税收优惠，比如对中小企业不进行双重征税，企业主在做了必要的扣除之后，只对净收入缴纳个人所得税，等等。但是每个国家都有复杂的中小企业政策体系，具体的企业应该首先针对自己的客观情况量身定做一套发展规划，有选择地利用政府的各种优惠政策。实际上，可以把这些优惠政策视为企业所拥有的资源，通过建立一套有效的机制来对其进行甄选和配置，以实现企业的利益最大化。就中国的实际而言，由于政府对于促进中小企业的发展缺乏一套系统的政策措施以及促进计划，中小企业在利用优惠政策方面不像西方国家那样方便，但这并不意味着中国的中小企业在这方面就不能有所作为。中国的中小企业经过几十年的发展，已经成为社会经济生活中的重要影响力量，并且受到社会各界的普遍关注，它们发展的快慢、好坏日益成为国家生活中的大事。相信随着经济的发展、政府改革的继续以及中小企业本身力量的壮大，中小企业的前途将是一片光明。另外，中国的中小企业还可以在改革的过程中寻求发展自我的机会，比如以目前的政府采购体制改革为契机，给予政府采购市场足够的重视，为企业新产品开拓市场、加快企业的资金周转以及进一步的技术创新奠定基础。

## 英国扶持中小企业科技创新的措施

为鼓励中小企业进行科技创新，英国政府努力营造公平、开放和宽松的市场环境，鼓励企业创新、提高生产率、降低价格，对企业研发、中小企业提供必要的资金支持。英国贸易投资署（UKTI）和12个地区发展署（RDA）负责实施地区扶助政策、管理欧洲地区基金的使用及鼓励中小企业科技创新。主要支持措施有：

### 一、英国政府科技创新资助

英国政府对中小企业科技创新可给予以下四类资助：

（一）小型项目资助

对于雇员数少于10人的企业，实施期限在12个月以内的低成本开发项目，最多可给予2万英镑的资助。

（二）创新型研究项目资助

对于雇员数少于50人的企业，实施期限在6~18个月的创新型研究项目，最多可给予7.5万英镑的资助。

（三）创新型开发项目资助

对于雇员数少于250人的企业，为某一具有创新性的产品或流程进行的开发项目，最多可给予20万英镑的资助。

（四）重大科研项目

对于雇员数少于250人的企业，开展对行业有战略意义和广泛经济效益的重大科研项目，最多可给予50万英镑的资助。

### 二、优惠的减免研发税收措施

所有在英企业当研发投入超过1万英镑时，均可享受税收减免，但对中小企业制定了更为优惠的税收减免标准。按欧盟中小企业标准，对于雇员数少于250人，年收入不超过5000万欧元或资产少于4300万欧元的中小企业，其应缴税额可在税前收入中按研发投入的150%扣除，而大企业仅按125%扣除。

## 三、尤里卡计划

英国参加了欧洲尤里卡计划，因此小企业也享受该计划对企业研发创新的资助。其资助项目的标准主要包括：（1）市场导向的高技术研发项目；（2）参与方至少来自2个尤里卡计划成员；（3）研究开发领先的产品、流程或服务；（4）资金来自开发方或公共资助。资助项目的主要领域包括：医药、生物技术、工业流程、信息技术、交通、能源、环境、电信。

## 四、欧盟研发资助

欧盟将其2007—2013年的研发预算增加至700亿欧元，增长了一倍。其主要资助领域包括：健康、食品、农业、生物技术、纳米技术、信息技术、交通、能源、环境（包括气候变化）、电信、社会经济和人文科学等。如果英国中小企业科技创新项目符合相关条件，将可以享受欧盟资助。

## 五、中小企业培训

英国政府制定了培训与企业发展战略，在全国建立了80多个培训与企业局（Training and Enterprise Councils，TECs），主要负责为中小企业提供各类培训，提升中小企业竞争和科技创新实力。

## 六、发展科技孵化器

英国政府将发展科技园及企业孵化器（Science Parks and Business Incubators）视为促进科技创新的重要手段。目前，英国有超过100个科技园，约3000家入园企业，其中有450家海外企业，园内雇员约6.8万人。

英国科技孵化器多依托研究机构和高校设立的科技园为企业提供前沿技术、人力资源和商业支持，由地方政府、大学及工商界设立，受英国政府、欧盟和地区发展署的资助。主要机构为英国科技园协会（UK Science Park Association）。主要科技孵化器包括：剑桥科技园、伯明翰科技园、曼彻斯特科技园、谢菲尔德科技园、牛津科技园、肯特科技园、爱丁堡科技园、卡地夫科技园等。此外，英国有超过325个企业孵化器，为生物、信息技术、创意等产业的创业企业提供支持。主要有谢菲尔德生物孵化器、伦敦数字孵化器、圣约翰创新中心、哈维尔国际商务中心等。

## 美国支持中小企业科技创新的主要政策

### 一、立法支持政策

美国政府对中小企业创新活动的立法支持，为中小企业开展技术创新、提高自我创新能力提供了全面的法律保障。1982 年，美国国会通过《小企业创新发展法》，以鼓励中小企业提高技术水平、加大创新力度、推进技术创新成果的转化。以《小企业创新发展法》为核心，美国政府又陆续出台了一系列法律法规，如《史蒂文森—怀特勒创新法》《国家竞争技术转移法》《联邦技术转移法》《专利法》《知识产权法》《商标法》《反垄断法》等，建立了一个涉及多方面、多角度的法律体系。这些法律法规将技术创新和解决就业确立为中小企业的两大功能，就中小企业的科技计划的设立与实施、技术转移、技术推广、知识产权保护等方面进行了全面的规范。

### 二、财税支持政策

#### （一）财政专项补贴政策

美国政府通过设立专门的政府机构或部门，对中小企业创新活动进行管理和监督，评审出符合相关条件的企业，给予专项补贴。政府各有关部门按照一定的比例向中小企业创新发展计划提供资金，用于援助中小企业开展科技创新，如设立的“中小企业创业研究基金”，就规定国家科学基金会与国家研究开发经费的 10% 要用于支援中小企业的科技创新。同时，联邦政府于 1983 年和 1994 年分别设立的小企业技术创新奖励项目（SBTR）和小企业技术转让奖励项目（STTR）等，以财政补贴设立小企业技术创新奖励项目，对中小企业的技术创新和技术转让施以财政支持。

#### （二）财政低息贷款政策

由于中小企业在融资体系中始终处于弱势地位，很难得到商业银行的贷款支持，即使能够申请到商业贷款，也要承担较高利息成本，因此，美国政府以财政支出向中小企业提供低息贷款，以解决创新活动中的资金困难。小企业创新研究计划（SBIC），就是通过联邦政府向小企业投资公司提供优惠的低息贷款，然后由小企业投资公司以风险投资的方式向科技型中小企业进行投资，为美国几十万家中小企业的发展壮大提供了强大的资金支持，包括目前已经发展成大型企业的苹果电脑、联邦快递及英特尔、微软等企业都曾得到过相应的资金援助。

### （三）财政担保政策

即针对中小企业信用基础薄弱的特点，以政府出资的方式组建信用担保或保险机构，建立中小企业信用担保体系。美国的小企业信用担保体系最为完备，以小企业管理局提供的信用担保为主体、以地方政府和社区的区域性信用担保为辅助，为中小企业提供贷款信用担保，刺激商业银行放贷。此外，小企业局还为中小企业提供国际贸易贷款担保、出口风险担保等多种担保。值得一提的是，为鼓励金融机构向中小企业提供贷款和投资，美国政府允许向小企业提供贷款的金融机构在市场上自由买卖政府的担保权，以提高资金的收益性和流动性。

### （四）税收扶持政策

向中小企业倾斜的税收政策，尤其是对中小企业的科技创新活动施以税收优惠，是美国政府激励企业增加科技投入的主要政策手段之一。美国税法把各类科研机构都定为“非营利机构”，免除其纳税义务。1986 年美国制定的“国内税收法”规定，凡是出现研发经费较上一年有所增加的商业性公司和机构，都可获得相当于新增值 20% 的退税。另外，针对风险投资的税收优惠政策是美国支持中小企业科技创新的一大战略决策，规定风险投资总额的 60% 可免交所得税，并将风险投资的税率从 1970 年的 49% 下降到目前的 20%。

## 三、创新服务支持政策

### （一）建立创新服务机构

社会创新服务体系由多层次的创新服务机构组成，美国在推进中小企业技术创新的进程中，逐步建立了一系列创新服务机构。如中小企业创新服务体系，就是由政府职能部门、政府综合性服务机构、行业协会以及民间机构四个层次构成的，通过政府设立和实施科技计划来推动技术向中小企业的转移，并为其技术创新活动营造有利的发展环境。

### （二）信息咨询中介支持

中小企业技术创新的关键在于科技信息和经济信息的及时获取，美国政府在信息咨询方面也为中小企业提供了有力的支持。如联邦政府建立了小企业信息中心，定期公布市场的发展动态，向小企业提供技术创新方面的计算机硬件、软件和咨询等信息。

（三）技术服务中介支持

为改变中小企业发展忽视创新和研发、一味追求短期效应的惯性，美国政府为其提供一系列技术服务支持，推动创新技术的开发利用、转让以及成果化。联邦政府根据《美国联邦技术创新法》，在商务部设置“联邦技术利用中心”，并在国家各个实验室设立了“研究与技术应用办公室”，建立产业技术中心，向产业界尤其是民营小企业提供技术援助和支持服务。同时，美国政府建立了“孵化器”（又称技术创新中心或技术服务中心），由政府及中介机构为处于创业阶段的小企业和持有科研成果的科技人员提供场所、解决资金并辅以全方位的服务，以推动科技成果向商品的转化。

# 第九章　近年出台实施的融资创新的政策与措施

## 一、北京市中小企业担保资金管理办法

### 北京市中小企业担保资金管理办法

京财经一〔2003〕2213 号

#### 第一章　总则

第一条　为更好地解决中小企业融资担保以及经济活动中的其他信用担保问题，支持中小企业改革和发展，根据《中华人民共和国中小企业促进法》和国家有关法律、法规和政策，特制定本办法。

第二条　本办法所称的担保，是指企业在经济活动中，根据合同的约定，保证债权实现的法律行为，由北京首创投资担保有限责任公司（以下简称“首创担保公司”）以保证的方式提供担保。

第三条　本办法遵循中华人民共和国《担保法》的规定，实行平等、自愿、公平、诚实、信用的原则，通过科学的风险管理机制，在合理分担风险的前提下，讲究经济效益，保障合同当事人各方的合法权益。

#### 第二章　中小企业担保资金的来源、构成与规模

第四条　北京市中小企业担保资金是由市、区县政府及相关单位共同出资，为支持本市中小企业发展，促进中小企业的资金融通、商品流通以及履行经济合同等提供信用担保服务的专项资金。其中市财政局代表市政府出资的 15 亿元人民币，由北京首都创业集团代持，作为首创担保公司的注册资本金管理。

与首创担保公司建立中小企业担保业务合作关系的各区县担保机构，

按其实际出资额的50%和规定的放大倍数增加授权担保规模，由首创担保公司从市政府出资额中匹配相应的资金额度。各区县对其推荐的担保项目按规定比例与首创担保公司分担担保责任，其中由首创担保公司承担的部分，按政府出资方式分别处理。

第五条　中小企业担保资金在适当时候可以吸收优秀企业参加，可以接收海内外社会各界的各种捐赠。

第六条　中小企业担保资金项目的担保余额，不超过“中小企业担保资金”余额的10倍。

## 第三章　中小企业担保资金的管理机构

第七条　中小企业担保资金设立两个管理机构：一是中小企业担保资金监督管理委员会（以下简称“监管会”）；二是中小企业担保资金日常管理机构（以下简称“日常管理机构”）。

第八条　监管会由出资人代表组成，每年第一季度召开一次监管会会议，或经2/3监管会成员提议召开临时监管会会议。主要职责是对实行政府委托管理的中小企业担保资金使用情况进行监督和管理：

1. 根据国家有关法律、法规审核、批准日常管理机构对担保业务的管理制度；

2. 审议、批准年度工作计划和工作报告、收益分配方案、弥补代偿损失方案；

3. 审议、核销坏账和变更资金规模。

第九条　北京首创投资担保有限责任公司为中小企业担保资金日常管理机构，其职责为：

1. 执行监管会批准的年度工作计划，组织实施监管会决议；

2. 对监管会负责，于每年第一季度报告上年度工作执行情况及本年度工作计划；

3. 负责中小企业担保资金日常管理和运作；

4. 提请监管会审议、核销坏账；

5. 提请监管会审议增资或弥补代偿损失方案；

6. 负责中小企业担保资金的财务核算。

## 第四章　中小企业担保资金的担保对象和范围

第十条　中小企业担保资金的担保对象为符合国家颁布的《中小企业

标准暂行规定》中界定的中小企业。

实行政府委托管理的中小企业担保资金可用于开展企业贷款担保、政府指定科技及工业园区基础设施建设贷款担保（政府指定科技及工业园区基础设施建设贷款担保限定在区县政府或其指定部门与首创担保公司联合开展的科技及工业园区基础设施建设信用担保业务）和其他信用担保业务。

实行注册资本金管理的中小企业担保资金适用上述范围，还可用于开展首创担保公司章程规定的其他业务。

中小企业担保资金重点支持符合国家产业政策的科技型、就业型、资源综合利用型、农副产品加工型、农业产业化型、出口创汇型、社区服务型、环保型的中小企业及技术创新、市场和经济效益前景好、吸纳劳动力多、增加就业机会和税源的传统产业项目等。

中小企业担保资金优先支持中小企业短期流动资金融资项目和用高新技术和先进适用技术改造提升传统产业的技术改造项目。对用高新技术和先进适用技术改造提升传统产业的技术改造项目，符合《北京市工业发展资金管理办法》规定的，可按该办法规定的程序申报贷款贴息。

## 第五章　中小企业担保资金的担保程序

第十一条　需要提供信用担保的中小企业可由区县财政部门或区县担保合作机构推荐，还可直接向首创担保公司提出担保申请。首创担保公司按照评审程序，出具相关法律文件。

## 第六章　中小企业担保资金的管理

第十二条　首创担保公司负责中小企业担保资金日常管理和运作。首创担保公司需在确保各出资方利益的前提下，遵循商业法则运作，统一管理，定向使用，分别核算，安全运营，确保增值，透明监督。

第十三条　实行政府委托管理的中小企业担保资金，由首创担保公司统一存入专门开立的账户，进行专户管理，单独核算。担保资金余额沉淀部分可开展安全性好、回报较高、变现能力较强的国债和企业债券买卖、证券投资基金买卖、国债回购等业务，严禁投资股票二级市场和向企业或项目直接投资、拆借资金。

第十四条　实行注册资本金管理的中小企业担保资金，由首创担保公司按公司章程规定管理。通过建立现代企业制度，发挥政府出资的引导性作用，并保证其权益。政府出资不得减持、转让。

第十五条　实行政府委托管理的中小企业担保资金的利息、担保费收入和运作收益按年度核算。按规定交纳税费后的净收益，按各方出资比例或有关协议进行分配。首创担保公司于次年第一季度向监管会报告担保资金运行情况，并提出收益分配和代偿损失处置方案，由监管会批准后执行。

第十六条　实行政府委托管理的中小企业担保资金收益专项管理，其中市政府出资中小企业担保资金运作收益和担保费收入，经市财政局批准，可根据业务需要按一定比例作为专项资金，用于中小企业担保业务考察、培训、宣传和管理等支出；各区县中小企业担保资金运作收益和担保费收入，可用于补充区县担保合作机构的经费支出。

第十七条　实行注册资本金管理的中小企业担保资金收益，由首创担保公司按董事会通过的分配方案进行分配。政府出资收益55%用于补充中小企业担保资本金，其余45%由首创集团支配。

第十八条　首创担保公司建立财务会计报告和担保业务统计报告制度，按季、年向市财政局报送财务会计报告和担保业务统计报告。财务会计报告包括会计报表（资产负债表；利润表；现金流量表及相关附表）、会计报表附注和财务情况说明书。担保业务统计报告包括每笔在保业务贷款金额、担保责任金额、期限和剩余期限、利率、担保费率、贷款本金偿还情况、代偿情况等内容。

第十九条　首创担保公司于每年3月底前将上年度财务会计报告（决算），连同会计师事务所的审计报告，以及上年度的担保业务统计报告报送市财政局备案。

## 第七章　中小企业担保资金的增资和补偿机制

第二十条　中小企业担保资金是市、区县政府为中小企业提供信用担保服务的专项资金，鼓励引入市场竞争机制，拓宽融资渠道，扩大资金规模。市、区县财政可根据担保业务发展情况，按一定比例适当增资。

第二十一条　市财政建立中小企业担保资金风险补偿机制用于弥补担保代偿损失，所需风险补偿资金列入财政预算。

第二十二条　担保代偿率

当年担保代偿率＝当年发生担保代偿金额/当年末在保责任余额

第二十三条　实行政府委托管理的中小企业担保资金风险补偿

1. 市财政根据财政预算平衡的要求和中小企业担保业务的开展情况，核定适当的风险补偿资金，对发生的代偿实行限率补偿，最高补偿比率不超过6%当年担保代偿率。

2. 中小企业担保资金担保项目发生担保代偿，经市财政局审核确认后，在当年核定的担保补偿比率范围内予以弥补。

3. 首创担保公司在取得代位求偿权后，应积极制定追偿措施并实施追偿。追偿债权所得资金，属于财政补偿资金部分的，作为以后年度财政风险补偿的资金来源，单独记账管理。追偿债权所得抵债资产，应限定于国家政策允许流通和可变现的范围，其处置按财政部的有关规定执行。

4. 首创担保公司应在年度终了后4个月内向市财政局提出补偿担保代偿申请，同时提供以下资料：

（1）上年度担保代偿的有关法律文件，包括：代偿通知书、代偿资金凭据、追偿债权资金情况等；

（2）监管会批准的决算方案、收益分配方案、代偿方案及上年工作报告等有关文件。

市财政局对上述资料审查核对，确定上年度财政应补偿的担保代偿数额后，办理资金拨付手续。

第二十四条　实行注册资本金管理的中小企业担保资金风险补偿

1. 中小企业担保资金担保项目发生担保代偿，首创担保公司应首先用其提取的风险准备金抵补，不足部分，经市财政局审核认定属于补偿范围的给予资金补助，最高补偿比率不超过6%当年担保代偿率。其余部分，由以后年度提取的风险准备金弥补。

2. 首创担保公司在取得代位求偿权后，应积极制定追偿措施并实施追偿。追偿债权所得资金中属于风险准备金抵补的，归还风险准备金；属于归还财政补偿资金的部分，首创担保公司应将其中的70%单独记账，作为以后年度市财政风险补偿的资金来源，其余30%增加首创担保公司的风险准备金。追偿债权所得抵债资产按上述规定执行。

3. 首创担保公司应在年度终了后4个月内向市财政局提出补偿担保代偿申请，同时提供以下资料：

(1) 上年度担保代偿的有关法律文件，包括：代偿通知书、代偿资金凭据、风险准备金收支凭据、追偿债权资金情况等；

(2) 董事会批准的决算方案、利润分配方案或弥补亏损方案等文件。

市财政局对上述资料审查核对，确定上年度财政应补偿的担保代偿数额后，办理资金拨付手续。

第二十五条　市对区县中小企业担保资金风险补助

中小企业担保资金入资区县（包括设立担保资金和与首创担保公司开展联合担保业务的中小企业担保机构的区县），应依据上述规定，积极筹措资金，建立相应的中小企业担保风险补偿机制。若该类项目中，经市财政局批准试点的政府指定科技及工业园区基础设施建设贷款担保项目发生担保代偿时，市财政在不超过核定的当年担保补偿率的范围内，按 20% 给予弥补；中小企业担保项目发生担保代偿时，市财政在不超过核定的当年担保补偿率的范围内，按 50% 给予弥补。上述担保代偿其余部分由区县设立的担保风险补偿机制予以弥补。

## 第八章　坏账

第二十六条　确认坏账的条件

1. 被保证人破产或死亡，其破产财产处置收入或遗产收入清偿后仍无法收回；

2. 经执行法律程序后仍无法收回；

3. 因被保证人逾期未履行偿债义务超过 3 年仍然不能收回的。

第二十七条　实行政府委托管理的中小企业担保资金发生的坏账由监管会审核确认，报市、区县财政部门批准后核销；实行注册资本金管理的中小企业担保资金发生的坏账经董事会审议批准后核销。

## 第九章　附则

第二十八条　本办法如与国家的法律、法规不一致时，应做相应修改和调整。

第二十九条　本办法在担保业务实际运作过程中，根据需要和情况的变更，可补充修改。

第三十条　本办法是对北京市财政局 1999 年 1 月 20 日发布的《北京市中小企业担保资金管理办法》的修订，自发布之日起执行，原管理办法即行废止。

第三十一条　本办法由北京市财政局负责解释

## 二、北京市中小企业担保资金管理办法实施细则

### 北京市中小企业担保资金管理办法实施细则

为解决中小企业融资担保问题，支持中小企业改革和发展，根据《中小企业担保资金管理办法》和北京市财政局（以下简称市财政局）、中国经济技术投资担保有限公司（以下简称中投保公司）、北京首都创业集团（以下简称首创集团）三方签订的《关于设立北京市中小企业担保资金并联合开展信用担保业务的框架协议》，特制订本实施细则（1999 年 1 月 12 日）。

**一、支持对象和使用条件**

1. 支持对象：符合以下中小企业划分标准（待国家新的企业划分标准颁布后，按新标准执行），能按照规定提供有效可靠反担保措施的中小企业，不分所有制和企业类型，均可申请信用担保。

工业、农业企业：按照一九八八年四月国家经贸委等五部委颁发的《大中型工业企业划分标准》执行；

批发业：销售额在 6 亿元以下，资产额在 3000 万元以下；

零售业：销售额在 3 亿元以下，资产额在 2000 万元以下；

餐饮业：销售额在 2000 万元以下，资产额在 2000 万元以下；

饭店业：销售额在 3500 万元以下，资产额在 2500 万元以下；

服务业：销售额在 2000 万元以下，资产额在 1000 万元以下；

仓储业：仓储面积在 10 万平方米以下或仓容量在 5 万吨以下，资产额在 2000 万元以下；

房地产开发企业：生产能力（相当于房屋竣工面积）在 30 万平方米以下；

施工企业：生产用固定资产原值在 4000 万元以下。

2. 使用条件：

经工商行政管理部门批准登记注册，独立核算、自负盈亏，具有法人

资格，在国家有关商业银行或其他依法设立的金融机构开立账户的中小企业；具有符合法定要求的注册资本金，必需的经营资金，合法经营，资信程度良好，经营管理水平和经济效益较高；资产负债比例合理，有连续的盈利能力和偿债能力，并能按照规定提供有效可靠的反担保措施。

## 二、担保额度及期限

1. 为单个企业提供担保的金额原则上不超过企业资产额的50%。按行业划分，原则上工业、城建企业单个项目的担保最高限额为1000万元人民币，商业、农业企业单个项目担保最高限额为500万元人民币。

200万元以下，9个月以内的短期流动资金融资担保项目，可优先支持。

2. 单个企业或项目提供担保的期限，原则上不超过2年。

## 三、申请担保的程序

### 1. 申请

中小企业需提出书面担保申请，同时应提交下列文件，并保证其真实性：

(1) 企业《章程》及经过年检的营业执照（副本）复印件并加盖企业公章；

(2) 当期（季、月）和经会计（审计）师事务所验证的上年度财务报表，包括资产负债表、损益表、现金流量表等；

(3) 申请单位的总体概况；

包括名称、通信地址、邮编、电话、传真、成立时间、经济性质、隶属关系、注册资本、职工人数、经营范围、主要股东、主要产品等；

(4) 申请单位法定代表人及主要领导人身份证明及简历；

(5) 项目可行性研究报告及主管部门的批件；

(6) 拟提供的反担保措施；

(7) 贷款证；

(8) 如申请履约担保，被保证人需提供与合作方签订的合同副本或合作意向书；

(9) 必要的其他文件。

**2. 预审**

市级中小企业持上述资料向行业主管部门提出申请。行业主管部门应在3个工作日内提出意见，填写《项目推荐书》报信保公司。区县级中小企业持上述资料向当地财政部门提出申请，区县财政部门在3个工作日内提出意见，填写《项目推荐书》报信保公司。信保公司在收到《项目推荐书》后的3个工作日之内，做出是否进行详细评审的决定，并通知推荐部门或企业。

**3. 详细评审**

（1）接到详细评审通知的企业，根据信保公司的《评审资料清单》（格式附后），尽快将有关资料报送信保公司。

（2）信保公司在所需资料齐全、真实的前提下开展评审工作，在10个工作日内做出最终评审报告，上报中投保公司审议、核批或提出复查，并最终做出决定。项目金额在500万元以上的，由中投保公司为主联合评审。

**4. 担保**

（1）评审通过并经中投保公司审核、批准的项目，按照中投保公司《担保业务通则》《担保业务暂行办法》的有关程序，由中投保公司与被保证人签订《委托保证合同》和《抵押（质押）反担保合同》，与受益人签订《保证合同》。

（2）担保合同生效后，中投保公司及时开出《担保通知书》，连同有关合同及合同复印件送交信保公司，并由信保公司转交推荐人备案。

**5. 贷款**

贷款银行在收到中小企业贷款申请及中投保公司出具的《担保通知书》后，应及时与信保公司进行确认。确认无误后，应尽快办理有关贷款手续。

## 四、反担保措施

1. 申请担保的中小企业（被保证人）应提供反担保措施。根据《担保法》的规定，反担保措施的种类有：保证金、质押或财产抵押反担保，信用反担保等。信保公司根据项目金额大小及风险程度等实际情况确定并取得其中一种或几种反担保措施。

2. 被保证人可以采取保证金方式向信保公司提供反担保。保证金主要用于被保证人不能按照合同或约定履行义务时的支付，一般按照企业活期存款计息。如保证金支付后尚有余额，在保证期满后，由信保公司退还被保证人。

3. 被保证人以其合法的财产向信保公司提供抵押（质押）反担保。

（1）抵押物的范围与条件是能够依法转让并可变现的财产及其他可以依法流通或转让的权利。财产抵押物的条件应符合《担保法》的有关规定。

（2）财产抵押物由信保公司根据其变现能力或委托具有资格的资产评估机构合理作价。

（3）《抵押反担保合同》须经公证机关公证。

4. 信保公司认可的其他法人为被保证人向信保公司提供信用反担保。信用反担保的条件应符合《担保法》的有关规定。

## 五、担保费、评审费收取标准

担保费按担保余额与担保费率的乘积计算，由被保证人一次性预交。

担保期限在1年以内（含1年）的，年担保费率为1%～1.4%。1年以上的适当提高。具体担保费率根据担保金额、期限、品种及风险程度由双方商定。

通过评审并得到中投保公司出具《担保通知书》的中小企业，应按担保金额的0.3%向信保公司交纳评审费。

## 六、在保项目的监督和管理

1. 被保证人应严格按照《委托保证合同》的约定履行义务确保借款资金专款专用，并应提前落实资金，按《借款合同》约定期限还本付息。如企业发生分立、合并、财产及法定代表人变更时，应及时通知信保公司和贷款银行，并办理相关手续。

被保证人及反担保人需按季度向信保公司和中投保公司报送财务报表及项目执行情况等资料，并保证其真实性。

2. 推荐人的责任和义务：

（1）监督被保证人及反担保人履行合同规定的义务；

（2）及时掌握被保证人计划执行情况和借款资金使用情况；

（3）监督企业按期还本付息。

3. 信保公司应定期对被保证人的经营状况及贷款使用情况进行跟踪调查。如发现被保证人未按合同约定使用贷款，致使资金流失（损失）或财务状况严重恶化，信保公司应及时与推荐人、中投保公司、贷款银行协商提出预防风险的措施。

4. 贷款银行应按规定履行作为主债权人的贷款管理责任，包括定期了解企业的生产经营活动和财务活动，对未能履行贷款合同规定义务的企业，银行有权依合同约定要求企业提前归还贷款或停止支付企业尚未使用的贷款；在贷款将要或已受损失时，可依据合同规定采取使贷款免受损失的措施。

5. 对担保期限超过一年的项目，由信保公司、中投保公司、贷款银行和推荐人联合实行年检制度。

**七、附则**

1. 本实施细则如与国家公布的法律、法规不一致时，应做相应修改和调整。

2. 本实施细则在担保业务实际运作中，根据需要和情况的变更，可签订补充协议，与本实施细则同等有效。

3. 本实施细则由信保公司负责解释。

4. 本实施细则自发布之日起执行。

## 三、关于有效解决北京市中小企业融资难问题的提案

### 关于有效解决北京市中小企业融资难问题的提案

随着我国经济的不断发展，中小企业已成为中国产业结构中最具活力的企业形态。在北京，中小企业占全市企业的99%，贡献了64%生产总值，创造出81%的就业机会和60%以上的缴税总额，已成为推动北京市经济和社会发展的“加速器”。特别是国际金融危机对中国和北京经济发展产生了不利影响，就更要注重扶持中小企业的发展，使他们在“保增长、

扩内需、调结构”的战略中发挥重要作用。

但目前中小企业发展中面临的最大问题是融资难的问题。从债权融资渠道看，多数中小企业生产经营资金短缺，自身又缺乏抵押品，基本无法从金融机构获得抵押贷款，同时，中小企业信用度较低，无法像大企业那样获得信用贷款。担保公司也因怕风险不愿为中小企业担保。据统计，截至2007年底，北京市小企业授信户数不足9000户，贷款余额仅占内资机构贷款总余额的1.2%。而股权融资渠道也不畅通，由于利益驱动和风险考虑，风险投资机构目前注重对成熟期企业的投资，很少投资于创业期中小企业。政府的引导基金从划拨改为股权投资，没能真正实现最初设计的引导作用。股权交易所不能提供标准化的股权交易产品，所以中小企业的股权交易极不活跃；除债权和股权融资外，市场上创新的金融产品不够，政府支持推广的力度不大。一些支持性政策门槛设得过高，如高新技术企业认定的标准修订得过高，使很多科技企业不能享受税收等优惠政策。以上各种原因致使很多中小企业的发展已到了举步维艰的地步。

分析[①]：

### （一）商业银行开展中小企业信贷业务时只重视安全性，思想不够解放，产品创新不够

商业银行要求贷款的安全性有充分保障，因此，通过严格的审贷分离制度、贷款审批制度来控制风险，但中小企业具有点多、面广、量大、分散的特点，多头开户现象普遍，使银行贷款管理的难度加大，工作效率降低。加之商业银行强调风险责任追究，缺乏奖励机制，也在一定程度上影响了基层信贷人员的工作积极性，制约了商业银行对中小企业信贷业务的开展。

### （二）担保机构不够市场化和专业化，数量较少，没有分散风险的机制，都制约了中小企业的债权融资

担保机构应自主经营，依照规定程序对担保项目自主进行评估和做出

---

① 参见《关于有效解决北京市中小企业融资难问题的提案》北京政协（2009年）第0263号。

决策。但在实际工作中担保公司往往与政府部门有着千丝万缕的联系，或多或少受到行政干预。既要求执行政府的产业发展政策，扶持中小企业发展，又要求实行市场化运作，保证资本金的保值、增值。这种双重任务导致机构在开展业务时往往处于尴尬的两难境地。而中小企业没有足够资信等级的第三方企业的担保，使其在融资担保系统缺位的情况下，难以获得银行贷款。同时，中小企业信用担保机构的实力和专业人才都有限，业务风险大于回报，而且没有渠道分散风险。

### （三）政府政策和资金的引导力度不大，社会各方没有形成合力

由于北京市中小企业数量庞大，分布行业广泛，政府对中小企业的管理不足，无法掌握中小企业的生产、经营方面的信息，没有明确提出重点支持的行业政策，没有甄别应重点支持的中小企业目录。对高新技术企业认定的门槛过高，使企业很难享受到具体的优惠政策。对中小企业的信贷政策过于简单，指导性和针对性不够强，难以适应中小企业在地域、行业、产品、经营管理方式等方面对融资的不同需求。政府的引导资金从无偿划拨转为股权投资，要考虑项目的回报，没有起到放大的杠杆作用，不利于动员银行、担保机构、社会资金参与中小企业的融资业务。

### （四）融资产品和融资渠道都十分欠缺

有很多对中小企业有帮助的金融产品没有推出；对中小企业生产经营需求有巨大帮助的金融工具如融资租赁业务没有得到扶持和推广。而中小企业发债和改制上市也一直受到现行金融制度的强约束，渠道极其狭窄；目前的股权交易所不是标准化交易，业务不够活跃，难以起到为中小企业融资的作用。

### （五）对资金方的法律保障还不够，道德风险无法规避

很多资金方都担心中小企业拿到钱之后，如果没有规范经营和用于业务的发展，目前没有高效的手段追回资金，因此投资更加谨慎，不利于中小企业的融资。

**建议：**

（一）政府各部门要加大政策、引导资金、资本市场和税收的扶持力度

**1. 市政府成立专门的协调指导小组**

市政府应从与中小企业相关的各管理部门抽调相关人员组成一个协调指导小组，由常务副市长担任组长，并聘请几位企业界人士作为专家，一起研究制定北京市中小企业发展规划和扶持政策，协调在政策实施过程中各部门间的矛盾和问题。

**2. 尽快建立征信体系**

要推进中小企业信息采集工作，建立一种征信体系，让银行或各投资方迅速了解中小企业真实全面的企业信息和信用状况。建立中小企业的信用档案是一项系统工程，除人民银行下发的《关于开展中小企业信用档案网上采集工作的通知》外，各级政府机构应注意收集中小企业在生产、销售、管理、环保、税务、公安、法人财产等方面的信息，共同构成中小企业信息库，加速中小企业信用档案建设速度，有利于银行或投资人了解中小企业的经营状况，监督中小企业的经营行为，可促进中小企业融资的完成。

**3. 建立公平、公开的中小企业优秀项目备选库，配合政府采购的支持，引导银行和风险投资基金等各方积极参与**

政府应建立中小企业优秀项目备选库制度，规定进入备选库的标准和流程并向社会公布，中小企业可根据自身情况和发展方向申请进入中小企业备选库，政府组织技术专家、投资专家，按照国家产业政策优选高新技术、创新型中小企业入库。

对于筛选出的对北京市未来产业发展有重要贡献的企业，应加大政府采购对其的倾斜力度，通过获得市政府采购的订单，有助于中小企业信誉度、综合实力、抗风险能力和融资能力的提高。另外，政府定期召开项目推荐会，把备选库中的高新技术、创新型中小企业，积极向创投基金、银行、其他的社会投资机构进行推荐，推动他们快速成长，他们的发展壮大将带动中小企业产业结构的优化升级。

**4. 完善投融资对接平台**

依托北京中小企业网搭建中小企业投资服务平台，介绍政府引导基金、各种产业投资基金、风险投资资金、天使投资资金，引入国内外战略投资者，大力推介有股权融资需求并符合北京市产业发展方向的中小企业。并组织专家公正、公开、专业地评选社会投资机构，对于优秀的投资机构，政府可匹配引导基金，促进中小企业利用国内外投资基金来发展。

**5. 大力支持风险投资公司的业务发展，给予实际的支持**

市政府应加大对风险投资公司的支持力度，在政府引导资金的匹配上、税务优惠上和风险投资公司的债权融资上给予实际的支持，提高他们的投资积极性。

**6. 政府引导基金应加大扶持力度，发挥杠杆作用**

对于选中政府备选库中的高新技术、创新型中小企业的基金，政府引导基金也应加大项目的投资力度，并承诺如果项目失败引导基金首先承担投资风险，这样可撬动其他风险投资基金进行放大投资，形成合力。

**7. 实现金融产品和融资渠道的多元化**

政府要建立有利于各类企业筹集资金、满足多种投资需求和富有效率的资本市场体系，有关部门应当协调一致，促进企业债、政策性金融债市场的快速发展；推进并完善商业票据市场、融资租赁市场，实现企业融资工具的多元化。

**8. 降低税负，减轻中小企业负担**

对于传统的中小企业和低附加值的微小企业，政府应该减少企业的交易费用，降低税率，或统一为固定税率，以支持他们的发展；对丁拥有自主知识产权的中小企业、认定的高新技术企业或创意产业，在企业的起步阶段，实行两年免征营业税，后两年税务部门应核定一个相对较低的固定税率，并按照企业盈利情况单向征缴增值税，最大限度地降低企业的经营成本，提高企业的市场竞争能力，支持中小企业做大做强，走持续性发展之路。

（二）应积极推进中小企业融资的管理工作，指导银行提高专业水平，并积极扶持小额贷款银行和公司的发展

**1. 要制定更为详细的中小企业信贷政策指引**

根据国家的产业政策，进一步加强对中小企业的市场调研，制定更为详细的中小企业信贷政策指引，提高政策指引的针对性和可操作性，以充分体现分类指导、分类管理的精神，为信贷评估、审批和信贷管理规范

化、科学化、合理化提供决策支持。

**2. 建立中小企业信用风险评级体系**

在对中小企业的信用分析中，必须与大型企业有所区别，更要重视定性因素的作用。其度量的基本标准可以依据中小企业是否属于政府支持或重点扶持的产业，是否在备选库中；是否拥有自主知识产权的产品或技术具备核心竞争力；生产符合环境保护和节能减排要求；企业高管人员的经营管理能力和职工团队情况等标准。通过以上度量标准，建立适合中小企业特点的信用风险评级体系，从而根据企业和客户的特点确定不同的信贷政策，逐步建立适合中小企业贷款特点的信贷审查审批流程，简化审批程序，改进服务方式，提高对市场的快速反应能力。

**3. 商业银行应对中小企业进行科学分类，并打造相关的专业服务团队**

商业银行要在央行中小企业信贷政策的引导下，结合北京地区的经济发展方向和产业政策，对现有的中小企业进行科学分类，要细分市场，加强客户经理队伍建设，打造相关的专业服务团队，积极拓展相关的大中小客户，建立专业化运作模式。对控制中小企业风险比较好的分支行和专业信贷审查审批人员，可以适时调高授权权限，并建立激励机制。

**4. 加快产品创新，逐步推出适合中小企业融资特点的信贷产品**

商业银行应进一步解放思想，完善中小企业融资体系，开通绿色融资通道，推出适合中小企业需要的产品，如应收账款质押贷款、担保公司等中介机构提供的担保贷款、买方付息票据贴现、创（助）业贷款、政府（财政）贴息贷款、知识产权质押贷款等新产品，以及外国政府和国际金融机构对中国中小企业信贷援助贷款等。

**5. 利用专业知识和客户网络为中小企业提供深化的财务和管理咨询的增值服务**

除信贷业务外，可向具有发展潜力的中小企业提供一揽子的财务和管理咨询与服务。帮助企业合理运用现有资金，减少在途资金，提高使用效率，减少浪费；并利用银行上下游的客户网络，帮助中小企业拓展业务，还可最大限度地消除企业与银行间的信息不对称问题，便于贷款管理和风险控制。

**6. 积极引导民间金融的发展，鼓励发展融资租赁等业务**

指导民间成立针对不同产业的小额贷款公司和专业的社区银行，通过提高专业性和建立细分市场和激励机制，提高贷款机构的管理效率。鼓励发展融资租赁等业务，增加中小企业的融资渠道。

（三）建立有效的担保体系和机制，分散各方风险

**1. 强化政府职能，设立政策性担保机构**

政府在中小企业融资体系中应扮演三个角色：中小企业融资的支持者、中小企业融资信用的保障者和中小企业融资市场设立者。中小企业融资支持是政府提供的准公共产品，以基金和奖励的形式提供给中小企业，用于支持其科技研发和发掘创意。政策性担保机构为备选库中需产业扶持的中小企业贷款提供担保，增强银行对中小企业贷款的信心。

**2. 适当降低准入门槛，吸引社会资金成立担保公司**

政府应鼓励社会资金筹建担保公司，政府、法人、其他出资人均可设立贷款担保公司，对达到一定条件的担保机构，可实施减免税政策以鼓励社会资金的广泛参与。

**3. 鼓励商业银行和社区银行与担保公司开展广泛深入的合作**

可采取相互推荐客户的方式，共同开发优质中小企业客户，积极开展与“有市场、有效益、有信用”的中小企业的业务合作，加强对中小企业的资金支持和金融配套服务，降低经营成本和风险，从而达到“多赢”的目的。

**4. 政府应加强对担保公司的监管，并成立再担保机构，建立风险分散补偿机制**

要求经营者从担保公司收入中税前提取一定比例的风险准备金，建立风险分散补偿机制，银行对担保公司的坏账分担，通过风险金提供补偿；成立再担保机构，再担保公司通过向各担保公司收取再担保费，当一个担保人不能清偿债务时，由再担保人完成债务清偿，为担保公司分散风险。

**5. 支持成立担保协会，形成互保，促进融资的实现**

鼓励同行业的中小企业自愿组成担保协会，入会会员要交纳一定比例

的担保基金，将会员企业组成利益共同体，会员间有连带担保责任。在参与银行的协助下，担保协会和银行按照协会章程共同对贷款企业进行项目审查，由担保基金作为还款保证，担保协会和银行对企业经营进行监督，并定期向会员进行通报，银行以多种信用来化解信贷风险，解决中小企业抵押物不足的问题，促进信用贷款在中小企业间良性循环。

### （四）重视和支持行业协会建设，支持发展融资中介服务，完善中介服务体系

#### 1. 应重视中小企业协会的建设，鼓励风险投资协会发挥更大的作用

引导协会会员按照北京市经济发展纲要开展企业的生产经营活动，提高中小企业议价能力。并有利于中小企业间建立更广泛、更便捷、更深入的联系渠道，有利于获得更多、更充分、更准确的信息。

应鼓励风险投资的行业协会发挥更大的作用：及时反映企业的需求；为政府提供产业政策建议；行业自律和鼓励有序竞争；进行人才培训，提高融资企业的财务和管理水平。

#### 2. 支持发展中介机构，完善中介服务体系

引导中介机构为中小企业提供经营信息、项目评估、资产评估、信用评估、信用担保、报关报税、年审审计、记账查账、法律顾问及人员培训等方面的代理服务或咨询服务等。帮助中小企业了解各种融资渠道的政策和规定，并根据企业发展阶段提出融资建议；对经营出现困难的企业进行会诊和辅导，帮助其分析困难原因，改进财务管理，制订新的财务计划，顺利渡过难关。

### （五）实行个人破产法，解除资金方的后顾之忧，规避道德风险

为使中小企业的融资渠道畅通，首先应让参与方感到资金安全，所以应督促实施《个人破产法》，允许参与方以中小企业法人和主要股东的全部财产作为抵押发放贷款，在企业发生资不抵债时，参与方可以通过法律手段拍卖抵押人资产，以清偿债务。这样可以规范主要经营者的行为，避免资金方所担心的道德风险。

# 四、江苏省中小企业信用担保机构专项补助资金管理办法

## 江苏省中小企业信用担保机构专项补助资金管理办法

### 第一章　总则①

第一条　为提高全省中小企业信用担保机构扩大担保规模的积极性，进一步缓解中小企业融资难的矛盾，加强省中小企业信用担保资金的引导作用，特制定本办法。

第二条　凡在江苏省境内注册的具备独立企业法人资格的中小企业信用担保机构均属本办法支持的范围。

第三条　江苏省各级财政管理部门为中小企业信用担保机构专项补助资金的管理部门。

### 第二章　支持方式和种类

第四条　根据中小企业信用担保机构年末担保责任余额已计提的风险准备金，给予不高于20%的补助；对中小企业信用担保机构低于国家规定的收费标准收取的担保保费收入，按照担保额给予不高于2%的补助。

第五条　中小企业的认定标准按照《中小企业标准暂行规定》（国经贸中小企〔2003〕143号）执行。

### 第三章　担保机构的条件认定

第六条　申请补助的中小企业信用担保机构必须符合下列条件：

（一）依法在江苏省境内设立的具有独立法人资格的担保机构；

（二）担保业务开展1年以上，运转正常，业务量逐年增长；

（三）80%以上的担保业务是面向中小企业的；

（四）管理规范，无不良经营记录，有完善的风险控制制度和财务管理制度；

（五）注册资本（实收资本）苏、宁、锡、常地区不低于2800万元，

---

①　参见江苏省财政厅关于印发《江苏省中小企业信用担保机构专项补助资金管理办法》的通知，2005-09-29。

镇、扬、通、泰地区不低于2000万元，徐、淮、盐、连、宿地区不低于1000万元；

（六）担保余额不得低于担保机构注册资本（实收资本）的3倍；

（七）自觉接受财政部门的业务监管，按时报送业务统计报表和财务报告。

## 第四章 申请程序和资金拨付

第七条 符合条件的中小企业信用担保机构在每个会计年度结束后三个月内向所在地财政部门提出申请，各省辖市和常熟市财政局负责汇总有关担保机构的申请材料上报省财政厅。

第八条 担保机构的申请材料包括：

（一）申请风险金补助和担保费补助的书面申请文件和申请表；

（二）营业执照复印件；

（三）章程复印件；

（四）注册会计师审计后的年度会计报表和担保业务专项审计报告；

（五）与有关银行签署的合作协议；

（六）担保合同和履约情况说明；

（七）其他有关材料。

第九条 市财政部门的申请材料：

（一）本地区风险金补助和担保费补助的申请文件；

（二）本地区的担保机构申请风险金补助和担保费补助的汇总表；

（三）其他有关材料。

第十条 经审定后，省财政厅通过各级财政部门将风险金补助和担保费补助拨付到有关担保机构。

## 第五章 财务处理和监督

第十一条 担保机构收到风险金补助充实担保机构的风险准备金，担保费补助计入担保机构的补贴收入，不得挪用。

第十二条 对担保机构提供虚假材料恶意骗取补助资金的，取消3年扶持资格，并责令退回全部补助资金。对因审核不严导致本地区担保机构骗取补助资金的各级财政部门，按照国务院有关违反财经纪律的规定处理。

### 第六章　附则

第十三条　本办法自发布之日起施行，各级财政部门可以参照本办法制订本地区的实施细则，并报省财政厅备案。

第十四条　本办法由省财政厅负责解释。

## 五、江苏省中小企业发展基金管理办法(试行)

### 江苏省中小企业发展基金管理办法（试行）

苏财规〔2011〕37 号　苏经信担保〔2011〕861 号　2011 - 09 - 19

### 第一章　总则[①]

第一条　为贯彻《中华人民共和国中小企业促进法》和《江苏省中小企业促进条例》，促进我省中小企业快速发展，提高财政资金使用效益，特设立江苏省中小企业发展基金，并制定本办法。

第二条　本办法所称江苏省中小企业发展基金（以下简称基金）是省财政设立专项用于支持我省新兴产业中符合相关条件的初创企业、快速发展的中小企业和公共服务平台。基金运作方式符合政策性导向和市场化原则。基金的宗旨是发挥财政资金的杠杆效应，促进中小企业科学发展。

省中小企业发展基金由下列资金组成：

（一）省级财政预算安排的中小企业发展专项资金；

（二）基金收益；

（三）捐赠；

（四）其他资金。

第三条　基金的管理和使用，应当遵循公开、公正、安全、效率的原则，坚持市场化运作，鼓励创新，使用方向必须符合国家产业政策和我省加快转变经济发展方式的有关要求和规定：

---

① 江苏省财政厅、江苏省经济和信息委员会、江苏省中小企业局．关于印发《江苏省中小企业发展基金管理办法（试行）》的通知（苏财规〔2011〕37 号，苏经信担保〔2011〕861 号），2011 - 09 - 19.

（一）有利于推动中小企业科学发展，促进经济结构调整和发展方式转变；

（二）有利于促进改善中小企业融资环境；

（三）有利于调整中小企业产业结构。

第四条　基金采用有偿使用方式。不独资发起设立创业投资企业，不投资流动性证券、期货、外汇、房地产业以及国家政策限制类行业。参股不控股。

## 第二章　基金管理机构及其职责

第五条　基金的管理机构由基金管理委员会和基金管理中心组成。

第六条　基金管理委员会由省经济和信息化委员会（省中小企业局）、省财政厅等部门负责人组成。主任由省经济和信息化委员会（省中小企业局）主要负责同志担任。

第七条　基金管理委员会履行下列职责：

（一）审定基金管理制度和审批基金运行操作规程；

（二）确定基金发展战略规划，包括资金使用的年度计划和中长期规划；

（三）批准基金有偿使用项目和额度；

（四）批复基金的年度财务收支预算与决算；

（五）决定基金其他重大业务事项。

第八条　基金管理中心是基金的受托管理机构，具体负责基金的日常核算和年度财务收支预算与决算管理，执行基金管理委员会的决策。

第九条　江苏省中小企业发展中心作为基金的受托管理机构，履行基金管理中心职责，并作为出资人代表，以基金的投资额为限对投资单位履行出资人职责。

基金按照国家有关财务规章制度进行管理，并纳入公共财政考核体系范围。

第十条　基金管理中心履行下列职责：

（一）建立完善的基金管理制度，制定基金具体运行操作管理规定；

（二）按本办法及有关规定的要求，在基金管理委员会确定的支持重点领域内，评估、筛选、推荐基金的支持项目；

（三）受托管理基金，以基金的有偿使用额为限，对使用单位行使监督职责；

（四）编制并组织实施基金年度财务收支预算与决算；

（五）定期向基金管理委员会报告基金投资项目进展情况，以及其他重大业务事项；

（六）根据协议和有关要求，组织基金退出有偿使用领域，并及时将回收资金纳入基金管理或上缴省财政；

（七）对基金支持项目进行绩效评价；

（八）开展其他符合基金宗旨的活动。

## 第三章　基金使用

第十一条　基金采取有偿使用方式。

（一）基金通过有偿使用方式支持我省新兴产业初创期小企业、快速发展阶段的中小企业，通过担保方式缓解中小企业融资难问题。

（二）基金运营收益滚入基金使用。

第十二条　资金的拨付。省财政厅按照有关规定，将资金拨付至基金管理中心的托管专户，由基金管理中心按批准的项目和额度拨付至使用单位。

基金管理中心的托管专户应按照财政资金国库账户管理的有关规定进行开设。

基金应独立于基金管理中心单独建账，进行会计核算，并实行预决算管理。

省财政厅负责制定基金财务管理办法，并对基金使用情况和会计记录进行监督检查。

## 第四章　项目管理

第十三条　基金有偿使用采取以下方式：

（一）股权投资；

（二）中小企业融资性担保；

（三）经批准的其他方式。

第十四条　基金以股权投资方式支持项目的，不得对投资对象控股，对同一单位投资总额度不得超过上年末本基金资产净值的10%。

基金投资所形成股权的退出，应当按照公开、公平和市场化原则，确定退出方式及退出价格。

第十五条　股权投资主要通过以下两种方式：

（一）通过阶段参股方式，支持我省重点产业集聚区内的各类初创期小企业以及具有良好行业成长前景、处于快速成长期的中小企业；

（二）通过跟进投资方式支持合作创业投资基金选取的初创期新技术企业。创业投资企业和初创期企业的条件及跟进投资的运作方式参照《江苏省新兴产业创业投资引导基金管理办法》（苏政办发〔2010〕153 号）文件执行。

第十六条　阶段参股项目申请人应当向基金管理中心提交的申请文件和材料包括：

（一）项目申请文件；

（二）项目可行性研究报告和专家初步论证意见；

（三）企业近 2 年经中介机构审计的年度财务报告和资信材料；

（四）企业营业执照副本和股权登记机构出具的股权登记证明材料；

（五）同意基金投资参股的股东决议；

（六）其他相关材料。

第十七条　跟进投资项目申请人应当向基金管理中心提交的申请文件和材料包括：

（一）合作创业投资基金对拟投资企业的可行性报告及投资协议；

（二）被投资企业同意基金投资参股的股东决议；

（三）参照《江苏省新兴产业创业投资引导基金管理办法》提供的其他材料。

第十八条　融资性担保主要通过以下两种方式：

（一）为基金参股的中小企业融资担保提供反担保；

（二）对主要为中小科技型企业提供担保业务的担保机构进行参股。

第十九条　申请提供反担保业务申请人应提供以下资料：

（一）贷款项目可行性论证报告；

（二）与合作银行签订的贷款意向书；

（三）与融资性担保机构签订的委托担保合同；

（四）业务申请人提供的其他反担保措施。

基金管理中心负责与相关企业及担保机构签订反担保协议。

第二十条　申请基金参股担保机构业务的申请人必须符合国家融资担保的相关规定，符合省财政厅规定的有关中小企业融资担保机构资格条件，合作银行和担保机构要切实履行相关协议，为符合条件的中小科技型企业提供融资支持。

第二十一条　基金管理中心负责组织对申请人申报有偿使用基金的材料和项目进行遴选，择优向基金管理委员会推荐，经基金管理委员会审核批准后按程序组织实施。

第二十二条　按照国家、省有关投资管理规定，应当办理项目审批、核准或者备案手续的，从其规定。

第二十三条　基金管理中心负责对经批准的有偿使用基金的项目组织实施、监督和考核，定期向基金管理委员会报告。

基金有偿使用形成的各种资产及权益应当按照国家有关财务规章制度进行管理。

## 第五章　风险控制

第二十四条　基金管理委员会和基金管理中心应当对基金使用进行风险控制。

（一）基金管理委员会应设立合规审查风险控制委员会等风险控制机构，由省财政厅与省经济和信息化委员会（省中小企业局）职能部门负责人组成，负责从整体上控制基金运作中的风险。

（二）基金管理中心应制定内部风险控制制度。主要包括：严格按照法律法规和合同规定的基金支持方式使用，不得从事禁止性规定的基金支出和投资项目。坚持独立性原则，基金管理中心管理的基金资产与基金管理中心的自有资产应相互独立，分账管理，基金管理中心会计和基金会计严格分开。

（三）实行联审联签制度。每笔基金支持业务都必须有管理委员会批准的书面记录并加盖有关印章；加强基金运作的管理控制，实行业务流程控制制度。

（四）内部监察稽核控制。监察稽核的目的是检查、评价基金管理中心内部风险控制制度和基金运作的合法性、合规性和有效性，监督基金管理中心内部风险控制制度的执行情况，揭示基金管理中心内部管理及基金运作中的风险，及时提出改进意见，确保国家法律法规和基金管理中心内部管理制度的有效执行，保证基金运作的安全，维护基金投资应享有的正当权益。

### 第六章　监督检查

第二十五条　省财政厅、省经济和信息化委员会（省中小企业局）按照职责分工对基金使用管理实施跟踪问效，并可委托资产评估机构对项目进行绩效评价。项目承担单位应当将项目实施情况报基金管理中心考评，重点考评项目执行、技术成果、经济效益、社会效益等方面。

第二十六条　基金项目承担单位必须严格执行国家有关财务会计制度以及项目合同预算。对于弄虚作假、截留挪用中小企业发展基金等违反财经纪律的行为，除按照有关法律法规对项目单位和相关责任人进行处理处罚外，还对项目承担单位给予以下处理：终止项目合同；停止拨款并收回已拨付资金；取消项目申报资格。

### 第七章　附则

第二十七条　基金管理中心应当接受国家审计机关依法对基金运行的情况进行审计监督。

第二十八条　基金管理委员会可以委托社会中介机构对基金运行情况进行审计。

第二十九条　本办法自2011年10月20日起施行。

## 六、江苏省省级中小科技型企业发展专项引导资金管理暂行办法

### 江苏省省级中小科技型企业发展专项引导资金管理暂行办法

### 第一章　总则①

第一条　为促进江苏省中小企业发展，规范省级中小科技型企业发展专项引导资金的管理，根据《江苏省中小企业促进条例》的有关规定，制

① 参见《江苏省省级中小科技型企业发展专项引导资金管理暂行办法》，省经贸委，2008-10-16.

定本办法。

第二条 省级中小科技型企业发展专项引导资金（以下简称“专项资金”）是由省级财政预算安排，主要用于支持我省中小企业融资担保、技术创新、新品研发、产业集聚、公共服务平台建设、创业投资与风险补偿等方面。

第三条 本办法支持的中小企业的划分标准，按照原国家经贸委、原国家发展计划委员会、财政部、国家统计局联合下发的《中小企业标准暂行规定》（国经贸中小企〔2003〕143号）执行。

第四条 专项资金的管理和使用应当符合国家宏观经济政策以及我省加快转变经济发展方式的有关要求和规定，坚持公开、公正、公平的原则，诚实申请、择优支持，确保专项资金的规范、安全和高效使用。

第五条 省中小企业管理部门负责确定专项资金的年度支持方向和重点，会同省财政部门对申报项目进行审核。

省财政部门负责专项资金的预算管理和项目资金的拨付及监督。

## 第二章 专项资金的支持方向、内容和额度

第六条 专项资金主要支持范围：

（一）技术创新项目

1. 拥有自主知识产权产品的产业化，包括工业设计、软件开发等知识密集型产品的产业化项目；

2. 中小企业产学研合作和新产品的产业化；

3. 中小企业信息化建设；

4. 中小企业为先进制造业提供配套服务、传统产业升级及品牌化建设。

（二）产业集聚项目

1. 产业集群（园区）标准厂房、环境治理等基础设施建设项目；

2. 依托产业集群，打造区域性专业市场已取得明显成效的建设项目。

3. 产业集群（园区）绿色制造项目。

（三）公共服务平台项目

1. 为中小企业提供公共服务的重点服务机构，包括提供创业辅导、培训、管理咨询、政策法律、信息及技术等方面的公共服务；

2. 组织中小企业开展经贸交流合作活动，包括中小企业开拓市场，参加境内外重要经贸活动；

3. 中小企业创业基地建设，为创业者提供价格优惠的生产经营场所、公共配套设施和相关服务；

4. 产业集聚内的公共服务平台建设，包括研究制定产业集群中长期发展规划项目，开展产业集群品牌宣传推广并取得明显成效的活动。

（四）区域重点成长型企业发展项目

1. 区域重点成长型企业通过产品升级扩大生产、提高效益、推进新型工业化进程；

2. 区域重点成长型企业技术创新、节能技改、新产品开发、品牌建设及融资等项目建设。

（五）中小企业信用担保体系建设项目

1. 中小企业信用担保机构扩大担保规模和增强抗风险能力，对按低于国家规定标准收取的担保费以及按规定提取的风险准备金给予补助；

2. 中小企业信用担保机构做大做强，对资本金增资的担保机构给予奖励。

（六）创业投资风险补偿项目

支持和引导创业投资机构向初创期科技型中小企业投资。创业投资机构包括具有投资能力的创业投资公司、科技企业孵化器、创业服务中心、大学科技园等。对创业投资机构给予风险补偿。

第七条　专项资金的支持方式采用资助和奖励为主。

第八条　对中小企业技术创新项目按照不超过单位实际投资额的20%给予资助，最高资助金额不超过200万元。

第九条　对产业集聚项目按照不超过项目单位实际投资额的5%给予资助，最高资助金额不超过200万元。

第十条　对公共服务平台项目按照不超过实际费用发生额的50%给予资助，最高资助金额不超过100万元（省级重大公共服务平台项目和经贸活动除外）。

第十一条　对区域重点成长型企业项目根据项目的技术创新、节能技改的技术设备投入额以及融资财务费用支出额的5%安排资助，当年最高资助额不超过200万元。对纳入规划的重点中小企业连续支持3年。

第十二条　对中小企业信用担保机构的补助和奖励按以下分类计算：

（一）担保费及风险补助：根据中小企业信用担保机构年末累计平均担保余额已计提的风险准备金（按照不超过当年年末责任余额1%的比例以及税后利润的一定比例提取），给予不高于20%的补助。对中小企业信用担保机构按低于同期银行贷款利率50%的标准收取担保费的，按照担保额给予不高于2.5%的补助。对微小企业（年销售500万元以下，单项担保合同200万元以下）及涉农企业提供担保的可适当提高补贴标准。对不收保费的担保业务不予补贴。

（二）增资奖励：在上年度注册资本（实收资本）额基础上增资1000万元以上的，按增资额补助5%，获得增资补助的信用担保机构五年内不得撤资。

对中小企业信用担保机构的资助和奖励，一般其总额度控制在400万元以内。

第十三条　对创业投资机构风险补偿的补偿比例最高不超过创业机构实际投资于科技型中小企业创业项目金额的3%。最高资助金额不超过200万元。

第十四条　已获取财政资金支持以及上一年度已支持过的项目，本年度不再支持。

## 第三章　专项资金的申请资格及条件

第十五条　申请专项资金的企业或单位应具备下列资格条件：

（一）具有独立的法人资格且正常经营1年以上；

（二）财务管理制度健全；

（三）社会效益和经济效益良好；

（四）无不良诚信记录。

第十六条　申请专项资金的企业或单位应同时提供下列基础资料：

（一）法人执照副本及章程；

（二）单位经营情况和项目执行情况；

（三）经会计师事务所审计的上一年度会计报表和审计报告；

（四）其他需提供的资料。

以上材料如提交复印件需加盖单位公章。

第十七条　申报技术创新项目的具体条件：

（一）中小企业新产品必须是新开发并取得省级及以上相关证书。同时实现批量生产，市场前景较好。

（二）中小企业产学研合作项目必须是近两年内签订共建协议，合作研发项目取得明显成效。

（三）中小企业信息化建设项目，申报企业或单位应是省中小企业信息化推进工程示范单位。

（四）配套服务和提高升级项目必须是省级及以上品牌产品或为品牌产品配套的。

第十八条　申报产业集聚项目的具体条件：

（一）省中小企业管理部门确认的省重点培育产业集群（园区）；

（二）负责产业集群（园区）内基础设施建设的经营实体必须具有独立的法人资格；

（三）产业集群（园区）新建多层标准厂房 1 万平方米以上。对苏北地区适当放宽标准；

（四）产业集群（园区）的社会和经济效益显著，对当地的可持续发展具有示范和带动效应；

（五）产业集群（园区）内通过市、县验收的清洁生产项目。

（六）申报的项目必须是上一年底前竣工投产的。

第十九条　申报公共服务平台项目的具体条件：

（一）公共服务平台应当按照“四到位”（即注册到位、场所到位、人员到位、服务到位）的基本要求成立并运作。

（二）具备较强的服务能力，服务收入占营业额的比例不低于 50%，可实现收支平衡，具有可持续发展能力；

（三）专项服务活动项目必须有明确、具体、可行的提供服务的方案和计划。

（四）服务机构、培训机构须承担省中小企业管理部门下达的年度服务工作计划、培训计划相关任务。

（五）申报创业基地建设的项目，应符合本地区总体规划，创业场所 1 万平方米以上，入驻企业以新创办的小企业为主，在本地区具有较强的服务和示范功能。

第二十条　申报区域重点成长型企业项目的具体条件：

（一）上一年度销售收入在1亿元以上4亿元以下，上缴税收在600万元以上；

（二）通过扶持，企业的销售收入增幅每年要超过30%，实现利润总额和入库税收每年增长超过20%。

第二十一条　申请中小企业信用担保项目的具体条件：

（一）担保业务开展1年以上，运转正常，业务量逐年增长；管理规范，无不良经营记录，有完善的风险控制制度和财务管理制度；年平均担保余额高于担保机构年平均注册资本（实收资本）的3倍，且60%以上的担保业务是面对中小企业（不包括房地产开发）的信用担保机构。

（二）申报担保费及风险准备金补助的信用担保机构，其上年度注册资本（实收资本）南京、无锡、苏州市不低于9000万元，其所属县（市）不低于8000万元；常州、南通、泰州、镇江、扬州市不低于6000万元，其所属县（市）不低于5000万元；苏北五市不低于3000万元，其所属县（市）不低于2000万元。

（三）申报增资补助的信用担保机构，其上年度注册资本（实收资本）南京、无锡、苏州市及所属县（市）不低于6000万元；常州、南通、泰州、镇江、扬州市及所属县（市）不低于4000万元；苏北五市及所属县（市）不低于2000万元。

第二十二条　申请创业投资风险补偿的项目的具体条件：

（一）实收资本在5000万元以上，所有投资者以货币形式出资；

（二）有明确的投资领域，对中小科技型企业和科技创业载体的创业投资占对外投资总额的30%以上；

（三）有至少3名具备5年以上创业投资或相关业务经验的专职管理人员；

（四）管理和运作规范，具有严格合理的投资决策程序和风险控制机制。

## 第四章　专项资金的申报程序和审核

第二十三条　各市、县中小企业管理部门和同级财政部门负责本地区项目资金的申请审核工作。

第二十四条　各市、县中小企业管理部门会同同级财政部门在本地区范围内公开组织项目资金的申请工作，并共同对申请企业或单位的资格条件及相关资料进行审核、汇总后分别报省中小企业管理部门和省财政部门。

省级项目直接报送省中小企业管理部门和省财政部门。

第二十五条　各项目申报单位按照本办法规定于每年 3 月底前将项目申请材料分别报送所在地中小企业管理部门和财政部门，各市、县于 4 月底前汇总本地区项目报送省中小企业管理部门和财政部门。

第二十六条　省中小企业管理部门会同省财政部门建立专家评审制度，共同组织相关经济、技术、财务等方面的专家，依据本办法的要求和当年度专项资金的支持方向和重点，对申请项目进行评审。

第二十七条　省中小企业管理部门会同省财政部门依据专家评审意见确定支持的项目并对外公示。

第二十八条　省财政部门根据公示的结果，按照现行财政体制于每年 6 月底前下达专项资金。

## 第五章　监督检查和绩效评价

第二十九条　省财政部门和省中小企业管理部门分别对专项资金的使用情况和项目实施情况进行管理和监督，并共同根据本办法的有关规定和量化标准对已实施项目进行绩效评价（绩效评价办法另行制定）。项目承担单位应按照规定要求报送项目实施情况。

第三十条　省中小企业管理部门会同省财政部门在年度终了后对上一年度专项资金的使用情况及效果进行工作总结。

第三十一条　项目承担单位在专项资金使用过程中有违法行为的，一经查实将追回已经拨付的专项资金，并依照《财政违法行为处罚处分条例》等法律法规予以处理处罚。

## 第六章　附则

第三十二条　本办法由省财政部门和省中小企业管理部门负责解释。

第三十三条　本办法自发布之日起施行。《江苏省中小企业发展专项资金管理暂行办法》（苏财企〔2007〕43 号），《江苏省中小企业信用担保机构专项资金管理办法》（苏财企〔2007〕138 号）和《扶持重点企业发展加强财源建设实施办法》（苏财企〔2007〕142 号）同时停止执行。

## 七、浙江省小企业贷款风险补偿办法

为进一步发挥小企业贷款风险补偿资金的放大效应和导向作用，积极鼓励银行业金融机构加大对小企业信贷的支持力度，有效缓解小企业融资困难，经省政府同意，我们对2006年印发的《浙江省小企业贷款风险补偿办法》（浙财建字〔2006〕90号）进行了修订和完善。现将修订后的《浙江省小企业贷款风险补偿办法》印发给你们，请遵照执行。原办法同时停止执行。

省财政厅

省中小企业局

省发改委

省金融办

人行杭州中心支行

浙江银监局

二〇〇九年十月三十日

### 浙江省小企业贷款风险补偿办法

#### 第一章　总则[①]

第一条　为充分发挥财政资金的导向作用，积极鼓励银行业金融机构加大对小企业信贷支持力度，有效缓解小企业融资困难，促进我省经济持续、稳定、较快发展，特制定本办法。

第二条　小企业贷款风险补偿资金（以下简称“风险补偿资金”）是鼓励和促进银行业金融机构增加小企业贷款的政府引导性专项扶持资金。

第三条　本办法所称的小企业，是指在本省境内依法设立的，上年销售（营业）收入在500万元以下，且金融机构贷款余额在200万元以下的生产型、科技型和从事现代服务业（包括现代商贸业、现代物流业、信息服务业、科技服务业、商务服务业、文化服务业和社区服务业）的企业。

---

① 参见浙江省财政厅、浙江省中小企业局等关于印发《浙江省小企业贷款风险补偿办法》的通知（浙财建字〔2006〕90号），《浙江省小企业贷款风险补偿办法》，2009－10－30。

第四条　省财政厅、省中小企业局、省发改委是风险补偿资金的业务主管部门，共同负责风险补偿资金使用的指导、管理和监督。省中小企业局和省发改委共同负责风险补偿资金的业务指导；省财政厅负责年度风险补偿资金的预算管理，并负责资金拨付；人行杭州中心支行、浙江银监局、省金融办等部门负责做好风险补偿的审核工作。

省中小企业局和省发改委会同省财政厅共同确定风险补偿资金的具体支持方式和使用范围，并提出年度使用计划，报省政府办公厅批准。

第五条　风险补偿资金的使用，应当符合国家宏观经济政策、产业政策和区域发展政策，坚持公开、公平、公正的原则，确保风险补偿资金规范、安全和高效使用。

## 第二章　风险补偿资金的来源

第六条　风险补偿资金的来源：

（一）省级财政预算安排的中小企业专项扶持资金和服务业发展引导资金；

（二）市、县（市、区）配套的财政资金。

第七条　市、县（市、区）财政资金与省级专项扶持资金实行自愿配套的原则，省和市、县（市、区）资金配套比例一般为5∶5，其中欠发达市、县（市、区）为7∶3。

第八条　市、县（市、区）财政自愿出资配套的，应于当年9月底前向省财政厅和省中小企业局、省发改委出具自愿出资配套承诺书，明确同意实施风险补偿的相关银行业金融机构以及地方最高配套出资金额，同时将上年度银行业金融机构对小企业的贷款实绩和本年度贷款计划上报备案。

省中小企业局、省发改委会同省财政厅根据配套出资的市、县（市、区）小企业贷款实绩，确定省财政和市、县（市、区）财政配套出资的风险补偿资金数额，共同组成该市、县（市、区）风险补偿资金总额。

## 第三章　风险补偿资金的标准和使用范围

第九条　银行业金融机构风险补偿标准，以上一年度该市、县（市、区）的小企业贷款月均余额为基数，按小企业贷款比上年净增额的0.5%予以补偿。小型服务业企业贷款风险补偿在小企业贷款风险补偿标准的基础上再提高 0.3 个百分点。

第十条　风险补偿资金主要用于补偿银行业金融机构新增小企业贷款产生的风险。

第十一条　省级财政对小企业贷款增加较多、风险控制较好的银行业金融机构给予适当的奖励。

## 第四章　风险补偿资金的管理和监督

第十二条　配套出资的市、县（市、区）的有关银行业金融机构应根据本办法要求，于次年 2 月底前将相关申请资料报当地经贸（中小企业）、发改、财政部门。当地经贸（中小企业）、发改、财政等部门联合当地人行、银监、金融办等有关部门，对银行业金融机构当年新增小企业贷款实绩进行审核，并于 3 月 31 日前报省财政厅、省中小企业局和省发改委。省财政厅、省中小企业局、省发改委联合人行杭州中心支行、浙江银监局、省金融办等部门共同对各地上报的银行业金融机构新增贷款情况进行审核。

第十三条　省级风险补偿资金由省财政厅拨付给经办银行业金融机构所在地财政部门。各地财政部门应及时将省级及本级配套的风险补偿资金一并拨付给经办银行业金融机构。配套资金不到位的市、县（市、区），将不再纳入下一年度的风险补偿范围。

第十四条　银行业金融机构应根据本办法所指的小企业的实际状况，单独建立符合小企业贷款业务特点的信贷管理制度、业绩考核和奖惩机制，积极创新产品和服务，简化信贷流程，提高贷款发放效率。

第十五条　风险补偿资金必须专款专用。对弄虚作假、挪用资金等违法行为，按《财政违法行为处罚处分条例》等国家有关法律法规进行查处，并将已拨付的风险补偿资金全额收回上缴省财政。

## 第五章　附则

第十六条　根据省政府办公厅《关于促进小额贷款公司健康发展的若干意见》（浙政办发〔2009〕71 号）精神，各县级政府参照本办法精神，对小额贷款公司涉农贷款、弱势群体创业贷款和其他领域的小额贷款实施风险补偿，补偿比例可控制在 0.5% 左右。省财政根据省金融办组织的小额贷款公司年度考评结果和各地对小额贷款公司风险补偿情况，通过转移支付的方式给予县级财政适当的补助。

第十七条　本办法自发文之日起实施。

## “中小企业促进法”中的资金支持

中小企业促进法（2003 年 1 月 1 日）中的资金支持，在“第二章　资金支持”，内容如下：

第十条　中央财政预算应当设立中小企业科目，安排扶持中小企业发展专项资金。

地方人民政府应当根据实际情况为中小企业提供财政支持。

第十一条　国家扶持中小企业发展专项资金用于促进中小企业服务体系建设，开展支持中小企业的工作，补充中小企业发展基金和扶持中小企业发展的其他事项。

第十二条　国家设立中小企业发展基金。中小企业发展基金由下列资金组成：

（一）中央财政预算安排的扶持中小企业发展专项资金；

（二）基金收益；

（三）捐赠；

（四）其他资金。

国家通过税收政策，鼓励对中小企业发展基金的捐赠。

第十三条　国家中小企业发展基金用于下列扶持中小企业的事项：

（一）创业辅导和服务；

（二）支持建立中小企业信用担保体系；

（三）支持技术创新；

（四）鼓励专业化发展以及与大企业的协作配套；

（五）支持中小企业服务机构开展人员培训、信息咨询等项工作；

（六）支持中小企业开拓国际市场；

（七）支持中小企业实施清洁生产；

（八）其他事项。

中小企业发展基金的设立和使用管理办法由国务院另行规定。

第十四条　中国人民银行应当加强信贷政策指导，改善中小企业融资环境。

中国人民银行应当加强对中小金融机构的支持力度，鼓励商业银行调整信贷结构，加大对中小企业的信贷支持。

第十五条　各金融机构应当对中小企业提供金融支持，努力改进金融服务，转变服务作风，增强服务意识，提高服务质量。

各商业银行和信用社应当改善信贷管理，扩展服务领域，开发适应中小企业发展的金融产品，调整信贷结构，为中小企业提供信贷、结算、财务咨询、投资管理等方面的服务。

国家政策性金融机构应当在其业务经营范围内，采取多种形式，为中小企业提供金融服务。

第十六条　国家采取措施拓宽中小企业的直接融资渠道，积极引导中小企业创造条件，通过法律、行政法规允许的各种方式直接融资。

第十七条　国家通过税收政策鼓励各类依法设立的风险投资机构增加对中小企业的投资。

第十八条　国家推进中小企业信用制度建设，建立信用信息征集与评价体系，实现中小企业信用信息查询、交流和共享的社会化。

第十九条　县级以上人民政府和有关部门应当推进和组织建立中小企业信用担保体系，推动对中小企业的信用担保，为中小企业融资创造条件。

中小企业信用担保管理办法由国务院另行规定。

第二十条　国家鼓励各种担保机构为中小企业提供信用担保。

第二十一条　国家鼓励中小企业依法开展多种形式的互助性融资担保。

# 第十章　近年出台实施的科技创新的政策与措施

## 一、北京市科技型中小企业技术创新资金管理办法

### 北京市科技型中小企业技术创新资金管理办法

京财文〔2006〕3101 号　2007－06

#### 第一章　总则①

第一条　为贯彻落实《中共北京市委北京市人民政府关于增强自主创新能力建设创新型城市的意见》的精神，鼓励和支持北京市科技型中小企业开展技术创新活动，根据《中华人民共和国预算法》《中华人民共和国预算法实施条例》等法律法规以及《科技型中小企业技术创新基金项目管理暂行办法》（国科发计字〔2005〕60 号）、《科技型中小企业技术创新基金财务管理暂行办法》（财企〔2005〕22 号）等文件精神，在原有“国家科技型中小企业技术创新基金匹配”专项的基础上调整设立“北京市科技型中小企业技术创新资金”（以下简称创新资金）。为规范创新资金的管理，提高资金的使用效益，特制定本办法。

第二条　创新资金是经北京市人民政府批准设立的支持科技型中小企业技术创新、促进科技成果转化的专项资金。设立创新资金旨在增强科技型中小企业自主创新能力，引导企业、投资机构和金融机构对科技型中小企业自主创新的投资，逐步建立起北京市支持科技型中小企业自主创新的

① 参见《北京市科技型中小企业技术创新资金管理办法》（京财文〔2006〕3101 号）。

机制和模式。

第三条　创新资金来源于北京市财政预算拨款。创新资金的年度预算安排由北京市财政局（以下简称市财政局）根据财政预算情况和创新资金年度工作计划上报市人代会批准后确定。

第四条　市财政局是创新资金的监管部门，北京市科学技术委员会（以下简称市科委）是创新资金的组织实施部门。鼓励各区县政府结合各自特点设立本区域的科技型中小企业技术创新资金，并参照本办法制定相关的区域科技型中小企业技术创新资金管理办法。

第五条　市科委、市财政局委托北京高技术创业服务中心（以下简称创业中心）负责创新资金项目的组织实施工作，并委托第三方中介机构对创业中心的组织实施工作进行监督。

第六条　创新资金的使用和管理遵守国家和北京市有关法律、行政法规和相关规章制度，遵循诚实申请、公正受理、科学管理、择优支持、公开透明、专款专用的原则。

## 第二章　支持条件、范围与支持方式

第七条　申请创新资金的项目需符合以下条件：

（一）符合国家及北京市产业、技术政策，优先支持符合北京领域发展特点的项目；

（二）技术含量较高，技术创新性较强；

（三）项目产品有较大的市场容量、较强的市场竞争力；

（四）无知识产权纠纷。

第八条　承担项目的企业应具备以下条件：

（一）依法成立，在北京地区注册，具有独立企业法人资格，近 3 年内没有重大违法行为记录；

（二）主要从事高新技术产品的研制、开发、生产和服务业务；

（三）企业管理层有较高的经营管理水平，有较强的市场开拓能力；

（四）职工人数不超过 500 人，具有大专以上学历的科技人员占职工总数的比例不低于 30%，直接从事研究开发的科技人员占职工总数的比例不低于 10%；

（五）有良好的经营业绩，资产负债率合理；每年用于高新技术产品研究开发的经费不低于销售额的 5%；

（六）有健全的财务管理机构，有严格的财务管理制度和合格的财务人员。

第九条　创新资金优先支持具备以下条件的项目：

（一）参与国际标准、国家标准、行业标准、地方标准制定企业的项目；

（二）拥有自主知识产权，并且市场前景好，市场容量大的项目；

（三）科技成果转化项目，利用高新技术改造传统产业的项目，在国际市场上有较强竞争力并能形成出口创汇的高技术项目；

（四）以企业为主体的新型产、学、研联合创新的项目；

（五）北京市高新技术产业孵化基地内的在孵企业的项目；

（六）在北京市重点领域开展的高技术服务项目，包括设计创意行业等；

（七）引进消化吸收再创新取得自主知识产权的项目；

（八）企业间的合作项目，特别是以大企业带动小企业的科技项目。

第十条　创新资金以无偿资助、贷款贴息等方式支持科技型中小企业的技术创新活动。

（一）无偿资助

1. 主要用于科技型中小企业技术创新中新项目、新技术、新产品研究开发及中试放大阶段的必要补助；

2. 项目新增投资一般在 1000 万元以下，资金来源基本确定，投资结构合理，项目实施周期不超过 2 年；

3. 企业需有与申请创新资金资助等额以上的自有资金匹配；

4. 无偿资助数额一般不超过 60 万元，重大项目不超过 200 万元。

（二）贷款贴息

1. 主要用于支持产品具有一定的技术创新性、需要中试或扩大规模、形成小批量生产、银行已经贷款或有贷款意向的项目；

2. 项目新增投资在 3000 万元以下，资金来源基本确定，投资结构合理，项目实施周期不超过 3 年；

3. 贴息总额一般不超过 60 万元，重大项目不超过 100 万元。

（三）申报国家科技型中小企业技术创新基金（以下简称创新基金）的项目申请地方资金的额度按照科技部当年度《科技型中小企业技术创新基金申请须知》和《科技型中小企业技术创新基金若干重点项目指南》的

有关规定执行。

第十一条　在同一年度内，一个企业只能申请一个项目。同时，申请企业应根据项目所处阶段，选择一种相应的支持方式，不可重复申报。

## 第三章　开支范围

第十二条　创新资金主要用于支持科技型中小企业技术创新活动所需的支出。具体开支范围包括项目费、管理费及其他费用。

第十三条　项目费是指用于支持符合科技型中小企业技术创新资金项目指南，经市科委、市财政局审批立项的项目经费。

（一）无偿资助项目费，包括人工费、仪器设备购置和安装费、商业软件购置费、租赁费、试制费、材料费、燃料及动力费、鉴定验收费、培训费等与技术创新项目直接相关的支出。

（二）贷款贴息项目费，根据项目承担企业提供的有效借款合同及项目执行期内的有效付息单据核拨贴息资金。

第十四条　管理费是指用于创业中心和中介机构从事创新资金项目的评审、评估、日常管理工作和监督及评价工作的经费。管理费按照《北京市市级项目支出预算管理办法》编制详细预算，经市财政局批准后按规定使用。

第十五条　其他费用是指经市财政局批准开支的与创新资金有关的其他支出。

## 第四章　项目申请与受理

第十六条　市科委每年结合《北京市科技项目建议征集指南》以及科技部发布的项目指南、申请须知，公布当年的北京市创新资金申报指南，明确项目年度重点支持范围和具体要求。符合科技部《科技型中小企业技术创新基金若干重点项目指南》的，择优推荐申报国家“科技型中小企业技术创新基金”项目。

第十七条　科技型中小企业申请创新资金，应按照每年公布的申报指南准备和提供相应的申请材料，并保证申请材料真实可靠。

第十八条　创业中心采取公开方式受理企业申请并提出审查意见，受理审查内容包括：资格审查、形式审查及内容审查。经审查合格的项目上报市科委评审。

## 第五章　项目评审、立项与资金拨付

第十九条　有关部门建立联合评审的组织协调机制，由各有关单位组成联审小组，共同开展专家联合评审。联审小组每年根据创新资金项目申报情况，分批组织专家联合评审。

第二十条　市科委会同有关部门建立全市统一的创新资金评审专家库，创新资金项目评审仅限于在专家库内遴选专家。专家库的管理和日常维护由创业中心负责。

第二十一条　联审小组本着公开、公平、公正、规范的原则，参照《北京市财政投资项目评审操作规程（试行）》及科技部《科技型中小企业技术创新基金专家评审工作规范》的有关规定，组织召开专家评审会，对项目的市场前景、技术创新性、技术可行性、风险性、申报企业的经营管理水平等进行评审。

第二十二条　专家应按照评审工作规范，对申请项目进行全面的评审，并提出有针对性的评审意见。在评审过程中，专家可通过联审小组要求申请企业补充有关材料或进一步说明情况，但不得与申请企业及有关人员直接联系。

第二十三条　为保证创新资金项目立项评审的公正性，评审工作实行回避制度。属下列情况之一时，专家应当回避：

（一）评审专家所在企业的申请项目；

（二）专家家庭成员或近亲属为所审项目申请企业的负责人；

（三）有利益关系或直接隶属关系。

第二十四条　联审小组和专家对所审项目的技术、经济秘密和审查结论意见负有保密责任和义务。联审小组尊重专家的评审结论意见并给予保密。

第二十五条　创业中心根据项目申请材料和专家评审意见提出创新资金立项建议，报市科委、市财政局审批。经批准的项目通过网站等途径向社会公告，公告发布之日起2周内为立项项目异议期。经公告没有异议的，正式办理立项及资金拨付手续。对于项目存在重大异议的，应按程序进行复议。

第二十六条　市科委委托创业中心与创新资金立项项目的承担单位签订“北京市科技型中小企业技术创新资金项目合同”（以下简称《项目合

同》)。

第二十七条 创新资金在项目合同签订后分两次拨付。

采用无偿资助方式支持的项目立项后拨付70%，视项目执行情况拨付其余资金（第二次拨款）；采用贷款贴息方式支持的项目立项后按企业有效借款合同及付息单据核定的应贴息数额拨付80%，视项目执行情况拨付其余资金（第二次拨款）。

第二十八条 创新资金纳入国库集中支付范围，按照财政国库集中支付改革有关规定办理资金支付。

## 第六章 监督管理及项目验收

第二十九条 市财政局负责对创新资金的运作和使用进行监督、检查，参与项目的验收工作。市科委负责创新资金项目的日常管理工作，并委托创业中心组织实施项目监督管理和验收工作，分析总结项目执行情况。市财政局和市科委对创业中心的管理工作和项目承担企业的项目执行情况进行监督管理和绩效评价。

第三十条 项目监督管理主要内容包括：

（一）项目资金的到位与使用情况；

（二）合同计划的进度执行情况；

（三）项目达到的技术、经济、质量指标情况；

（四）项目存在的主要问题和解决措施。

第三十一条 项目管理的主要方式：

（一）项目承担企业每半年定期填报、提交项目执行情况信息调查表；

（二）创业中心每年检查项目执行情况，并提出项目执行情况意见；

（三）市科委根据需要，对项目进行实地检查；

（四）市财政局根据需要，定期抽查项目执行情况，对资金的运作和使用进行监督和检查。

第三十二条 项目承担企业应严格执行国家和北京市有关财经法规、财务规章制度，认真履行合同，科学、合理、有效地安排和使用创新资金，保证专款专用，严禁截留、挪用。

第三十三条 项目承担企业须对项目资金进行单独核算，并接受有关部门的监督管理和检查。无偿资助项目承担企业，在收到创新资金拨款后作为专项应付款处理，其中：形成资产部分转入资本公积，消耗部分予以核销；贷款贴息项目承担企业，在收到创新资金拨款后作为冲减当期财务费用处理。

第三十四条　项目承担企业应当严格按照签订的《项目合同》执行，一般不予调整，确有必要调整时，应向创业中心提出书面申请，由创业中心审核后，按照以下程序进行核批：

（一）因改制、重组等原因发生企业名称变化，或因不可抗拒因素承担企业提出项目计划指标变更申请，以及企业开户银行、户名、账号等企业关键信息发生改变等情况，但不涉及项目预算调整的，报市科委审批，送市财政局备案；

（二）项目预算总额不变，预算科目、结构之间进行调整，报市科委审批，但人工费和管理费一般不予调整；

（三）项目预算总额或项目承担企业调整，报市科委、市财政局批准。

第三十五条　对于虚报、冒领、截留、挪用、挤占项目资金等违反财经法规的行为，由市财政局责令限期整改，同时按照《财政违法行为处罚处分条例》进行处理。构成犯罪的，依法移交司法机关追究其刑事责任。

第三十六条　创新资金验收工作原则上在《项目合同》到期一年内完成。需要提前或延期验收的项目，需由承担企业在项目到期前三个月提出书面申请，由创业中心出具意见，报市科委审定，送市财政局备案。延期最长不超过一年。

第三十七条　项目验收的主要内容包括：

（一）项目计划进度执行情况；

（二）项目经济、技术指标完成情况；

（三）项目研究开发取得的成果情况；

（四）资金落实与使用情况；

（五）项目实施前后企业的整体发展变化情况。

第三十八条　市科委委托创业中心组织项目验收工作，具体的验收形式根据科技部及市科委的有关规定执行。

第三十九条　项目验收时企业需按要求准备验收材料，填写《项目执行情况报告书》，并附委托审计机构出具的专项审计报告。创业中心根据项目验收情况提出验收结论建议，报送市科委和市财政局。

第四十条　已获得创新资金支持的企业，必须在已立项项目验收合格后方可申请新项目。

### 第七章　附则

第四十一条　本管理办法自发布之日起30日后施行，市科委、市财政局《关于印发〈北京市技术创新、创业资金管理办法〉的通知》（京科计发〔2001〕253号）和市科委《国家科技型中小企业技术创新基金北京市匹配资金管理办法（试行）》（京科高发〔2001〕684号）同时废止。

第四十二条　本办法由市财政局、市科委负责解释。

## 二、江苏省科技型中小企业技术创新资金管理办法

### 江苏省科技型中小企业技术创新资金管理办法

苏科计〔2007〕79号　苏财企〔2007〕26号

#### 第一章　总则①

第一条　为贯彻落实《中共江苏省委、江苏省人民政府关于增强自主创新能力建设创新型省份的决定》精神，根据《省政府关于鼓励和促进科技创新创业若干政策的通知》的有关规定，设立江苏省科技型中小企业技术创新资金（以下简称省创新资金），并制定本管理办法。

第二条　省创新资金是政府引导性资金，旨在通过对科技型中小企业技术创新项目的支持，增强我省科技型中小企业的创新能力，培育一批具有较强创新活力和市场竞争能力的科技型中小企业，营造有利于科技型中小企业技术创新和科技人员创业的良好环境。

第三条　省创新资金的使用和管理遵守国家有关法律、行政法规和财务规章制度，遵循诚实申请、公正受理、择优支持、科学管理、公开透明、专款专用的原则。

第四条　省创新资金重点支持国家和省认定的高新技术创业服务中心、大学科技园、留学生创业园等科技企业孵化器内科技型中小企业申报

---

①　参见《江苏省科技型中小企业技术创新资金管理办法》（苏科计〔2007〕79号、苏财企〔2007〕26号）.

的项目。对以上机构以外的高新技术新兴产业培育发展具有明显带动和示范作用的科技型中小企业实施的项目也可予以支持。

第五条　省创新资金资助经费主要用于项目产品在研究开发及中试阶段的必要补助。

## 第二章　资金来源与管理机构

第六条　省创新资金来源为省级财政年度预算安排，采取无偿资助方式支持科技型中小企业的技术创新活动。

第七条　省科技厅是省创新资金项目的主管部门，负责审议和发布省创新资金年度支持重点及工作指南、年度计划安排、立项审批、合同签订、项目监理和验收统计等工作，会同省财政厅制定和完善省创新资金管理办法及其实施细则。

第八条　省财政厅是省创新资金的监管部门，负责按年度编制省创新资金预算，项目资金分配及拨付，参与审议省创新资金年度支出重点和工作指南，对资金运作和使用情况进行监督、检查和绩效评估。

## 第三章　支持对象与方式

第九条　省创新资金资助的企业应当符合以下条件：

（一）具备独立企业法人资格，在国家和省认定的高新技术创业服务中心、大学科技园、留学生创业园等科技企业孵化器内注册并经营的中方控股的科技型中小企业，企业年销售收入原则上在3000万元以内，注册资金不少于30万元；

（二）主要从事高新技术及其产品的研制、开发、生产，并具备应有的项目组织实施能力；

（三）具有大专以上学历科技人员占职工总数的比例不低于30%；

（四）有良好的经营业绩、健全的财务制度，资产负债率65%以内；

（五）无不良诚信记录。

第十条　申请省创新资金资助的项目应符合以下条件：

（一）符合国家和省产业技术政策，属于我省优先发展的重点技术领域；

（二）技术创新性强，技术水平达到省内领先水平；

（三）重点支持拥有自主知识产权的项目，且项目知识产权明晰、无纠纷；

（四）项目产品有明确的市场需求和较强的市场竞争力，可以产生较好的经济效益和社会效益；

（五）项目处于研究开发、中试阶段或项目产品有小批量试销；

（六）项目新增投资一般在1000万元以下，资金来源基本确定，投资结构合理，项目实施周期不超过2年（生物、医药类项目可放宽至3年）。

第十一条　省创新资金项目资助经费一般不超过30万元，重点项目不超过50万元。

第十二条　申请省创新资金支持的项目，地方必须先期立项支持，单项资助经费不低于申请省拨资金的1/3。优先支持拥有种子资金或孵化资金的科技企业孵化器资助并推荐申报的项目，以及创业投资机构支持的项目。

## 第四章　申请与受理

第十三条　省科技厅、省财政厅原则上在每年二月底前发布年度省创新资金项目的申报通知。符合省创新资金资助条件的项目，由企业按申报通知要求提供相应申报材料；申报材料须经所在科技企业孵化器管理机构审核汇总后，上报省辖市科技局、财政局。

第十四条　省辖市科技局、财政局对企业的申报材料进行认真审核，符合条件的项目应填写《江苏省科技型中小企业技术创新资金项目推荐表》，对申报项目的真实性、可靠性、地方是否给予先期立项支持等进行说明，并附计划立项批准文件，加盖公章后推荐上报省科技厅、省财政厅。

第十五条　省创新资金项目申报材料主要包括：

（一）《江苏省科技型中小企业技术创新资金项目申报书》；

（二）企业法人营业执照复印件；

（三）上年度企业会计报表；

（四）能说明项目情况的佐证材料（如国家、省科技计划批准文件、技术报告、检测报告、用户意见等）；

（五）能说明项目知识产权归属或授权使用的证明文件（如专利证书、技术转让合同、软件著作权登记证书等）；

（六）与申报项目和企业有关的其他参考材料（国家专卖、专控及特殊行业的产品，需提供主管机关出具的批准文书复印件）。

第十六条　申报省创新资金的同一企业的同一项目，不得在同一年度内与其他省级专项资金项目重复申报。

第十七条　省创新资金项目申报单位有弄虚作假行为，省科技厅、省财政厅将不再受理该企业的项目申请。

## 第五章　立项管理

第十八条　省科技厅依据省创新资金项目申报的条件与要求，对项目申报材料进行形式审查。

第十九条　省科技厅会同省财政厅对通过形式审查的省创新资金申报项目组织专家进行立项评审。立项评审工作规范及标准由省科技厅、省财政厅共同制定。

第二十条　省科技厅根据专家立项评审意见，提出省创新资金建议资助项目，并会同省财政厅联合下达立项计划。

第二十一条　经批准立项的省创新资金项目，由省科技厅与项目承担单位、项目推荐单位签订《江苏省科技型中小企业技术创新资金项目合同》（一式七份），并将合同报送省财政厅。省财政厅依据合同下达项目资金预算。

## 第六章　项目管理

第二十二条　省科技厅、省财政厅委托省辖市科技局和财政局负责辖区内省创新资金项目的日常跟踪管理与服务工作。

第二十三条　省创新资金项目承担单位按合同规定完成目标任务后，向省辖市科技局提出验收申请，同时提供项目验收材料，具体按《江苏省科技计划项目验收管理办法》（苏科计〔2005〕377号）执行。省辖市科技局、财政局负责审查全部验收材料，签署初审意见后，将项目验收申请及验收材料报送省科技厅、省财政厅审核。省科技厅、省财政厅负责或委托省辖市科技局、财政局组织项目验收。

省创新资金项目验收工作原则上应在项目合同到期后一年内完成。

第二十四条　因客观原因，项目承担单位需对省创新资金项目合同确定的目标、进度等进行调整或项目终止，须按项目原申报程序报经省科技厅、省财政厅批准后，方可执行，具体按照《江苏省科技计划项目实施管理办法》（苏科计〔2005〕393 号）执行。经批准撤销或终止的项目，省科技厅、省财政厅进行项目经费财务清算，企业须将剩余经费按原渠道归还。

第二十五条　各省辖市科技局、财政局应定期向省科技厅、省财政厅报告本地省创新资金项目的组织实施情况。

第二十六条　省财政厅将不定期对获得财政资金资助的项目进行检查，确保专项资金专款专用，发挥资金的最佳效益。对在立项、申报、资金使用过程中发现弄虚作假骗取专项资金或擅自改变专项资金用途等财政违法行为，依照《财政违法行为处罚处分条例》等法律法规规定追究法律责任。

### 第七章　附则

第二十七条　本办法自发布之日起施行。

发布部门：江苏省其他机构　发布日期：2007 年　实施日期：2007 年

## 三、浙江省科技型中小企业技术创新资金管理办法（试行）

### 浙江省科技型中小企业技术创新资金管理办法（试行）

浙科计发〔1999〕338 号　浙财行〔1999〕138 号　2000 - 06 - 09

### 第一章　总则①

第一条　为了贯彻执行中共中央国务院《关于加强技术创新，发展高科技，实现产业化的决定》和浙江省人民政府《关于大力推进高新技术产业化的决定》（浙政〔1999〕1 号）及国务院办公厅转发的科技部、财政部《关于科技型中小企业技术创新基金的暂行规定》（国办发〔1999〕47 号）的文件精神，鼓励与支持我省科技型中小企业技术创新活动，增强中小企业技术创新能力，我省设立了省科技型中小企业技术创新资金（以下

---

① 参见《浙江省科技型中小企业技术创新资金管理办法（试行）》。

简称省创新资金)。为规范省创新资金的使用与管理，特制定本管理办法(试行)。

## 第二章 省创新资金用途

第二条 省创新资金为省财政专项资金，主要用于配套支持科技部、财政部科技型中小企业技术创新基金资助的项目（以下简称国家创新基金项目）和符合浙江省科技型中小企业技术创新资金支持条件的项目（以下简称省创新资金项目)。

## 第三章 省创新资金支持对象

第三条 申请省创新资金支持的项目需符合下列条件：

1. 符合国家和省产业、技术政策，技术含量较高，创新性较强，技术水平至少处于省内领先或国内先进水平。产品有较大的市场容量和较强的市场竞争力，有较好的经济效益和社会效益，并有望形成新兴产业。

2. 国家规定的特殊行业（如医药、医疗器械、邮电、通信、电力、农作物新品种及生物制品、公安及安全等)，要有行业主管机构出具的相关批准证明。

3. 无知识产权纠纷。

第四条 承担省创新资金支持项目的企业应具备下列条件：

1. 在本省登记注册，具有独立企业法人资格。

2. 主要从事高新技术产品的研制、开发、生产和服务业务。

3. 领导班子有较强的市场开拓能力和较高的经营管理水平，并有持续创新的意识。

4. 职工总人数不超过 500 人；具有大专以上学历的科技人员占职工总数的比例不低于 25%，直接从事研究开发的科技人员占职工总数的比例不低于 10%。

5. 有良好的经营业绩，资产负债率不超过 70%；每年用于高新技术产品研究开发的经费不低于销售额的 3%。开业不足一年的新办企业不受此款限制。

6. 有严格的财务管理制度、健全的财务管理机构和合格的财务管理人员。

第五条 省创新资金鼓励并优先支持科研机构、高等院校与企业合作进行的技术创新活动。择优支持具有中国自主知识产权、高技术、高附加值、产业关联度大、节能降耗、有利于环境保护和出口创汇的项目。重点支持电子信息、生物与药业、机电一体化、新材料等我省高新技术产业化和用高新技术改造传统产业的技术创新活动。

第六条 省创新资金不支持以下各类项目和企业:

1. 不符合国家和省科技、经济和社会发展方针及产业政策的项目、技术引进项目、低水平重复项目、单纯的基本建设项目、一般加工工业项目以及对社会和环境有不良影响的项目。

2. 已经上市的企业、中方拥有股权不足51%的企业、资产和财务状况不良的企业、非技术性的服务企业以及纯贸易企业等。

## 第四章 省创新资金支持方式

第七条 省创新资金以贷款贴息、无偿资助的方式支持科技型中小企业的技术创新活动。

第八条 贷款贴息

1. 主要用于支持产品具有一定水平、规模和效益，银行已经有贷款或有意向的项目。

2. 项目总投资在2000万元以下，资金来源基本确定，投资结构合理，项目实施周期不超过三年。

3. 贷款贴息按贷款额年利息的50%至100%给予补贴。

第九条 无偿资助

1. 主要用于科技型中小企业技术创新中产品研究开发及中试阶段的必要补助、科研人员携带科技成果创办企业进行成果转化的补助。

2. 项目总投资一般在1000万元以下，资金来源基本确定，投资结构合理，企业有与申请省创新资金数等金额以上的自有资金匹配，项目实施周期一般不超过两年。对于市、地、县（市）等财政给予匹配资助的项目，同等条件下予以优先支持。

3. 对由于省科技行政主管部门推荐申报的国家创新资金项目进行必要的资金匹配，匹配金额原则上每项不超过国家创新资金资助总额的50%。

## 第五章 申请与受理

第十条 省创新资金项目的申报实行全年受理，定期审批的办法。

第十一条　符合省创新资金支持条件的项目，由企业按申请要求提供省科技行政主管部门印制的《浙江省科技型中小企业技术创新资金项目申请书》和《浙江省科技型中小企业技术创新资金项目承担人员基本情况表》及《浙江省科技型中小企业技术创新资金项目推荐意见表》。经企业所在地的市（地）、县（市）科技行政主管部门、省级行业主管部门、杭州国家高新技术产业开发区推荐，向省科技行政主管部门提出申请。要求将上述材料一式三份邮寄给省科技行政主管部门。省科技行政主管部门不接受企业来人报送的申请资料。

第十二条　省科技行政主管部门对企业提交的申请内容原则上每两个月初审一次，初审内容包括企业基本概况、项目是否符合推荐或资助条件、创新程度、企业法人与项目主要承担人、推荐意见等基本情况。初审不合格的项目，自收到之日起两个月内，省科技行政主管部门向申请企业书面发出《不受理通知书》，同时抄送给推荐单位。初审合格的项目，由省科技行政主管部门书面通知企业并抄送推荐单位。

第十三条　初审合格的项目申请企业需提供如下材料：

（1）《浙江省科技型中小企业技术创新资金项目申请书》。

（2）申请科技型中小企业技术创新资金项目可行性研究报告，以及有关机构和专家对该报告的论证意见（须附论证专家名单）。

（3）企业法人营业执照（复印件）。

（4）经会计师事务所审计的企业上两年度以及最近一个月的会计报表（复印件），包括资产负债表、损益表、现金流量表以及报表附注等。开业不足一年的新创办企业须报送工商行政部门出具的企业注册资金证明（复印件）和最近一个月的会计报表。

（5）可以说明项目技术情况的证明文件（如科技主管机构或行业主管部门出具的技术报告、检测报告、专利证明、用户使用报告等）。

（6）高新技术企业需附高新技术企业认定证书（复印件）。

（7）国家专卖、专控及特殊行业产品，需附相关主管机构出具的批准证明（复印件）。

（8）申请贷款贴息，须分别由开户所在地银行信贷部门和贷款审批银行在《浙江省科技型中小企业技术创新资金项目申请书》的相应栏目中，签署承贷意见或附贷款合同（复印件）。

（9）地方财政部门匹配资金的项目，须在《浙江省科技型中小企业技术创新资金项目推荐意见表》的相应栏目中签署意见。

（10）与项目有关的其他参考材料（如列入国家、省科技计划的有关批准文件、环保证明、奖励证明等）。申请企业须将书面申请材料（附材料目录）按 A4 纸张大小装订成册，一式六份上报。由县（市）科技行政主管部门直接推荐给省科技行政主管部门的申请项目，同时必须抄送一份给市（地）科技行政主管部门备案。所有申请材料一律不予退还。

第十四条　一个企业在同一年度内，原则上只能申请一个项目和一种方式支持。

第十五条　申请企业提供的材料必须真实可靠。如发现弄虚作假，将不再受理该企业的申请。

第十六条　推荐单位必须严肃、认真、科学、公正地履行其职责，对企业提交材料的真实性、可靠性做出评价，并填写《浙江省科技型中小企业技术创新资金项目推荐意见表》如发现有重大失误或虚假行为，今后将不再受理其推荐的项目。

第十七条　由省科技行政主管部门推荐到国家科技部而暂未被列入国家创新基金的项目，凡符合省创新基金支持条件的，经与推荐单位和申请企业协商后，申请企业愿意作为省创新基金项目申请的，则与直接申请创新资金的项目同等对待。

## 第六章　立项

第十八条　省科技行政主管部门负责审议和发布省创新资金年度支持重点，审议创新基金运作中的重大事项，会同省财政主管部门一起以联席会议形式审定省创新资金项目和国家创新基金的配套资金，项目审定同意后由省科技行政主管部门直接与承担企业签订省创新资金项目合同；将合同签订后的项目清单抄送省财政主管部门，省财政主管部门根据省科技三项费用管理办法下达资金。

第十九条　省创新资金资助金额分两批下达，首批按批准总额的 70% 拨付，待项目完成并经验收后再拨付 30%。

## 第七章　项目验收

第二十条　省创新资金项目合同到期后 1 个月内，承担企业向省科技行政主管部门提出项目验收报告。省科技行政主管部门根据项目情况分别采用项目审查、实地审查、委托地方科技行政、财政主管部门审查等方式进行验收。

第二十一条　通过验收，对基本完成省创新资金项目进行结题，并拨付余下的30%的经费；

对没有完成合同目标、差距较大的项目不予通过验收，停拨经费，限期完成。

## 第八章　监督管理

第二十二条　省创新资金的使用必须遵守国家的有关法律、行政法规和财务规章制度，坚持科学评估、择优支持、公证透明、专款专用。省创新资金的申请和使用应本着节约的原则，充分利用现有工作条件，使有限的资源发挥最大的效益。

第二十三条　省创新资金的主要开支范围包括新产品开发及试制、购买仪器设备及与项目有关的其他开支。

第二十四条　各级科技行政主管部门、财政主管部门和有关主管部门根据本办法对创新资金项目的实施过程进行监督管理。省财政主管部门对创新资金运作情况进行监督与检查。监督管理的主要内容包括基金的到位和使用情况、合同计划进度执行情况及项目完成的质量。

第二十五条　承担省创新资金项目的企业应按照本办法和省创新资金项目合同书的有关条款，自觉接受有关部门的监督管理，并在规定时间内向省科技行政主管部门报送半年和年度省创新资金项目监理信息调查表以及所要求的相关附件三份。

第二十六条　如发现有关部门或企业、有关人员在项目申请、立项、实施、管理中弄虚作假、玩忽职守、以权谋私、挪用经费等违反规定和财经纪律的行为，将采取通报批评、暂停拨款、中止或撤销项目合同等措施；对撤销或中止合同的省创新资金项目，承担企业应进行项目财务清算，并将省创新资金支持的剩余经费如数上缴财政部门。对违纪、违法情节严重者，提交有关部门追究企业和有关人员的责任，并不再受理该企业的创新资金项目申请。

## 第九章　附则

第二十七条　本办法自发布之日起试行。

第二十八条　本办法由科技行政主管部门、省财政主管部门负责解释和修改。

## 中小企业促进法中的技术创新规定

中小企业促进法（2003 年 1 月 1 日）中的技术创新规定，在“第四章　技术创新”，内容如下：

第二十九条　国家制定政策，鼓励中小企业按照市场需要，开发新产品，采用先进的技术、生产工艺和设备，提高产品质量，实现技术进步。

中小企业技术创新项目以及为大企业产品配套的技术改造项目，可以享受贷款贴息政策。

第三十条　政府有关部门应当在规划、用地、财政等方面提供政策支持，推进建立各类技术服务机构，建立生产力促进中心和科技企业孵化基地，为中小企业提供技术信息、技术咨询和技术转让服务，为中小企业产品研制、技术开发提供服务，促进科技成果转化，实现企业技术、产品升级。

第三十一条　国家鼓励中小企业与研究机构、大专院校开展技术合作、开发与交流，促进科技成果产业化，积极发展科技型中小企业。

## 关于支持中小企业技术创新的若干政策

1. 制定人：国家发展改革委　教育部　科技部　财政部　人事部　人民银行　海关总署　税务总局　银监会　统计局　知识产权局　中科院

2. 日期：2007 年 10 月 23 日

为贯彻落实《中共中央、国务院关于实施科技规划纲要，增强自主创新能力的决定》《国务院关于鼓励支持和引导个体私营等非公有制经济发展的若干意见》，全面提升中小企业的自主创新能力，充分发挥其在建设创新型国家中的重要作用，根据国家中长期科技发展规划纲要（2006—2020 年）若干配套政策，制定本政策。

### 一、激励企业自主创新

（一）鼓励加大研发投入。中小企业技术开发费税前扣除，按照《国务院关于实施〈国家中长期科学和技术发展规划纲要（2006—2020年）〉若干配套政策》（国发〔2006〕6号）和《财政部、国家税务总局关于企业技术创新有关企业所得税优惠政策的通知》(财税〔2006〕88号）执行。

（二）支持建立研发机构。鼓励有条件的中小企业建立企业技术中心，或与大学、科研机构联合建立研发机构，提高自主创新能力。具备条件的企业可申报国家、省市认定企业技术中心。鼓励国家、省市认定企业技术中心向中小企业开放，提供技术支持服务。

（三）加快技术进步。中小企业投资建设属于国家鼓励发展的内外资项目，其投资总额内进口的自用设备，以及随设备进口的技术和配套件、备件，按照《国务院关于调整进口设备税收政策的通知》（国发〔1997〕37号）的有关规定，免征关税和进口环节增值税。

（四）大力发展高新技术企业。经国家有关部门认定为高新技术企业的中小企业，可以按现行政策规定享受高新技术企业税收优惠政策。

（五）鼓励发明创造和标准制定。各级知识产权部门应按照有关规定对个人或小企业的国内外发明专利申请、维持等费用予以减免或给予资助。鼓励具有专利技术的中小企业参与行业标准制定。对中小企业参与行业技术标准制定发生的费用，给予一定比例的资助。

（六）加快中小企业信息化建设。鼓励中小企业运用现代信息技术提升管理水平，增强技术创新能力。鼓励信息技术供应商、服务商和中介服务机构为中小企业信息化提供技术支援与相关服务。鼓励建立中小企业信息化公共服务平台，推动信息技术在中小企业的应用。

（七）加强人才培养。鼓励中小企业加大职工岗位技能培训和技术人才培养，企业当年提取并实际使用的职工教育经费，按国家有关税收政策规定执行。

（八）建立人才培养机制。鼓励有条件的中小企业与大学、职业院校建立定向、订单式人才培养机制，提高企业职工素质；鼓励企业为学生提供实习、实训条件和实习指导。鼓励各类院校毕业生到企业工作，积极参与企业的创新活动。各级中小企业管理部门应采取政府、企业、高校、社会投资共建等方式，建立健全中小企业人才培养输送渠道，满足中小企业技术创新的人才需求。

（九）建立创新人才激励机制。鼓励中小企业建立健全培训、考核、使用与待遇相结合的机制，激励员工发明创造。对做出突出贡献的技术创新人才，可采取新产品销售提成、科技成果或知识产权入股等多种形式，予以奖励。

（十）政府采购支持自主创新。各级国家机关、事业单位、社团组织在政府采购活动中，在同等条件下，对列入《政府采购自主创新产品目录》的中小企业产品应当优先采购。

## 二、加强投融资对技术创新的支持

（十一）鼓励金融机构积极支持中小企业技术创新。商业银行对纳入国家及省、自治区、直辖市的各类技术创新计划和高新技术产业化示范工程计划的中小企业技术创新项目，应按照国家产业政策和信贷原则，积极提供信贷支持。各地可通过有关支持中小企业发展的专项资金对中小企业贷款给予一定的贴息补助，对中小企业信用担保机构予以一定的风险补偿。各级中小企业管理部门、知识产权部门要积极向金融机构推荐中小企业自主知识产权项目、产学研合作项目、科技成果产业化项目、企业信息化项目、品牌建设项目等，促进银企合作，推动中小企业创新发展。

（十二）加大对技术创新产品和技术进出口的金融支持。各金融机构要按照信贷原则，对有效益、有还贷能力的中小企业自主创新产品出口所需流动资金贷款积极提供信贷支持。对中小企业用于研究与开发所需的、符合国家相关政策和信贷原则的核心技术软件的进口及运用新技术所生产设备的出口，相关金融机构应按照有关规定积极提供必要的资金支持。

（十三）加强和改善金融服务。引导和鼓励各类金融机构按照中小企业特点，加大金融产品的创新力度。畅通中小企业支付结算渠道，积极创造条件促使票据等支付工具服务中小企业，丰富中小企业支付和融资手段。组织开展对中小企业的信用评价，对资信好、创新能力强的中小企业，可核定相应的授信额度予以重点扶持。加快中小企业信用体系建设，促进各类征信机构发展，为金融机构改善对中小企业技术创新的金融服务提供配套服务。

（十四）鼓励和引导担保机构对中小企业技术创新提供支持。通过税收优惠、风险补偿和奖励等政策，引导各类担保机构积极为中小企业技术创新项目或自主知识产权产业化项目贷款提供担保服务，改进服务方式，对一些技术含量高、创新能力强、拥有自主知识产权并易于实现市场化的优质创新项目给予保费优惠。

（十五）加快发展中小企业投资公司和创业投资企业。鼓励设立创业投资引导基金，建立健全创业投资机制，引导社会资金流向创业投资企业。支持中小企业投资公司设立和发展，加大对中小企业投资公司的政策支持和风险补偿，激励其拓展投资业务，支持中小企业的技术创新活动。

（十六）鼓励中小企业上市融资。支持和推动有条件的中小企业在中小企业板上市。大力推进中小企业板制度创新，加快科技型中小企业、自主知识产权中小企业上市进程。在条件成熟时，设立创业板市场。

## 三、建立技术创新服务体系

（十七）加大创业服务。各地可利用闲置场地建立小企业创业基地，为初创小企业提供低成本的经营场地、创业辅导和融资服务。支持科技企业孵化器等科技中介机构为科技型中小企业发展提供孵化和公共技术服务。对科技企业孵化器、国家大学科技园的税收优惠政策，按照《财政部、国家税务总局关于科技企业孵化器有关税收政策问题的通知》（财税〔2007〕121号）、《财政部、国家税务总局关于国家大学科技园有关税收政策问题的通知》（财税〔2007〕120号）的有关规定执行。对符合条件的创业服务机构为创业企业提供的创业辅导服务，各地应给予一定的支持。

（十八）培育技术中介服务机构。鼓励技术中介服务机构、行业协会和技术服务企业为中小企业提供信息、设计、研发、共性技术转移、技术人才培养等服务，促进科研成果，尤其是拥有自主知识产权科研成果的商品化、产业化。对单位和个人从事技术转让、技术开发业务和与之相关的技术咨询、技术服务业务取得的收入，依据国家现行政策规定享受有关税收优惠。国家有关部门要研究制定支持技术中介服务机构发展的政策，各地要加大对技术中介服务机构的支持力度。

（十九）建立公共技术支持平台。各地要根据区域中小企业的产业特点，引导和促进中小企业转变发展方式，打破“小而全”，提倡分工协作。重点支持在中小企业相对集中的产业集群或具有产业优势的地区，建立为中小企业服务的公共技术支持平台。鼓励企业和社会各方面积极参与中小企业公共技术平台建设。国家有关部门应加大对公共技术平台的政策支持。

（二十）开放科研设施。鼓励大学、科研院所、大企业开放科研仪器设施，为中小企业服务。各地中小企业管理、科技、教育、知识产权部门要密切合作，建立共享设施数据库，定期发布相关信息。要加强共享科研设施管理，简化中小企业使用手续，降低使用费用。

（二十一）加强技术信息服务。各级中小企业管理部门要健全信息服务网络，改善中小企业信息化建设的基础条件，优化技术资源配置，促进中小企业间、中小企业与大学和科研机构间、中小企业与大企业间的技术交流与合作。要逐步建立网上技术信息、技术咨询与网下专业化技术服务有机结合的服务系统，提高技术服务的即时有效性。

（二十二）加强知识产权服务与管理。各级中小企业管理部门要配合知识产权部门落实《专利法》，广泛开展知识产权宣传、培训活动，提高中小企业知识产权保护意识；建立区域性专利辅导服务系统，为中小企业提供专利查询、申报指导、管理与维护等服务；建立知识产权维权援助中心，为中小企业提供专利诉讼与代理等援助服务。加大对侵权行为的监督、处罚力度。密切跟踪国外行业技术法规、标准、评定程序、检验检疫规程的变化，对中小企业产品出口可能遭遇的技术性贸易措施进行监测，提供预警服务。国家知识产权部门、中小企业管理部门要制定完善中小企业知识产权促进政策。

（二十三）加强新产品认定和标准化服务。鼓励行业协会、服务机构根据国家、地方有关自主创新产品的认证评价办法，帮助中小企业申请新产品认证，提供相关服务。鼓励行业协会为中小企业提供标准化知识培训，加强对中小企业申请行业标准制定的指导和服务，对涉及跨行业的技术标准制定，要做好组织协调工作，简化手续，提供便利服务。

（二十四）营造公平的人才发展环境。各级中小企业管理部门要引导服务机构健全中小企业人才服务系统，帮助中小企业解决技术人才引进、职称评定等实际问题。对中小企业技术人员的任职资格评聘以及科技人才评选、奖励、培养等应一视同仁，同等对待。

## 四、健全保障措施

（二十五）加大对中小企业技术创新的支持力度。各地可根据财力情况，逐步加大中小企业技术创新的环境建设，重点支持中小企业公共服务体系建设、中小企业信用体系与担保体系建设和创业投资企业发展。

（二十六）建立健全统计评价制度。国家有关部门要研究建立中小企业技术创新评价指标体系，尽快建立中小企业技术创新统计调查制度，建立中小企业技术创新政策的跟踪测评机制，逐步形成支持中小企业技术创新的科学政策体系。

（二十七）加强工作领导。要充分发挥全国推动中小企业发展工作领导小组的统筹协调作用，各部门要加强配合，推动中小企业技术创新。各地要将支持中小企业技术创新工作纳入政府中小企业工作考核范围，建立目标责任制，确保国家中长期科技发展规划纲要及其各项配套政策实施细则的落实到位。

# 主要参考文献

## 法律法规

1. 2003 年《中华人民共和国中小企业促进法》总则第二条.

2. 《中小企业标准暂行规定》(国经贸中小企〔2003〕143 号).

3. 江苏省财政厅、江苏省经济和信息委员会、江苏省中小企业局关于印发《江苏省中小企业发展基金管理办法(试行)》的通知(苏财规〔2011〕37 号，苏经信担保〔2011〕861 号)，2011－09－19.

4. 《国家科技成果转化引导基金设立创业投资子基金管理暂行办法》(国科发财〔2014〕229 号)，2014－08－08.

5. 《关于支持中关村互联网金融产业发展的若干措施》(中示区组发〔2013〕4 号)，2013－12－25.

6. 《北京市人民政府关于推进首都科技金融创新发展的意见》(京政发〔2010〕32 号)，2010－10－21.

7. 《江苏省省级中小科技型企业发展专项引导资金管理暂行办法》，省经贸委，2008－10－16.

8. 浙江省财政厅、浙江省中小企业局关于印发《浙江省小企业贷款风险补偿试行办法》的通知(浙财建字〔2005〕85 号)，《浙江省小企业贷款风险补偿试行办法》，2005－07－15.

9. 《北京市科技型中小企业技术创新资金管理办法》(京财文〔2006〕3101 号).

10. 《浙江省科技型中小企业技术创新资金管理办法(试行)》，2003－08－07.

11. 《科技型中小企业技术创新资金管理办法》(苏科计〔2007〕79

号、苏财企〔2007〕26号).

12. 江苏省财政厅关于印发《江苏省中小企业信用担保机构专项补助资金管理办法》的通知，2005－09－29.

## 图书著作

1. 陈乃醒. 中国中小企业发展与预测［M］. 北京：民主与建设出版社，1999.

2. 中国海南改革发展研究院. 中小企业发展：挑战与对策［M］. 北京：中国经济出版社，2005.

3. 赵尚梅，陈星. 中小企业融资问题研究［M］. 北京：知识产权出版社，2007.

4. 汪蕾. 民营企业技术进步——方法途径与策略［M］. 北京：科学出版社，2008.

5. 陈乃醒，傅贤治. 中国中小企业发展报告2005—2006［M］. 北京：中国财政经济出版社，2006.

6. 芮明杰. 现代企业管理创新［M］. 太原：山西经济出版社，1998.

7. 傅家骥. 技术创新学［M］. 北京：清华大学出版社，1998.

8. 柳卸林. 技术创新经济学［M］. 北京：中国经济出版社，1993.

9. 刘东，杜占元. 中小企业与技术创新［M］. 北京：社会科学文献出版社，1998.

10. 施培公. 后发优势：模仿创新的理论与实证研究［M］. 北京：清华大学出版社，1999.

11. 迈克尔·波特. 国家竞争优势［M］. 李明轩，邱如美，译. 北京：华夏出版社，2002.

12. 吕国胜. 中小企业研究［M］. 上海：上海财经大学出版社，2001.

13. 中国社会科学院工业经济研究所. 中国工业发展报告——WTO规则下的企业和政府行为［M］. 北京：经济管理出版社，2002.

14. 李学勇. 外国政府促进企业自主创新产学研相结合的政策研究［M］. 北京：科学技术文献出版社，2006.

15. 王春法．技术创新政策：理论基础与工具选择——美国和日本的比较研究［M］．北京：经济科学出版，1998.

16. 刘东，杜占元．中小企业与技术创新［M］．北京：社会科学文献出版社，1998.

17. 傅建华，等．上海中小企业发展战略研究［M］．上海：上海财经大学出版社，1998.

18. 杨宜．民营中小企业融资问题研究：以北京市为例［M］．北京：科学出版社，2009.

19. 刘百宁、王海旗、王兆琪．中小企业融资实务与技巧［M］．北京：中国经济出版社，2004.

20. 邱华炳．中小企业融资通［M］．北京：中国经济出版社，2001.

## 期刊论文

1. 马玉锐．中小企业在我国转轨经济中的地位与作用［J］．国际商务研究，2003（4）.

2. 黎炳成．农村劳动力过剩的原因及对策探讨［J］．中共四川省委省级机关党校学报，2005（1）.

3. 李子彬．充分认识中小企业的地位和作用［J］．求是，2009（8）.

4. 张凤喜．中小企业融资的 12 种方式［J］．大众商务，2003（5）.

5. 阳志梅．民营中小企业技术创新途径探析［J］．企业管理，2008（30）.

6. 郭勇．浅谈我国中小企业技术创新的途径［J］．辽宁师专学报，2007（5）.

7. 王鑫宇，傅军．中小企业技术创新现状及对策［J］．中外企业家，2007（1）.

8. 任晓玲．试论中小企业组织形式的制度创新［J］．中国市场，2012（15）.

9. 温敬钟．公司治理结构改革在中小企业融资中的作用浅析［J］．世界经济情况，2006（11）.

10. 刘福梅．建立健全内部控制制度　提高企业财务管理水平［J］.

中小企业管理与科技（中旬版），2008（11）.

11. 张庆考．中小企业如何加强内部财务管理制度建设［J］．河北企业，2009（12）.

12. 谢晶莹．对中小企业技术创新的理性透析［J］．国际技术经济研究，2006（2）.

13. 王心如，马骥．美国支持中小企业科技创新的政策体系及其借鉴［J］．商业研究，2009（5）.

14. 哈尔滨市情报所．中小企业技术创新服务体系的促进政策［J］．情报与决策，2005（30）.

15. 倪国锋．促进我国中小企业技术创新的税收政策思考［J］．中国管理信息化，2011（7）.

16. 肖居孝，徐腊梅．对我国政府支持中小企业技术创新的政策建议［J］．党史文苑，2007（20）.

17. 陈广胜，刘大勇，汪永忠．关于中外中小企业融资制度比较的研究［J］．北方经贸，2003（2）.

18. 杨秀玉．中小企业融资新途径：美国的经验借鉴［J］．中小企业管理与科技—上旬刊，2009（10）.

19. 刘勇，李善同．国外中小企业融资方式及其启示［J］．中国经济时报，2001.

20. 刘小川．论中国科技型中小企业发展的政策推动［J］．南京大学学报，2002，6（39）：137－138.

21. 王晓红，毕克新．中小企业技术创新支持体系研究综述［J］．工业技术经济，2006，25（3）：2－6.

22. 周彩红，李廉水．政策供给与我国中小高科技企业的发展［J］．科学学与科学技术管理，2004（2）：139.

23. 王晓红，毕克新．中小企业技术创新支持体系研究综述［J］．工业技术经济，2006，25（3）：2－6.

24. 蓝寿荣，陈源．国外科技型中小企业创新制度述要［J］．科技创业，2008（11）.

25. 衣长军．国外促进中小科技企业融资创新的成功经验与启示［J］．重庆邮电学院学报（社会科学版），2005（6）：843－845.

26. 王心如，马骥．美国支持中小企业科技创新的政策体系及其借鉴［J］．商业研究，2009（5）．

27. 晓时．国外中小企业技术创新的特征及经验研究［J］．当代财经，2004（12）．

28. 丁媛，陈光．中小企业技术创新分析：优势与途径［J］．西南交通大学学报（社会科学版），2004（6）．

29. 刘德平．提高中小型科技企业创新能力的对策与建议［J］．特区经济，2005（3）．

30. 哈晓莹，代凤美，唐志丹．中小企业技术创新的现状与对策［J］．辽宁科技大学学报，2010（6）．

31. 崔文勇．我国中小企业融资难的原因分析及对策［J］．福州大学学报，2004．

32. 江群，曾令华．再论中小企业融资困境［J］．现代管理科学，2004．

33. 高智刚．中小企业贷款担保问题的研究［J］．金融经济，2008．

34. 蔡清龙．中小企业银行贷款融资策略分析［J］．黑龙江对外经贸，2009．

35. 王艳丽，钱仲威．中小企业融资外部环境现状分析［J］．财会通讯，2009，2（445）：18－19．

36. 孙苹丽．中小企业融资困境及对策研究［J］．财会通讯，2009，1（442）：20－21．

37. 王晓东．关于民营企业财务管理的几点思考［J］．工业技术经济，2005（1）．

38. 唐红珍．民营企业财务管理的现状及其改进方法［J］．企业经济，2005（6）．

39. 王珍义．民营企业发展中的财务管理问题研究［J］．中南财经政法大学学报，2005（4）．

40. 曾健如．我国民营企业财务管理中存在的问题及对策［J］．商场现代化，2005（1）．

41. 王淑贤．中小企业科技创新扶持政策的国际比较［J］．经济论坛，2004（21）：52－54．

42. 单东．借鉴美国民营企业科技创新经验 提高我国民营企业科技创

新能力 [J]. 特区经济，2008 (2)：24－28.

43. 房红. 发达国家扶持中小企业科技创新的做法及对我国的启示 [J]. 商场现代化，2006 (2)：80.

44. 赵修卫. 现代科技创新政策发展的四个特点 [J]. 科学学研究，2006 (6)：895－900.

45. 李文江. 日本促进中小企业科技创新的政策法律研究 [J]. 决策探索（下半月），2011 (6).

46. 杨绍媛. 我国促进科技创新的税收政策及其评价 [J]. 涉外税务，2006 (6).

47. 中国税务学会学术研究委员会第一课题组. 支持企业自主创新的税收政策研究 [J]. 税务研究，2007 (4).

48. 王洪. 促进我国中小企业自主创新的有效途径 [J]. 经济学家，2006 (5).

49. 黄宇峰，蒋丹. 从国际经验看政府在中小企业自主创新中的角色 [J]. 四川师范大学学报，2006，33 (4)：41－44.

50. 杨杰. 我国中小企业自主创新能力的培育途径 [J]. 河北经贸大学学报（综合版），2006 (4).

51. 伍玉林，于东亮. 我国中小企业科技创新能力及其途径研究 [J]. 现代管理科学，2010 (8).

52. 周鸣阳. 促进中小企业技术创新的途径和措施 [J]. 江苏经贸职业技术学院学报，2005 (1).

53. 王春梅. 技术联盟——中小企业技术创新的途径 [J]. 职业时空，2002 (6).

54. 吴兰谷. 论科技型中小企业融资体系建设中政府引导功能的完善 [J]. 经济视角（下），2011 (2).

55. 黄晓蕾，李海明. 企业故事四部曲——政府如何引导我们创新 [J]. 华东科技，2009 (4).

56. 高文兵. 中小企业技术创新的政府支持 [J]. 特区经济，2006 (12).

57. 冯江. 国外高新技术及其产业的发展特点 [J]. 山东软科学，2001 (3).

58. 陈欣．国内高新技术及其产业发展现状及趋势［J］．中国软科学，1999（11）．

59. 王缉慈，等．企业衍生北京新技术集群体形成的重要特征［J］．中国高新技术企业评价，1995.

60. 周国红，陆立军．浙江省科技型中小企业发展现状与问题探讨［J］．研究与发展管理，2001（10）．

61. 马颂德．加大政府扶持力度 提高科技型中小企业的竞争力［J］．中国科技产，2002（4）．

62. 对湖南省科技型中小企业建立技术创新机制的一点思考［J］．科技进步与对策，2001（7）．

63. 陈雁洁．江苏省中小企业融资困境的破解［J］．江苏省社会主义学院学报，2009（6）．

64. 杨晓星．江苏省中小企业融资路径选择［J］．产业与科技论坛，2009（2）．

65. 严宵，赵越春．江苏省中小企业融资情况的调查与研究［J］．经济师，2011（9）．

66. 陈幼红．浙江中小企业技术创新的现状与对策［J］．商场现代化，2008（7）．

## 学位论文

1. 谢婷．中小企业技术创新的融资方式研究［D］．同济大学，2006.

2. 徐其东．我国中小企业技术创新战略研究［D］．中国石油大学，2007.

3. 纪欣农．中小企业技术创新研究［D］．南昌大学，2008.

4. 曹郁．中小企业融资渠道与融资策略研究［D］．北京大学，2003－06－12.

## 网站资源

1. 国家统计局网站《统计分析》栏目，http：//www. stats. gov. cn.

2. 卫东. 中国中小企业的情况与政策［EB/OL］. 清华大学领导力培训项目网，2010－03－13.

3. 中国中小企业信息网，http：//www. sme. gov. cn/index. htm.

4. 中国出口信用保险公司网. 我国中小企业发展状况［EB/OL］. http：//www. sinosure. com. cn/sinosure/xwzx/rdzt/ckyj/ckdt/12840. html.

5. 宋刚. 钱学森开放复杂巨系统理论视角下的科技创新体系——以城市管理科技创新体系构建为例［EB/OL］. 移动政务实验室，http：//www. mgov. cn/lab/，2009－11－06.

6. 构建资源整合平台促进中小企业科技创新［EB/OL］. 中国人大网，http：www. npc. gov. cn.

7. 李真真. 国外政府支持中小企业创新的政策与模式［EB/OL］. http：//innofund. dlinfo. gov. cn/UploadFiles/2004121695823302. ppt.

8. 中小企业科技创新的特点与不足［EB/OL］. 中国出口信用保险公司网，(出口动态栏目).

9. 张思源，赵志强，张敏. 支持科技型中小企业技术创新的政策分析［EB/OL］，chengwen. tax861. gov. cn，2005.

10. 中外中小企业融资问题比较研究［EB/OL］. 厦门中小在线.

11. 欧新黔. 中小企业在构建和谐社会中发挥重要作用［EB/OL］. 人民网，2007－06－07.

## 外文资料

1. Mowery D. and Rosenberg N. . Path of Innovation：Technological Change in 20th-Century America［M］. Cambridge，UK：Cambridge University Press，1998 .

2. Song G. and Cornford T. . Mobile Government：Towards a Service Paradigm［C］. Proceedings of the 2nd International Conference on e-Government，University of Pittsburgh ，USA . 2006：208－218.

3. Song G. ，Zhang N. and Meng Q. . Innovation 2. 0 as a Paradigm Shift：Comparative Analysis of Three Innovation Modes［C］. The 3rd International Conference on Engineering Management and Service Sciences（MASS 2009），

IEEE Computer Society, 2009.

4. Hippel E.. Democratizing Innovation [M]. Cambridge , MA: MIT Press, 2005.

5. John Campbell. Comparative High-Technology Industrial Growth; Texas, California, Massachusets, and North Carolina by John P. campbell; Bureau of Business Research , The University at Austin, Jun 1986.

6. Outlook on Science Policy : 1987 Annual Review of U K Government Funded R&D, January 1988.

## 新闻报纸

1. 张一林. 促进中小企业可持续发展 [N]. 经济日报, 2009-09-07.

2. 陈炳才. 中小企业融资难的原因与政策建议 [N]. 金融时报, 2010-01-04.

3. 刘勇, 李善同. 国外中小企业融资方式及其启示 [N]. 中国经济时报, 2001-06.

4. 胡国良. 国外中小企业科技创新的成功经验 [N]. 市场报, 2009-01-12:(16).

# 后 记

创新型中小企业的创业性、创新性、高成长性及低风险承担能力，决定了其融资不仅具有企业融资的一般性，更具有其特殊性。这就要求创新型中小企业融资制度应能履行信息评估和筛选、风险揭示和分担、治理结构、管理创新和培育、吸引人才等功能。由此，只有建立和完善既能满足中小企业融资需求又能为中小企业提供增值服务的直接融资体系，并以此为突破口逐步建立起直接融资和间接融资相互协调的机制和体系，才能真正建立起促进创新型中小企业不断产生和不断成长的融资体系，由此为中国未来的可持续增长提供不竭的源泉。